PERCHTOLDSDORFER RACHE

Christian Schleifer ist gebürtiger Perchtoldsdorfer, gefangen im Leben eines Wieners. Nach erfolgreichem Lehramtsstudium der Anglistik und Germanistik arbeitete er zwanzig Jahre lang folgerichtig als Sportjournalist bei zwei österreichischen Tageszeitungen, bevor er 2015 beschloss, sich mehr Zeit für seine Frau, die Zwillinge und das Krimi-Schreiben zu nehmen.
www.christian-schleifer.com

Dieses Buch ist ein Roman. Handlungen und Personen sind frei erfunden. Ähnlichkeiten mit lebenden oder toten Personen sind nicht gewollt und rein zufällig.

CHRISTIAN SCHLEIFER

PERCHTOLDSDORFER RACHE

Der sechste Fall für Charlotte Nöhrer

Kriminalroman

emons:

MIX
Papier | Fördert
gute Waldnutzung
FSC® C177064

Cäcilienstraße 48, 50667 Köln
info@emons-verlag.de
www.emons-verlag.de

Umschlaggestaltung: Nina Schäfer, nach einem Konzept
von Leonardo Magrelli und Nina Schäfer
Umsetzung: Tobias Doetsch
Gestaltung Innenteil: DÜDE Satz und Grafik, Odenthal
Lektorat: Uta Rupprecht
Druck und Bindung: sourc-e GmbH
Printed in Europe 2025
ISBN 978-3-7408-2509-6
Originalausgabe

Für Jety – einer wie keiner

Wer auch immer gesagt hat: »Es geht nicht
um Gewinnen oder Verlieren«,
hat wahrscheinlich verloren.

Martina Navratilova

Aufwärmen

Eigentlich hätte der Hagen Adefris diesen Ausblick ja in vollen Zügen genießen müssen. Hoch über den Dächern von Perchtoldsdorf und noch über den letzten Wipfeln der Föhren, die sich vom Rand des Ortskerns am kleinen, aber feinen Hochberg in den Himmel reckten, war das Panorama, das sich vor ihm erstreckte, wirklich beeindruckend. Blickte man nach links, dann schmiegten sich die Perchtoldsdorfer Weinberge in die sanften Hügel, die stetig steiler wurden, bis sie an der Ortschaft Gießhübl, dem höchsten Punkt im Bezirk Mödling, endeten. Und rechter Hand lag das in dieser Herrgottsfrüh noch verschlafene Wiener Becken. Sanfter Dunst hing wie ein Weichzeichner über der dösenden Hauptstadt, die von den ersten Sonnenstrahlen des Tages in ein kitschiges Pastelllicht getunkt wurde.

Geradeaus schaute der alte Adefris hinunter auf den noch verlassen daliegenden Marktplatz von Perchtoldsdorf, die Kirche und die alte Herzogsburg, wo im Burghof noch die Reste der Festspieltribüne herumstanden. Erst am Vorabend war unter tosendem Applaus die letzte Aufführung von »Einen Jux will er sich machen« zelebriert worden, diesmal ganz ohne Tote. Ganz im Gegensatz zu den Festspielen vor einem Jahr, die von zwei Morden überschattet gewesen waren. Und die – für den Adefris nach wie vor völlig unverständlich – zum gesellschaftlichen und medialen Aufstieg dieses nervigen Nöhrer-Görs geführt hatten.

Hagen Adefris wusste nicht, wieso ihm die Nöhrer gerade jetzt einfiel, denn eigentlich hatte er ganz andere Sorgen. Nein, er fragte sich nicht, welches dieser wunderbaren Landschaftsbilder er mit seiner Kamera einfangen sollte. Seine Sorgen waren viel existenziellerer Art.

Der alte Adefris war nämlich kurz davor zu sterben. Genauer gesagt, gekreuzigt zu werden. Seine Peiniger hatten sich auch wirklich alle Mühe gegeben, ihn leiden zu lassen wie einst Jesus. Erst hatten sie ihn über den vor einigen Jahren errichteten Kreuzweg mit seinen zwölf Stationen die paar Kehren vom Ortszentrum hinauf zum »Gipfel« des Hochbergs getrieben.

Bei jeder Station hatten sie ihm ein Kleidungsstück vom Körper gerissen, ihn geschlagen und getreten. Bis sie ihn, oben angekommen, auch noch seiner Boxershorts entledigten. Aber nicht, ehe ihm ein wahrer Henker von einem Mann die Shorts mit einem Ruck so hoch gezogen hatte, dass seine Beine den Bodenkontakt verloren und seine Eier so fest zusammengequetscht wurden, dass ihm schwindlig geworden war. Dann hatte er ihn einfach fallen lassen.

Zusammengekauert wie ein Embryo im Mutterbauch lag der Adefris ein paar Minuten im vom Morgentau feuchten und kalten Gras, während seine Peiniger ihre Vorbereitungen abschlossen. Er verstand nicht, was die sechs Männer miteinander redeten, sie sprachen irgendeine slawische Sprache. Was den alten Adefris nur in der Überzeugung bestätigte, dass die im Osten allesamt Un- und vor allem Untermenschen waren. Wäre es nach ihm und seinen Gesinnungsgenossen gegangen, hätte man diesem Pack schon in der »guten alten Zeit« gemeinsam mit den Juden den Garaus gemacht.

An Flucht war jedenfalls nicht zu denken. Auf dem Weg herauf hatte ihm das Ostgesindel nicht nur ein paar Rippen gebrochen, sondern auch einige Stichverletzungen mit einem Messer zugefügt. Er fühlte sich unendlich schwach und ausgeliefert. Aber er war ein Mann deutschen Bluts und würde den Teufel tun, vor diesen inferioren Ausländern um Gnade zu winseln.

Was das Tschuschenpack wahrscheinlich gar nicht wusste, war, dass der Platz hier bereits in der Bronzezeit von den alten Germanen als Kultstätte benutzt worden war. In seiner Lage fand der Adefris dies auf eine geradezu trotzige Art tröstlich. Ja, germanisches Blut, das war halt etwas anderes als dieser dünne Slawensaft. Unwillkürlich verzog der Adefris das Gesicht zu einer Art Grinsen.

In diesem Moment schaute der Henker von seiner Arbeit mit einem Schlagbohrer auf. Er marschierte zum Adefris, stemmte die Hände in die Hüften und schüttelte den Kopf. Dann schlug er dem Adefris mit dem Schlagbohrer heftig ins Gesicht, und der alte Germane verlor für ein paar Sekunden die Besinnung. Als er wieder zu sich kam, war an Grinsen nicht mehr zu denken. Auch nicht an Reden oder Um-Hilfe-Schreien (nicht, dass das Sinn gemacht hätte, es war weit und breit niemand, der die Schreie hören konnte). Schon das Schlucken fiel mit einem mehrfach gebrochenen Kiefer schwer ...

Die Sonne stieg langsam höher, aber es konnte noch nicht später als fünf Uhr morgens sein. Doch rundherum erwachte nun das Tierleben.

Er hatte noch immer nicht den leisesten Schimmer, wie er überhaupt hierhergekommen war. Seine letzte Erinnerung stammte von seinem Heurigenbesuch am Vorabend. Ja, es war spät geworden, man hatte in einer Runde Gleichgesinnter vielleicht einen oder zwei oder drei über den Durst getrunken, aber keinesfalls so viel, dass er ein Blackout gehabt hätte. Der Adefris kannte seine Trinkkondition. Und trotzdem war da dieser Filmriss. Als er aufgewacht war, hatte er sich in den Fängen der sechs Ostblockler befunden und war den Kreuzweg hinaufgezwungen worden. Aber wieso gerade er? Seine Peiniger hatten keinerlei Forderungen gestellt, ihn nicht einmal beschimpft. Eigentlich hatten sie überhaupt nicht mit ihm, sondern nur untereinander geredet. Und auch da nur das Notwendigste. Ein wenig gesprächiger waren sie lediglich geworden, wenn es darum ging, ihn zwischendurch ein bisschen zu foltern.

Vier kräftige Arme zwangen den alten Adefris auf die Beine und zogen ihn zum Steinkreuz mit der Jesusfigur, wo der Henker auf einer kleinen Leiter stand. Er nahm den Adefris dort oben entgegen, als wäre er kein erwachsener Mann, sondern ein kleiner Junge. Wenig zimperlich presste er ihn mit dem Rücken gegen die steinerne Gestalt des Gekreuzigten. Dann wurden seine Arme links und rechts in die Waagrechte gezwungen (viel

Widerstand leisten konnte er ohnehin nicht mehr), und es ertönte ein Geräusch, das jedem Hobbywerker die Freudentränen in die Augen getrieben hätte. Der Henker hatte den Schlagbohrer angeworfen.

Der wird doch nicht wirklich ..., durchfuhr es den Adefris entsetzt. Tat er aber. Eine zehn Zentimeter lange Schraube bohrte sich in seine rechte Handfläche und eine weitere in die linke Hand. Die Schmerzen waren unerträglich, aber durch den gebrochenen Kiefer kam kein Laut.

Hingerichtet wie ein Judenhund, schoss es dem Adefris durch den Kopf, ehe der Schmerz die Herrschaft übernahm. Als Nächstes kamen seine Füße an die Reihe, für die seine Peiniger eine noch längere Schraube nahmen. Und diesmal war der Schmerz so stark, dass der Adefris die Besinnung verlor.

Als er wieder zu sich kam, standen die dunkelhaarigen Männer in einem Halbkreis um ihn herum und begutachteten ihr Werk. Dann kam noch eine siebente Person dazu. Das kann doch nicht sein, dachte der Adefris und vergaß für einen kurzen Moment jeden Schmerz. Wieso ausgerechnet der? Der Neuankömmling zückte einen großen Fotoapparat und begann, ohne ein Wort zu sagen, den nackten, geschundenen Körper des Adefris aus allen möglichen Winkeln abzufotografieren. Aus der Ferne schlug die Turmuhr halb sechs Uhr morgens.

Während der Fotoapparat unerbittlich klickte, wurden die Schmerzen beim Adefris immer schlimmer. Ganz allmählich dämmerte ihm, dass es für ihn kein Entkommen mehr gab. Und dass, wie er schon aus den Geschichtsbüchern wusste, der Tod am Kreuz ein besonders schmerzvoller war, stellte er gerade selbst fest. Es war auch ein langsamer Tod, davor graute ihm besonders. Dennoch war da in ihm auch noch der kleine Hoffnungsfunke, dass man ihn vielleicht noch rechtzeitig finden und retten würde.

Die letzte Möglichkeit schien leider auch seinen Peinigern bewusst zu sein. Als der Neuankömmling alle nötigen Bilder geschossen hatte, drehte er seinen rechten Zeigefinger einmal schwungvoll in der Luft, woraufhin der Henker vortrat.

In der rechten Hand hielt er jenes zwanzig Zentimeter lange Messer, mit dem er den Adefris schon auf dem Kreuzweg malträtiert hatte. Henker und Fotograf warfen sich noch einen Blick zu, dann nickte der Fotograf, und der Henker stach mit voller Wucht zu. Vom Bauchnabel her schlitzte er den Adefris bis nach oben hin auf.

Und in diesem Moment, während die Kamera erneut zu klicken begann, schrie der Adefris dann doch noch einmal.

Als es vorbei war, jagte ihm der Fotograf noch eine Kugel in den Kopf. Die Pistole hatte einen Schalldämpfer, sonst wäre in diesem Moment der ganze Ort wach gewesen. Die Kugel spürte der Adefris natürlich nicht mehr, denn da war sein Geist schon lange bei Odin, Wotan oder welchen Gott auch immer der alte Nazi verehrte. Noch ein paar letzte Fotos, dann verschwanden die Männer alle miteinander wieder den Kreuzweg hinab in den Ort.

Stille legte sich über den Hochberg. Ein paar Raben ließen sich auf dem Gekreuzigten nieder. Interessant, fanden sie, so etwas hatten sie hier noch nie gesehen. Vielleicht noch ein bisschen frisch, dieser Körper. Aber die Augen, da müsste doch was gehen …

1. Satz

1

Ein eiserner Griff drückte Charlottes Nacken brutal in die harte Liege. Ich werde nichts sagen, ganz sicher nicht. Keinen Laut werden sie von mir hören, schwor sich die Charlotte stolz, während ihr Schmerztränen in die Augen stiegen.

»Ahhh! Scheiße, tut das weh!« Anspruch und Realität waren dann halt doch zwei verschiedene Paar Schuhe. Sie schrie nochmals, aber auch das half nichts. Ihre Peinigerin war gnadenlos. Daumen und Zeigefinger reichten ihr, um zwei extrem empfindliche Stellen im Nacken der Charlotte zu aktivieren. War die Frau bei Mr Spock in die Lehre gegangen?, fragte sich die Charlotte. Der konnte ja mit einem einzigen Handgriff seine Gegner in den Tiefschlaf schicken. Tiefschlaf! Ja, das wäre jetzt fein. Nur nicht mehr diese Schmerzen ertragen müssen.

Als sie plötzlich auch noch ein spitzes Knie in ihrem Kreuz spürte, war es auch mit dem letzten bisschen Stolz und Tapferkeit vorbei. Wimmernd versuchte sie, die Frau von sich abzuschütteln, aber keine Chance. Sie hatte ihre Schmerzspenderin bisher nicht zu Gesicht bekommen, schätzte aber, dass es sich dabei um eine vielleicht hundert Kilo schwere Nordkoreanerin handeln musste.

Dieser mutmaßliche Schrank von einer Frau ließ sich jetzt mit voller Wucht auf das Kreuz der Charlotte fallen, dass ihr der Atem wegblieb. Noch der letzte Kubikmillimeter Luft schoss aus ihrer Lunge, es knirschte und krachte im Rückengebälk, die Augen quollen ihr aus den Höhlen. Langsam senkte sich ein dunkler Nebel über die Charlotte, sie konnte nur mehr in kurzen Atemzügen hecheln, um nicht endgültig zu ersticken. Verdammt, so etwas hatte sie überhaupt noch nie durchstehen müssen.

Aus den Augenwinkeln sah sie am Tisch daneben weitere Folterwerkzeuge liegen: Scheren, kleine Zangen, Reibeisen. Was hatten die bloß noch mit ihr vor?

Plötzlich bekam sie wieder Luft, das zentnerschwere Gewicht war von ihrem Rücken verschwunden. Ein leichtes Klatschen auf ihren nackten Po ließ sie hochfahren. Keine gute Idee, sie sah Sterne vor den Augen. Erst nach und nach kam ihr Kreislauf wieder in Schwung. Was war das jetzt? Eine kurze Pause, bevor sie erneut malträtiert wurde? Damit sie sich ein wenig erholen konnte, um die Folter noch länger hinausdehnen zu können? Kannte man ja aus einschlägigen Filmen.

»Bereit für Fußpflege?«, fragte ihre »Folterin« – ein thailändischer Laufmeter mit vierzig Kilo Lebendgewicht. Mit Schaudern betrachtete die Charlotte die Nagelscheren, Hornhauthobel und was es sonst noch so gab. Worauf hatte sie sich da nur eingelassen?

Ganz einfach: Sie hatte sich bereit erklärt, als Testperson für ein neu eröffnetes Wellnessstudio in Perchtoldsdorf herzuhalten. Hatte ja eigentlich alles super geklungen: ein Gratis-Wellnesstag mit allem Pipapo. Wohlfühlmassage, Pediküre, Maniküre, Dampfbad und so weiter. Von ostasiatischen Foltermethoden war da keine Rede gewesen.

Einen Tisch weiter lag die Andrea, die soeben dieselbe Tortur über sich hatte ergehen lassen. Sie sah aber irgendwie entspannter aus.

»Drama-Queen«, hauchte die Blondine sanft mit halb geschlossenen Augen. »So ein Gequieke! Da kann man sich ja gar nicht auf die Massage konzentrieren. Danke, Pao!«, wandte sie sich dann an ihre kleine Masseurin, die ihre Hände vor der Brust faltete und sich verneigte. Ganz so, als wäre sie es gewesen, die gerade eine Stunde lang von Kopf bis Fuß verwöhnt worden war.

»Pah!«, spuckte die Charlotte. »Deine hat dich sicher nicht so gequält.« Schwungvoll strich sie sich eine schweißverklebte kastanienrote Locke aus der Stirn.

»Du bist einfach zu wehleidig, Charly.«

»Bin ich nicht!«

»Bist du doch!«

»Nicht!«

»Doch!«

»Ni...« In diesem Moment bimmelte das Telefon der Charlotte. Eine WhatsApp-Nachricht vom Leo. »Schon wieder ein Mord«, stand da. Es gab also doch noch einen Gott.

»Tja, so ein Pech, aber wir müssen los«, erklärte die Charlotte erleichtert. Die Füße wollte sie sich von dieser Holzhackerin nun wirklich nicht »behandeln« lassen.

»Ach nö!«, raunzte die Andrea. Sehnsuchtsvoll schaute sie auf die Wanduhr über der Tür in dem Zimmer für »Partnerbehandlungen«. Sie zeigte knapp elf Uhr vormittags. »Wir hätten noch zwei Stunden, um uns verwöhnen zu lassen.«

»Verwöhnen, pff«, schnaufte die Charlotte entrüstet. »Wenn du so etwas verwöhnen nennst – das kann ich dir heute Nacht daheim auch angedeihen lassen. Normalerweise quiekst du ja schon, wenn ich dir auf deinen Knackarsch klopf.«

Jetzt war es die Andrea, die beleidigt den Kopf wegdrehte und schnaubte. Unwillig warf sie sich den geliehenen weißen Bademantel um, rutschte von der Massagebank und verließ den Raum.

Die Charlotte seufzte. »Jetzt mach doch nicht gleich einen Udo-Jürgens-Abgang.« Sie schob sich ebenfalls von der Bank, schlüpfte in einen ebensolchen weißen Bademantel und eilte ihrer Freundin nach. Die hatte bereits die Umkleide erreicht.

»Der Leo soll warten«, fauchte die Andrea, »ich muss mir erst das Massageöl runterduschen. So schlüpfe ich sicher nicht in mein Gewand.« In diesem Fall musste die Charlotte der Andrea recht geben. Es gab nichts Unangenehmeres, als frisch eingeölt in Jeans zu schlüpfen.

Unter der Dusche versöhnten sich die beiden schnell wieder, und die Charlotte wurde das eigenartige Gefühl nicht los, dass die Andrea ihren theatralischen Abgang nur deswegen inszeniert hatte. Schmeck's! Wenn es so war, sollte es ihr recht sein. Wegen dieses dämlichen Wellnesstags hatten sie am Morgen sowieso viel zu früh aus den Federn gemusst. So kam ihr Kreislauf wenigstens in Schwung. Die eiskalte Dusche, die ihr die Andrea ganz am Ende noch angedeihen ließ, wäre aber wirklich nicht notwendig gewesen.

Ein paar Minuten später, als sie nämlich den Hochberg hinaufstiegen, war die Charlotte über die Eisdusche dann doch noch recht froh. Am Fuß des Bergs, der ja eigentlich nur ein etwas überdimensionierter Hügel war, waren sie auf Kollegen vom Leo gestoßen, die sie anstandslos durchgelassen hatten. Alle anderen Spaziergänger mussten warten, bis der Tatort wieder freigegeben wurde.

Während des fünfminütigen Fußweges hinauf auf den Hochberg hatte die Charlotte Zeit, nochmals über die abgebrochene Wellnessbehandlung nachzudenken. Eigentlich war das ja keine schlechte Idee, das wäre natürlich auch etwas für ihren eigenen Betrieb, nachdem die Pläne für die Umbauarbeiten zu einem Weinresort mit umfassendem Hotelbetrieb vor zwei Monaten auch von der Gemeinde abgesegnet worden waren. Aber, das schwor sie sich, so brutal würde es bei ihr nicht zugehen. Das würde sie schon persönlich testen und – im Notfall – abstellen. Ja, da musste schon die Chefin höchstselbst ran! Konnte man ja dem Personal nicht zumuten, sich testweise auf einen Massagetisch zu legen.

Inzwischen knallte die Sonne erbarmungslos vom mittäglichen Himmel herunter. Der Sommer war zwar nicht so ausschweifend und brütend heiß gewesen wie der vorjährige, aber er hatte es immer noch in sich. Andererseits, vor einem Jahr wäre sie noch schwitzend und keuchend den Hochberg hinaufgehechelt. Schwitzen tat sie immer noch, aber dank regelmäßigen Radfahrens war ihre Kondition inzwischen so weit brauchbar, dass sie die paar steilen Kehren des Kreuzwegs bis zum »Gipfel« problemlos erklimmen – und dabei sogar noch mit der Andrea plaudern konnte!

Ein wenig Murren musste dennoch sein. Wieso konnte sich der Mörder nicht einen etwas leichter erreichbaren Tatort aussuchen? Und mit dem Auto war es unmöglich, auf den Hochberg raufzukommen.

Demgemäß war auch der Anblick, der sich der Charlotte oben bot: jede Menge Polizisten, in Zivil, in Uniform und in den weißen Schutzanzügen der Spurensicherung, aber weit und breit kein Dienstwagen. Die waren auch unten am Start des Kreuzwegs nicht zu sehen gewesen, was aber damit zu tun hatte, dass dieser nur dreißig Meter von der Polizeiinspektion entfernt lag. Darum hatte man die Streifenwägen gleich in der Garage stehen lassen und war strammen Schrittes zum Tatort geeilt. In voller Montur war der Aufstieg bei dieser Affenhitze dann für den Leo und seine Kollegen aber trotz guter Kondition nicht gerade lustig gewesen. Vielleicht deshalb war die Miene vom Leo so finster und gequält, als er die Charlotte und die Andrea empfing.

»Schöne Sauerei, die wir hier haben«, grunzte er mit nur halber Aufmerksamkeit für die Charlotte und die Andrea.

»Hallo Leo«, grüßte die Charlotte betont liebenswürdig. Eigentlich hatte er sie ja herbestellt. Da konnte man schon etwas mehr Freundlichkeit erwarten.

»Ja, eh. Hallo«, motzte der Leo weiter und steckte sich eine Zigarette an.

Die Charlotte gab auf. »Also, was ist passiert?«

»Den Adefris hat's erwischt.«

Die Charlotte bekam große Augen. Aber das Glitzern darin war nicht nur der Schreck. Immerhin hatte ihr der Adefris im letzten Advent übel mitgespielt.

Der Leo führte sie stumm zu einem Leichensack und zippte ihn auf. Als sie die Leiche sah, hatte sie dann aber doch etwas Mitleid mit dem Chef der Perchtoldsdorfer Ultrarechten. So ein Schicksal hatte sich niemand verdient. Eigentlich.

Der Anblick war wirklich nicht schön. Und wie das Amen im Gebet musste sich die Andrea angesichts der verstümmelten Leiche geräuschvoll übergeben.

»Schau bitte, dass du auf keine Spuren speibst«, meinte der Leo abwesend. Er wirkte mehr geschockt, als das bei einem

Mordfall normal war. Aber kein Wunder, der Adefris war auch vom Nabel bis zum Hals aufgeschlitzt und ausgeweidet worden. Die Charlotte war davon so abgelenkt, dass ihr der Kopfschuss zunächst gar nicht auffiel.

»Wer ... wer macht denn so was?«, stammelte sie schließlich. Mit einer Hand wehrte sie hinter ihrem Rücken die Andrea ab, die den Fehler gemacht hatte, noch einmal auf die Leiche zu schauen, und nun auch noch den Rest ihres Frühstücks auf der Wiese verteilte. Erst nach mehrmaligem Anstoßen drehte sich die Charlotte zu ihrer Freundin um.

»Taschentuch, bitte«, röchelte die Andrea, während sie versuchte, ihre blonden Haare von ihrer Kotze fernzuhalten. Die Charlotte kramte in ihrer Hosentasche, fand aber nur ein bereits benutztes Papiertaschentuch.

»Egal«, jaulte die Andrea, riss ihr das zusammengeknäulte Taschentuch aus der Hand und wischte sich den Mund ab.

»Bäh«, kommentierte der Leo.

»Ach was«, erwiderte die Andrea, »wenn du wüsstest, was ich von der Charlotte schon alles im Mund hatte ...«

»Danke für die Bilder im Kopf«, meinte der Leo und drehte sich weg. Er steckte zwei Finger in den Mund und pfiff. Kurz darauf kam ein Kollege mit einer Wasserflasche für die Andrea. Dankbar spülte sie sich den Mund aus und trank den Rest des halben Liters in einem Zug aus.

»Können wir jetzt endlich weitermachen?«, fragte der Leo genervt.

Die Andrea nickte, hielt aber Abstand zur Leiche.

»Also erklär mal, Leo«, forderte die Charlotte ihn auf. Sie hatte sich von dem schaurigen Anblick ebenfalls abgewandt und schaute jetzt direkt auf das Steinkreuz mit dem gekreuzigten Jesus. Dabei fielen ihr die Blutspuren am Stein auf. Und auch die Löcher der großen Schrauben, die an den beiden Handflächen und den Füßen der Figur gut zu sehen waren. Eine üble Vorahnung stieg in ihr auf.

»Man hat ihn doch nicht ...«

»… gekreuzigt?«, vervollständigte der Leo den Satz. »Doch, hat man. Ein Jogger hat ihn vor zwei Stunden gefunden und uns sofort verständigt. Hier sind Fotos.« Der Leo gab der Charlotte sein Handy. Sie wischte mit dem Finger durch ein paar Dutzend Fotos, die den Adefris aus allen möglichen Winkeln zeigten. Dabei war gut zu sehen, wie ihm die Gedärme aus dem Bauch hingen. Auch die Augen fehlten.

Ihren fragenden Blick bei diesem Bild beantwortete der Leo: »Die haben wahrscheinlich die Vögel gefressen. Der oder die Täter waren es nicht. Da hätten wir entsprechende Spuren gefunden.« Dafür waren noch andere Spuren zu sehen. Am Körper vom Adefris waren verschiedene Zettel angetackert: »Rechte Sau« und »Rache für 24/12« war darauf geschrieben. »Alles mit seinem eigenen Blut«, erklärte der Leo.

»Wovon ja reichlich da war«, meinte die Charlotte. Der Adefris war dermaßen ausgeblutet, dass sein Körper selbst für eine Leiche ungewöhnlich blass war.

»Wann ist das Ganze passiert?«, fragte jetzt die Andrea, die nicht nur als hübsches Beiwerk dabeistehen wollte. Wobei »hübsch« momentan eine Übertreibung war. Sie sah ähnlich bleich aus wie die Leiche vom Adefris.

»Unser Mediziner schätzt, dass es zwischen vier und sechs Uhr morgens passiert sein muss. Lässt sich aufgrund des hohen Blutverlusts nur schwer sagen.«

»Und da hat ihn erst am Vormittag jemand gefunden?«, warf die Charlotte ein.

»Ja, der Weg herauf ist derzeit gesperrt. Der Kreuzweg wird saniert, und deshalb herrscht eigentlich ein Begehungsverbot.«

»Und der Jogger?«

»Hat drauf geschissen. Aber wir haben es ihm durchgehen lassen. Der arme Teufel war selbst so schockiert, dass er derzeit bei uns unten in psychologischer Betreuung ist.«

»Spuren?«, hakte die Charlotte nach.

»Beim Jogger?«

»Depp. Nein, hier am Tatort.«

Der Leo schüttelte den Kopf. »Kaum welche. Nur von den ›Bohrarbeiten‹ – aber das ist eine Schraube, die es zigtausend Mal gibt. Leider kein Anhaltspunkt. Die Täter müssen Handschuhe verwendet haben. Waren auf jeden Fall Profis.«

»Was wohl eher dagegen spricht, dass es sich bei ihnen um Antifaschisten handelt.«

Der Leo nickte. »Ja, die Zetteln sind wohl nur eine Ablenkung. Aber inzwischen«, dabei warf er der Charlotte einen bedeutungsschwangeren Blick zu, »haben wir hier ja auch genug Erfahrung mit Mördern, um so etwas sofort zu erkennen.«

»Angeheuerte Profis?«

»Ob angeheuert oder nicht, das wissen wir nicht. Aber Profis auf jeden Fall. Jetzt müssen wir schauen, wer ein Interesse daran haben könnte, den Adefris ums Eck zu bringen.«

»Och, da würden mir schon ein paar Leute einfallen«, meinte die Andrea sarkastisch.

»Eh, aber ich schätze im Ort hier keinen so ein, dass er so etwas derart inszenieren würde. Bei uns würden sie ihn wohl einfach in einem Weinfass ertränken oder mit dem Traktor niederfahren.«

»Womit der Verdacht aber sofort auf einen Einheimischen fiele«, warf die Charlotte ein.

»Ich weiß, dass du weißt, dass ich weiß … und so weiter. Nein, wenn ich damit anfange, dann drehen wir uns nur im Kreis. Natürlich werden wir auch im Ort und in der Umgebung herumfragen, aber ich bin mir ziemlich sicher, dass das da eine andere Geschichte ist.«

»Ja, das ›Rache für 24/12‹ ist schon sehr plakativ. Und dass sich da erst jetzt jemand für die Geschichte vom letzten Jahr rächen möchte? Das glaube ich auch nicht. Andererseits habe ich keine Ahnung, wieso man den Adefris gerade jetzt abgemurkst hat. Die Tochter sitzt nach wie vor im Häfn, und bei den Wahlen ist er ja auch total abgestunken. Seitdem hat er sich eigentlich kaum noch in der Öffentlichkeit blicken lassen. Also wieso gerade jetzt? Und warum?« Als Antwort gab es vom Leo und der Andrea nur leere Blicke. Letztere meldete sich dann aber doch als Erste wieder zu Wort.

»Es muss etwas Persönliches gewesen sein.«

»Warum?«, fragte die Charlotte erstaunt.

»Na, wer jagt seinem Opfer noch eine Kugel in den Kopf, nachdem es schon tot ist? Da muss der Hass schon sehr groß gewesen sein.«

»Wer sagt, dass man ihn nicht zuerst erschossen und dann aufgeschlitzt hat?«, entgegnete die Charlotte.

Der Leo mischte sich ein. »Die Andrea hat recht, er wurde zuerst erstochen, und dann hat man ihm noch die Kugel in den Kopf gejagt. So viel konnte unser Mediziner feststellen. Das ist aber nicht alles: Er hat auch noch einen gebrochenen Kiefer und kleinere Stichwunden an den Beinen, im Rücken und am … Arsch. Diese Wunden wurden ihm alle vor dem Tod zugefügt.«

»Ooookay«, meinte die Charlotte lang gezogen. Das sprach tatsächlich dafür, dass hier jemand ein bisschen einen Hass auf den alten Adefris gehabt haben dürfte. »Ein bisschen« war da sogar noch ein Euphemismus. Es war ja fast schon eine Racheaktion alttestamentarischen Ausmaßes.

Sie beutelte sich einmal ab und meinte dann: »Wie auch immer, ich weiß nicht, wie ich dir hier helfen soll. Meine Verbindungen zum Adefris sind dürftig, und das ist mir auch nur recht so. Eigentlich will ich mit diesem ganzen rechten Pack nichts zu tun haben. Vielleicht war es ja einfach eine Fehde unter denen? Am Ende zerstören sich diese Faschisten ja doch immer selbst.«

Der Leo blieb stur. »Nein, das glaube ich nicht. Da steckt etwas anderes dahinter.«

»Na, dann wünsche ich dir viel Spaß damit«, beendete die Charlotte die Diskussion. »Danke, dass du an mich gedacht hast, aber diesmal halt ich mich aus der Sache wirklich raus. Wir haben ja demnächst das Tennisturnier im Park, und da bin ich voll eingesetzt.«

»Wer's glaubt«, schnaubte der Leo, gab seiner Cousine und

ihrer Freundin ein Küsschen auf die Wange und wandte sich wieder dem Tatort zu.

Die Charlotte nahm die Andrea an der Hand, und so schlenderten sie wieder in den Ort hinunter. Bevor sie sich auf den Heimweg zum Weingut machten, zog die Andrea die Charlotte noch in den kleinen Buchladen am Rand des Marktplatzes.

»Was wird das jetzt?«, fragte die Charlotte erstaunt. Sie selbst war ja nicht die große Leserin, dafür fehlte ihr einfach die Zeit. Geschäftsfrau und so. Gut, das war in Wirklichkeit natürlich nur eine Ausrede für Ich-bin-zu-faul-ein-ganzes-Buch-zu-lesen. Die Andrea dagegen verschlang Bücher fast im Stundentakt, soweit es ihre Zeit neben der Arbeit in einer Anwaltskanzlei in Wien zuließ. Aber bislang hatte sich die Charlotte nie groß Gedanken darüber gemacht, woher die Andrea ihre Bücher bezog. Sie hatte wohl angenommen, dass sie sie übers Internet bestellte. So würde sie selbst es wenigstens machen. War ja auch viel bequemer.

»Das wird eine Überraschung«, erklärte die Andrea zweideutig. Die Buchhandlung war in einem fünfhundert Jahre alten, denkmalgeschützten Eckhaus untergebracht. Die Charlotte hatte fast das Gefühl, beim Betreten des Ladens ihren Kopf einziehen zu müssen, so niedrig war der gotische Torbogen. Und dann befand sie sich plötzlich in einer anderen Welt.

Die gotischen Gewölbe zogen sich auch im Inneren weiter. Fast wie in der Mini-mini-Version einer Kirche, nur dass hier alles viel wärmer wirkte. Was damit zu tun haben konnte, dass der Laden – wie es sich für ein Buchgeschäft gehörte – von oben bis unten mit Büchern vollgestopft war. Selbst im schmalen Gang vor zur Kassa waren noch Tische, die sich unter der Last der zur Schau gestellten Bücher bogen. Und Mini-mini war der richtige Ausdruck, denn mehr als dreißig Quadratmeter hatte der ebenerdige Teil des Ladens sicher nicht.

Zielstrebig zog die Andrea ihre Freundin in Richtung Kassa. Auch dort stapelten sich die Bücher, erst als die Buchhändlerin sich von ihrem Sessel erhob, sah die Charlotte, dass da überhaupt jemand gesessen hatte.

»Andrea! So eine Freude, deine Bestellung ist heute Vormittag gekommen. Ich wollte dir gerade ein SMS schicken.«

»Danke, Therese. Das ist übrigens die Charlotte. Sie ist hier aufgewachsen und war, soweit ich weiß, noch kein einziges Mal hier bei dir.« Die letzte Feststellung wurde von einem messerscharfen Blick in die Augen der Charlotte unterstrichen. Vom Sehen her kam die Buchhändlerin der Charlotte schon bekannt vor, aber sie konnte sie nicht richtig einordnen.

Die Therese lächelte nur milde. Die Charlotte schätzte, dass sie kurz vor der Pension stehen musste, aber sie wusste auch, wie sehr manche Leute an ihren Geschäften hingen. Bestimmt würden ihre eigenen Eltern auch noch mit siebzig im Weingarten stehen. Und wenn sie die Therese richtig einschätzte, dann war das in ihrem Fall nicht anders. Ein Analog-Nerd, quasi.

»Ich kenne das Fräulein Nöhrer, keine Sorge«, meinte die Therese wohlwollend, aber doch ein klein wenig herablassend. »Ich bin mit ihrer Mutter befreundet und auch das eine oder andere Mal schon oben beim Heurigen gewesen. Aber das Fräulein«, jetzt kam auch von ihr so ein schneidender Blick, »war meistens kaum zu sehen. Ist ja immer mit ihren Ermittlungen beschäftigt.«

Hrmpf war das Einzige, was der Charlotte dazu einfiel. Sie wandte sich ab und überflog die ausgestellten Buchtitel. Von dem einen oder anderen Autor oder Autorin hatte sie schon mal gehört, aber nie so viel, dass sie in Versuchung geraten wäre, gleich ein Buch zu kaufen. Zwei Cover, schön nebeneinander präsentiert, stachen ihr sofort ins Auge. Das schlechte Gewissen und die versteckte Schelte der Buchhändlerin ließen sie zu den Büchern greifen. Das erste zeigte eine herbstliche Schilflandschaft am Neusiedlersee. Das zweite war stilistisch komplett anders: Knallblauer Hintergrund, darauf waren wie in einem Sammelkasten verschiedene Dinge zeichnerisch dargestellt: ein Storch, ein Grabstein, ein geöffneter Kussmund …

»Das ist unser aktueller Burgenland-Schwerpunkt«, erklärte eine Verkäuferin, die der Charlotte zuvor gar nicht aufgefallen war. Sie war wie aus dem Nichts neben ihr aus dem Boden gewachsen. Erschrocken zuckte die Charlotte zusammen. »Zwei sehr unterschiedliche Krimis. Der eine spielt am Neusiedlersee, der andere im Südburgenland. Aber ich kann Ihnen beide sehr empfehlen. Sie werden richtig Sehnsucht nach dem Burgenland bekommen.«

Die Charlotte schüttelte zaghaft den Kopf. War die Verkäuferin von der Burgenlandwerbung bezahlt worden, weil sie gar so schwärmte? Und was zum Teufel war ein »Gartenkrimi«? Das stand nämlich klein auf dem Buch mit dem blauen Cover, aber die Charlotte konnte sich darunter überhaupt nichts vorstellen.

»Vielleicht als Geschenk?«

Jetzt nickte die Charlotte. Es war ihr peinlich, den Laden mit leeren Händen zu verlassen. Die Omama und die Frau Mama würden schon was mit den Büchern anzufangen wissen. Freudig grinsend nahm ihr die Verkäuferin die beiden Bücher ab.

In der Zwischenzeit schlossen auch die Andrea und die Therese ihren Deal ab, mit einem Jutesäckchen in der Hand ging es endlich – endlich! – wieder aus dem Buchladen hinaus. Die Charlotte zog ein Schnoferl, das Gesicht der Andrea war verträumt, als hätte sie gerade … nein, wurscht.

»Willst du gar nicht wissen, was ich mir gekauft habe?«, fragte die Andrea, der die Ungeduld anzusehen war. Wie ein kleines Kind rutschte sie auf dem Beifahrersitz des Autos der Charlotte herum.

»Nö, seit wann interessiert mich, was du liest?«, entgegnete die Charlotte kühl.

»Weil es vielleicht auch für dich interessant sein könnte?«

»Kann ich mir nicht vorstellen.«

»Hrmpf«, kam es diesmal von der anderen Seite.

Schweigend fuhren sie zum Weingut hoch. Dort herrschte inzwischen Hochbetrieb. Der Heurige befand sich mitten im »Ausstecken«, und das Mittagspublikum war in Scharen die Weinberge hochgepilgert. Okay, gepilgert ist vielleicht der falsche Ausdruck, wenn man mit dem Auto wo hinfährt. Aber einige hatten sich die mühsame Auffahrt auch mit dem Rad angetan. Wieder andere hatten das schöne Wetter für einen gemütlichen Spaziergang durch die Weingärten der Hagenau genützt.

Die Charlotte parkte ihren Wagen auf einem eigens für sie markierten Parkplatz vor dem Weingut. Das war inzwischen notwendig geworden, weil das Geschäft wie blöd lief. Und es ging ja nun wirklich nicht an, dass die Juniorchefin vor dem eigenen Heurigen keinen Parkplatz fand. Also, das meinte die Charlotte und hatte sich einfach den Platz gleich neben dem großen Einfahrtstor des alten Vierkanthofs rot abmarkiert.

»Bütte, bütte, bütte!« Die Andrea wollte trotz allem noch immer ihre Überraschung loswerden.

»Drinnen«, erklärte die Charlotte bestimmt und stieg aus.

2

»Drinnen«, das bedeutete dann am Mittagstisch der Familie in der privaten Küche. In der Heurigenküche herrschte Hochbetrieb, und die Omama führte ein gleichermaßen liebevolles wie strenges Regime. Gerade zu den Stoßzeiten musste jeder Handgriff sitzen.

Die Charlotte hatte den Betrieb in den letzten eineinhalb Jahren ordentlich auf Vordermann gebracht. Keine Rede mehr von verschlafener Weinort-Romantik. Wenn »der Nöhrer« ausgesteckt hatte, brummte das Geschäft. Und mittlerweile auch in den Wochen dazwischen, nachdem die Charlotte die Bed&Breakfast-Zimmer ihrer Eltern in ein richtiges Hotel umgewandelt hatte. Der frisch renovierte Weinkeller unter der hundertfünfzig Jahre alten Eiche zog nochmals ein eigenes Publikum an, und der Deal vom Herrn Papa mit dem Signore Bianchi, dem Vater vom ehemaligen Bonsai-Lover ihrer kleinen Schwester Flora, bezüglich Weinlieferungen nach Italien hatte inzwischen Ausmaße angenommen, die allein schon für die Versorgung der Familie gereicht hätten.

Und dann war da noch die Renate Obermayer, die Witwe des vor einem Jahr auf offener Bühne ermordeten Burgtheater-Schauspielers Norbert Obermayer, die der Charlotte jede Menge Catering-Aufträge im Rahmen von Kulturveranstaltungen in und um Wien zuschanzte. Aus Dankbarkeit, dass die Charlotte damals den Mord an ihrem Ehemann aufgeklärt hatte. Und ein bisschen auch, weil sie ihr den Mario, den Besitzer und Barkeeper der Turmbar unten im Ort und nunmehrigen Lover vorgestellt hatte. Zu guter Letzt gab es noch den »Schüttelwein« der Charlotte, einen Rosé Sparkling, der sich von einem Running Gag zu einem Selbstläufer und zum absoluten Bestseller des Weinguts Nöhrer entwickelt hatte.

Inzwischen stand die nächste Ausbaustufe am Programm,

die Charlotte wollte aus dem Hotel- und Heurigenbetrieb ein großzügig angelegtes Wellnessresort mit angeschlossenem Bio-Hof machen. Die Weinerzeugung war schon vor Charlottes Einstieg in das Familienunternehmen auf Betreiben der Frau Mama in Richtung bio getrieben worden, die Charlotte wollte das Portfolio des Betriebs nun noch um Bio-Fruchtsäfte erweitern, weshalb man zum Gießhübl hoch eine frei gewordene Fläche in einen Obsthain umgewandelt hatte. Bis die Bäume dort allerdings ausreichend Früchte trugen, würde es noch ein Jahr dauern. Diese Zeit war auch für die nächste Ausbauphase des Weinguts vorgesehen – nämlich die Umwandlung beziehungsweise Erweiterung um ein kleines, aber feines Wellnessresort.

Die Lage des Nöhrer'schen Guts war ja von Haus aus schon ziemlich einmalig und heutzutage nicht mehr nachzustellen. Mitten in den Weingärten oberhalb von Perchtoldsdorf bot es nach Nordosten einen unvergleichlichen Blick auf das Wiener Becken (an klaren Tagen fast bis zur slowakischen Grenze), nach Südwesten sah man Weinberge, so weit das Auge reichte, am Horizont begrenzt von Wald und der Ortschaft Gießhübl. Vor allem den ersten Ausblick wollte die Charlotte nutzen: In den abschüssigen Hang unter dem Weingut sollte eine großzügige Wellnesslandschaft in zwei Etagen mit Panoramafenstern auf Wien hinaus entstehen.

Die Pläne waren fertig, das Problem war nur mehr der dafür notwendige Millionenkredit. Aber weniger vonseiten der Bank, denn die wirtschaftlichen Daten der Nöhrers waren gut genug, sondern weil der Herr Papa und die Frau Mama bei diesen Zahlen einen schummrigen Magen bekommen hatten.

Die Inaaya, eine der drei syrischen Kellnerinnen am Weingut, servierte der Charlotte und der Andrea einen Spinatstrudel von der Omama. Auf etwas Schwereres hatten die beiden bei dieser Bruthitze keinen Bock.

Das mit der Inaaya war ja so eine eigene Geschichte. Nachdem die Flora nach der Trennung vom Bonsai-Lover Luca mit dem Noah, dem Pflegesohn der Nöhrers, zarte Bande geknüpft hatte, war es im gemeinsamen Skiurlaub in Schladming zum großen Zerwürfnis gekommen: Die Flora verdächtigte die Inaaya, etwas mit dem Noah angefangen zu haben. Das hatte zwar nicht gestimmt, aber schließlich dazu geführt, dass es tatsächlich so kam. Eine Selffulfilling Prophecy, quasi. Aber nicht zuletzt auch deswegen, weil die Flora sich ihrerseits in Schladming etwas mit einem Franzosen angefangen hatte, der sich letztlich als schwul entpuppt und eigentlich etwas vom Noah gewollt hatte. Verwirrt? Gut, mission accomplished.

Wie auch immer, in den letzten Monaten hatte sich zwischen den dreien ein selbst für die Charlotte und die Andrea nicht mehr zu durchblickendes Liebesdreieck entsponnen. Soweit sie wussten, hatte der Noah abwechselnd mit beiden was. Die Charlotte hatte schon lange den Überblick verloren, wer gerade mit wem zusammen war. Noch dazu, wo sich auch die Flora nicht lumpen ließ und in den Noah-freien Zeiten mit anderen Burschen herummachte. Die einzige Arme in der ganzen Geschichte war die Inaaya, die unsterblich in den Noah verliebt war und sich um keinen Preis der Welt etwas mit einem anderen Burschen anfangen wollte. Erschwerend hinzu kam, dass sie auch noch am Weingut arbeitete und damit in ständigem Kontakt mit der Flora war. Teenagerlieben halt.

»Alles gut?«, fragte die Charlotte pflichtbewusst, als die Inaaya ihnen die großzügigen Portionen auf den Tisch stellte.

»Aber ja«, hauchte die hübsche Syrerin verträumt. Mehr brauchte die Charlotte nicht, um zu wissen, wie es derzeit gerade um ihr Liebesleben bestellt war.

Die Andrea rutschte noch immer nervös auf ihrem Sitz hin und her. Neben ihr lag das Jutesackerl mit dem Aufdruck des Buchladens, eine Hand der Andrea steckte schon im Sackerl. Die Charlotte wartete noch ein paar Sekunden, dann hatte sie endlich Mitleid mit ihrer Freundin.

»Na gut, also zeig schon her.« Strahlend wie ein Weihnachtsbaum zog die Andrea einen dicken Bildband aus dem Sackerl und knallte ihn auf den Tisch. Unabsichtlich, denn das Ding wog mindestens fünf Kilo.

»Ich warte!«, meinte die Charlotte leicht genervt. Das Buch war nämlich geschenkmäßig verpackt, und so konnte sie nicht erkennen, worum es ging.

»Na, dann pack es doch aus«, wurde sie von der Andrea gedrängt.

Betont gelangweilt zupfte die Charlotte am Geschenkband herum. Schließlich verlor sie die Geduld, schnitt das widerspenstige Teil mit einem Messer durch und fetzte die Verpackung runter. Und dann musste sie kurz einmal schlucken. Vor Rührung.

»Und? Und? Und?«, fragte die Andrea nervös wie eine Taferlklasslerin.

»Geil!«, antwortete die Charlotte. Die Andrea hatte ihr doch tatsächlich den Bildband »222 Wellness-Oasen, die man gesehen haben muss« geschenkt.

»Ist ein sogenanntes Coffee Table Book. Also eigentlich mehr so zur Deko, aber ich dachte, vielleicht sind da ein paar Ideen für den neuen Wellnessbereich drin. Ist ja nicht so, dass du damit großartig Erfahrung hättest.«

»Eh nicht«, gestand die Charlotte, »aber dafür gibt's Spezialisten. Ich plane das ja nicht alleine. Aber vielleicht sind in diesem Wälzer ja wirklich ein paar Ideen drin, die ich bei den Planungen einfließen lassen kann.«

Damit machten sie sich über ihren Spinatstrudel her. Vor allem die Andrea musste ihren völlig entleerten Magen wieder auffüllen. Sie hatte zwar Urlaub, half aber beim Heurigen als Kellnerin aus. An einen ausgedehnten Urlaub am Meer war bei dem derzeitigen Betrieb nicht zu denken.

Der Rest des Tages verlief dann wie im Flug. Die Gäste gaben sich die Klinke in die Hand, was der Charlotte nicht nur wegen der Finanzen recht war, sondern auch, weil sie so den unangenehmen Fragen ihrer Eltern entkommen konnte.

Natürlich hatte sich der Mord am Adefris in Windeseile im

ganzen Dorf herumgesprochen, aber glücklicherweise waren die Details noch nicht an die Öffentlichkeit gedrungen. Das Hallo, wenn in einem erzkatholischen Ort wie Perchtoldsdorf ein verkappter Alt-Nazi per Kreuzigung ins Jenseits befördert worden war, wollte sie sich lieber gar nicht vorstellen.

Musste sie sich am nächsten Tag dann aber doch.

Da hatte nämlich die »Heimatland« ein Foto vom gekreuzigten Adefris groß auf dem Cover der aktuellen Ausgabe, und natürlich wurde das Foto auch auf der Website des Revolverblatts gepostet. Die Charlotte hatte das zuerst gar nicht mitbekommen. Sie las die »Heimatland« nicht und surfte auch nur unter Androhung körperlicher Gewalt auf deren Website. Als ihr der Leo das Blatt aber völlig angepisst unter die Nase hielt, blieb ihr nichts anderes übrig.

Das war am Vormittag, und der Leo hatte seine Cousine im Begrischpark oberhalb des Marktplatzes abgefangen. Die Charlotte war gerade am Weg zum Tennisclub gewesen, um mit den Organisatoren des Tennisturniers einige Details zu klären. Natürlich ging es ums Catering für dieses große Event, die Charlotte war sehr stolz, den großen Auftrag ganz ohne Unterstützung der Renate Obermayer an Land gezogen zu haben. Aber was hätte ihr die Renate da schon groß helfen sollen? Sie kümmerte sich nicht um Sportveranstaltungen, sondern ausschließlich um Kulturevents und da im Normalfall nur um die Hochkultur. Was der Charlotte und ihrem Schüttelwein im letzten Jahr sogar schon Zugang zu dem einen oder anderen Event im Burgtheater und der Staatsoper beschert hatte.

Den Schüttelwein würde es nun dank Charlottes Initiative auch während dieses Tennisevents geben, aber bis dahin war noch etwas Zeit. Momentan wurden gerade die Stahlrohrtribünen für das Turnier aufgebaut. Keine einfache Aufgabe. Der Tennisclub war für solche Veranstaltungen eigentlich überhaupt nicht gedacht und auch nicht geeignet. Mit seinen vier Sandplätzen und dem kleinen, feinen Clubhaus lag er malerisch eingebettet auf einem schräg abfallenden Hang mitten im Begrischpark, umgeben von lauter Föhren. Was die Montage der Tribünen für etwas unter tausend Zuschauer natürlich nicht gerade einfacher machte, denn natürlich durfte kein Baum zu Schaden kommen. Aber das Land Niederösterreich hatte sich nun mal eingebildet, es müsste auch mal ein solches Event veranstalten, und Perchtoldsdorf war nicht zuletzt aufgrund seiner Nähe zu Wien und des damit erhofften Zuschauerzustroms als Austragungsort ausgewählt worden. Normalerweise lockte so ein Tennisevent der zweiten Ebene ja kaum einen Hund hinterm Ofen hervor. Aber diesmal wollte ein heimischer Altstar nach langer Verletzungspause sein Comeback geben, und das würden sich schon genug Leute anschauen wollen.

Nicht, dass die Charlotte von irgendeiner dieser Fakten eine Ahnung hatte. Für sie war Tennis einfach ein Sport, dass es dabei auf dem nächsthöheren Level um schwindelerregende Summen ging, war ihr relativ wurscht. Hauptsache, bei ihr selbst klingelte die Kassa.

»Lass uns reingehen«, schlug der Leo vor, dem das Gehämmer an den Tribünen auf den Nerv ging. Er konnte sein eigenes Wort kaum verstehen. Im renovierten Clubhaus war es angenehm kühl, die Klimaanlage rannte auf Hochtouren, und der Lärm von draußen wurde von den neu installierten modernen Türen und Fenstern ferngehalten.

»Was soll das ganze Theater hier überhaupt?«, meinte die Charlotte mit einem verständnislosen Blick hinaus auf die Aufbauarbeiten.

»Was heißt da ›Theater‹? Das wird eine Riesensache. Das Fernsehen kommt, und den Online-Stream vom Turnier kann man sich auf der ganzen Welt anschauen«, erklärte der Leo, der in Sachen Tennis offenbar besser bewandert war. Dunkel konnte sich die Charlotte erinnern, dass er zu Jugendzeiten selbst Tennis gespielt hatte. Allerdings nicht hier im Nobelclub, sondern eine Ortschaft weiter. Das Gelände dort war zwar auch sehr idyllisch am Rand der Weingärten und direkt an der Ortsgrenze zu Perchtoldsdorf gelegen, aber auch an der Autobahn, die nur durch eine hohe Lärmschutzwand von der Tennishalle getrennt war. »Und dann ist da auch noch der Jörg Hirzer. Allein wegen dem werden ein paar Dutzend Fans kommen. Der hat jetzt fast ein Jahr lang wegen einer Knieverletzung nicht spielen können und gibt hier sein Comeback«, erzählte der Leo mit Feuereifer. Ja, er schien durchaus an Tennis interessiert zu sein.

Und beim Namen des Altstars klingelte es ausnahmsweise auch bei der Charlotte. Jörg Hirzer war sogar ihr ein Begriff. Der hatte schon ein paar Spiele gewonnen. Oder Turniere? Die Charlotte tat sich mit der Fachterminologie ein bisschen schwer. Was ihr egal war. Je mehr Leute kamen, umso besser ihr Umsatz.

»Ich kann mir noch gar nicht vorstellen, wie die das hier alles reinbauen wollen«, meinte die Charlotte zweifelnd.

»Das kann ich dir schon erklären, meine Liebe. Hier finden ja nur die Spiele statt. Aus den vier Courts werden zwei gemacht, ein ›großer‹, quasi der Centre-Court, und daneben noch einer mit weniger Zuschauern, damit man das Programm auch durchbringt. Sind ja schon einige Spiele, die da am Programm stehen. Als Garderoben und fürs Aufwärmen verwendet man die Turnhalle drüben.«

Mit »Turnhalle« hatte der Leo ein wenig untertrieben, denn er meinte die riesige Mehrzwecksporthalle, die an das Gymnasium angeschlossen war. Glücklicherweise waren jetzt im August Sommerferien, und so konnte man, ohne den Unterricht zu stören, auf die Infrastruktur der nur hundert Meter entfernten Schule zurückgreifen.

Natürlich war das alles ein wenig improvisiert, aber es war nun mal kein ATP-Turnier, sondern nur die zweite Ebene. Hier ging es nicht um sonderlich viel Geld, aber um Punkte für die Weltrangliste, ohne die man die oberste Stufe nie erreichte. Dementsprechend hart ging es auf diesem Level auch zu. Da fighteten die hoffnungsvollen Nachwuchstalente um jeden Punkt, als wäre es ihr letztes Spiel. Natürlich gab es auch »Obezahrer«, aber solche Faulenzer wurden recht rasch aussortiert. Das Herumtingeln auf dieser Tour kostete nicht weniger Geld als bei den »Großen«, aber im Gegensatz zu den Weltstars gab es hier eben kaum Preisgeld zu verdienen. Sogar das Hotel und die Anreise mussten sich die Nachwuchshoffnungen noch selbst berappen. Deshalb wollte jeder diese Stufe so rasch wie möglich hinter sich lassen.

»Der Gästebereich wird auf jeden Fall recht hübsch«, meinte die Charlotte, um auch etwas Konstruktives zum Gespräch beizutragen. »Von hier bis zur Turnhalle rüber viele weiße Partyzelte, alles sehr offen und gemütlich.«

»Ein Alptraum, wenn es um die Sicherheit der Gäste und Spieler geht«, warf der Leo ein. »Wäre das hier ein richtig wichtiges Sportereignis, würde das so nicht durchgehen. Die Spieler müssen ja von den Kabinen bis zum Court mitten durchs Publikum gehen. Einlasskontrollen gibt es auch nicht, und Tickets werden nur für den Centre-Court verkauft.«

»Alles, um ein kleines Volksfest zu veranstalten.« Die Charlotte lächelte. »Ich kann mir vorstellen, dass sich viele Leute hierher verirren, die mit Tennis gar nichts am Hut haben und nur zum Saufen kommen.«

»Als ob dich das stören würde.«

»Nö, hab ich auch nicht behauptet. Aber zurück zum Adefris: Zeig mir noch mal die Zeitung.«

Der Leo hielt ihr das Blatt hin. Die Charlotte betrachtete das Foto auf der Titelseite, in voller Farbe und nahezu formatfüllend, wie es sich heutzutage gehörte. Das »Heimatland« kannte echt keinen Genierer. Da war der blutende Adefris in seiner vollen Herrlich- und Leblosigkeit zu sehen. Die Schmähzettel auf seinen Körper getackert, das Einschussloch in der Stirn, die vielen kleinen Stichwunden am Rest des Körpers. Dazu die wenig schmeichelnde Headline: »Irre: Rechtshetzer gekreuzigt!«

»Wie sind die denn an das Foto gekommen?«, fragte die Charlotte konsterniert. Sie war froh, dass der Leo ihr bereits am Vortag die Fotos gezeigt hatte, so drehte sich ihr wenigstens jetzt nicht der Magen um. Trotzdem blieb beim Anblick des Fotos ein schaler Geschmack.

»Das fragen wir uns auch«, gab der Leo als Antwort. »Irgendwer muss es ihnen weitergegeben haben. Auch wenn ich mir nicht vorstellen kann, wer von meinen Leuten das gemacht haben soll.«

»Ich nehme an, du hast schon alle gefragt, die dabei waren?«

»Natürlich, ich bin ja kein Amateur.«

Die Charlotte zog spöttisch eine Augenbraue hoch. »Wäre ja nicht das erste Mal, dass einer deiner Leute sich zu einem Blödsinn hinreißen lässt.«

»Das war einmal. Die faulen Äpfel habe ich inzwischen alle aussortiert. Da kannst du dich drauf verlassen.«

»Anscheinend nicht, denn irgendwie muss das Schmierblatt ja an das Bild gekommen sein.« Worauf der Leo keine Erwiderung mehr hatte. Sie hatten niemanden an den Tatort gelassen, der Jogger war der einzige Zivilist, der die Leiche am Kreuz gesehen hatte. Aber der hatte kein Foto vom Adefris gemacht, die Polizei war auf Nummer sicher gegangen und hatte sein Handy kontrolliert.

»Wir gehen der Sache auf jeden Fall nach. Das Problem ist nur, dass wir die Zeitung nicht dazu zwingen können, uns den Urheber des Fotos zu nennen. Pressegeheimnis und so.«

»Wie hat der Rest der Adefris-Brut eigentlich auf den Tod des Vaters reagiert?«

Der Leo hob die Achseln. »Kühl, gefasst. Die Frau hat sich höflich bedankt und mir dann die Tür vor der Nase zugeschlagen. Von den anderen habe ich keinen gesehen. Aber wenigstens zwei der Söhne werden wir bald zu Gesicht bekommen.«

»Wieso? Hast du sie zur Vernehmung geladen?«

»Nein, wieso denn? Aber sie treten beim Turnier an. Also, in der Qualifikation.«

»Häh?«

»Ja, zwei von der riesigen Familie sind Tennisjunioren. Haben bislang noch nicht sonderlich rausgestochen, aber sie sind im Qualiraster. Keine Ahnung, wie sie es da reingeschafft haben. Muss wohl irgendwie mit Protektion zu tun haben. Ich meine, sie sind nicht schlecht, soweit ich das verfolgt habe, aber auch nicht so, dass man ihnen einen Startplatz bei so einem Turnier geben würde. Normalerweise halt«, meinte der Leo. Er stöhnte. »Komm, ich lad dich auf einen Kaffee ein, wenn ich über die Sippe rede, muss ich mir den unangenehmen Geschmack aus dem Mund waschen.«

Das »Einladen« bestand aus einem Kapselkaffee im ebenfalls im Aufbau befindlichen Pressezentrum des Turniers. Wie die Garderoben und Fitnessräume war es ebenfalls in der nahe gelegenen Mehrzweckhalle untergebracht, die durch flexible Wände in drei kleinere Turnsäle unterteilt werden konnte. Einer davon beherbergte das Pressezentrum, in dem natürlich noch kaum etwas los war. Das Turnier startete ja erst in einigen Tagen.

Lediglich der Pressechef des Turniers war da, um die Aufbauarbeiten zu überwachen. Ein ehemaliger Sportjournalist, der gegen Ende seiner professionellen Karriere die Seiten gewechselt hatte. Die Idee, in diesem Job weniger Stress ausgesetzt zu sein, hatte sich aber schon bald zerschlagen. »Wenn ich gewusst hätte, wie nervig wir Journalisten sein können, hätte ich mir das nicht angetan«, empfing er die Charlotte und den Leo.

»Charlotte, das ist der Werner Hartig, der Pressechef des Turniers«, stellte der Leo ihn seiner Cousine vor.

»Ihr könnt ruhig ›Speedy‹ zu mir sagen, das ist mein Spitzname«, besserte der Pressechef ihn aus. Die Charlotte schüttelte dem Speedy artig die Hand und stellte sich selbst vor. Daraufhin folgte die Einladung, sich an der Kaffeemaschine zu bedienen. Der Leo winkte dankend ab, er hatte einen Funkspruch reinbekommen und musste wieder hinaus.

Die Charlotte sah sich im Pressezentrum um. Gut dreißig Tische waren in dem Turnsaal aufgestellt worden, an jedem Platz war ein LAN-Kabel befestigt, zudem klebte auf jedem Platz ein Namensschild. »Sicher ist sicher«, meinte der Speedy erklärend zur Charlotte. »Meine Ex-Kollegen sind schlimmer als ein Kindergarten. Da würde sich jeder um den ›besten‹ Platz prügeln, obwohl es so was hier ja gar nicht gibt.« Über den Turnsaal verteilt waren fünf große Flatscreens aufgestellt. »Damit die Journalisten alle Spiele verfolgen können, auch wenn sie herinnen sitzen und ihre Berichte schreiben.«

»Ist das nicht alles ein bisschen viel Aufwand für so ein Pimperlturnier?«, meinte die Charlotte.

»Pimperlturnier?« Der Speedy lachte. »Nein, selbst wenn der Hirzer hier nicht mitspielen würde, wäre das kein Pimperlturnier. Also, im Vergleich zu den großen Turnieren natürlich schon, aber es geht hier ja auch um was. Und solche Spieler wie hier bei den ›Perchtoldsdorf Classics‹ hat man in der Gegend schon lange nicht mehr gesehen. Also, mal abgesehen von dem großen Turnier in der Wiener Stadthalle, aber das zählt ja nicht.«

»›Perchtoldsdorf Classics‹? Das Turnier findet doch zum ersten Mal statt, oder?«

»Und?«, antwortete der Pressechef gutmütig. »Jede Tradition beginnt mit einem ersten Mal, und irgendeinen griffigen Titel haben wir auch gebraucht. ›Open‹ und ›Cup‹ heißt ja eh jedes Turnier, also haben wir uns etwas anderes überlegt. Und das Land Niederösterreich buttert genug Geld rein, also muss das Ganze auch ein Erfolg werden.«

»Charly! Was machst du denn hier?«, wurden sie auf einmal unterbrochen. Es war die Flora, die jüngere Schwester der Charlotte. Wie ein Flummi sprang sie in der Gegend herum, völlig aufgeregt. Jaja, so viel Energie wie die Sechzehnjährige hätte die Charlotte auch gerne noch mal.

»Na, ich schau mir mal das Eventgelände an, wir müssen ja langsam anfangen, unseren Stand aufzubauen. Außerdem ist es das erste Mal seit meiner Schulzeit, dass ich wieder hier herinnen stehe. Da werden Erinnerungen wach.«

»Gute?«

Die Charlotte schüttelte den Kopf. Nein, Turnen war garantiert nicht ihr Lieblingsfach gewesen. Bei genauerem Überlegen konnte sie sich überhaupt an kein Lieblingsfach erinnern.

Geografie vielleicht. Aber auch nur, weil man da rudimentäre Grundlagen der Geologie bekam, die für den Weinbauerberuf nicht ganz unwichtig waren. Auch wenn Weinbäuerin auf dem Zettel ihrer Berufswünsche eigentlich nie ganz oben gestanden hatte. Eher am anderen Ende der Skala. Aber erstens kam es immer anders und zweitens, als man denkt. Blöder Spruch, entsprach aber der Wahrheit.

»Die Frage ist eher, was machst du hier?«, konterte die Charlotte.

»Ich treffe mich hier mit dem Herrn Lanner.«

»Lanner?« Mit dem Namen konnte die Charlotte überhaupt nichts anfangen.

»Na, dem Chef von der Zeitung. Ich fange ja dort mein Ferialpraktikum an.«

»Echt?« Die Charlotte gestand sich – nicht zum ersten und ganz sicher nicht zum letzten Mal – ein, dass sie ein bisschen besser aufpassen sollte, wenn ihr die Flora aus ihrem Leben erzählte. Denn das hatte sie ihr gegenüber hundertprozentig schon mal erwähnt. Nur war es bei der Charlotte beim einen Ohr rein- und beim anderen Ohr wieder rausgegangen. Völliger kranialer Durchzug also.

»Ja, echt«, maulte die Flora, die sich über solche Unachtsamkeiten ihrer Schwester aber so was von ärgern konnte.

»Bei welcher Zeitung überhaupt?«

»Bei der ›Heimatland‹«, kam der Hartig der Flora mit der Antwort zuvor. »Die sind übrigens auch offizieller Medienpartner des Turniers.« Das war der Charlotte bislang nicht aufgefallen, aber gut, es hingen derzeit ja noch überhaupt keine Werbebanner irgendwo herum. »Ich war früher auch bei denen, bin aber froh, nicht mehr dort zu sein. Heilfroh sogar«, fügte er nachdenklich an.

»Ausgerechnet bei der ›Heimatland‹?«, fauchte die Charlotte, nachdem sie den ersten Schock verdaut hatte.

»Ach, komm doch von deinem hohen Ross runter und tu nicht so, als würdest du nur die Neue Zürcher oder die Süddeutsche lesen«, antwortete die Flora empört. Die Charlotte nahm an, dass es sich dabei um ausländische Qualitätszeitungen handeln musste, so wie die Flora ihr die Namen hingeworfen hatte. In der Hand gehabt hatte sie bisher weder die eine noch die andere. »Die Renate hat mir den Job verschafft. Geh dich doch bei ihr beschweren.«

»Die Renate? Was hat die Renate mit der ›Heimatland‹ zu tun?«, hakte die Charlotte nach.

»Was weiß ich? Vielleicht, weil man es sich in ihrem Business mit niemandem verscherzen will? Und du kennst doch die Renate. Die kann praktisch mit jedem.«

Da hatte die Kleine schon recht. Die Charlotte hatte noch niemanden getroffen, mit dem die Renate nicht ein gutes Auskommen gehabt hätte. Gut, abgesehen von den Liebhaberinnen ihres verblichenen Mannes vielleicht. Aber nobody is perfect.

»Guten Tag, die Damen«, dröhnte es da vom Eingang.

»Wenn man vom Sonnenschein spricht …«, stöhnte der Hartig resignierend.

3

Es war der Manfred Lanner, Gründer, Herausgeber, Chefredakteur der Zeitung »Heimatland« und überhaupt alles in einer Person, was mit dem Geschäft zu tun hatte. Der Auftritt hätte wohl pompös wirken sollen, quasi der alte Patriarch eines einflussreichen Unternehmens, der zu seinen Untertanen herabsteigt, aber irgendwie erschien er eher bemüht und armselig. Vor allem Letzteres. Die Haare waren so schlecht tiefschwarz gefärbt, dass man auf zwanzig Meter Entfernung die Künstlichkeit erkennen konnte. Das Monokel am rechten Auge sollte wohl Kultiviertheit signalisieren, sah allerdings völlig deplatziert aus in einem Gesicht, das auf der rechten Seite seltsam verformt nach unten hing. Kleiner Schlaganfall?, überlegte die Charlotte. Statt von dieser leichten Deformierung abzulenken, betonte es sie nur noch mehr. Die Lippen darunter waren fleischig und wulstig, das Kinn ging direkt über in den dicken Hals, und unterhalb davon wurde es nicht besser. Das hellblaue Hemd über der Wampe vom Lanner quoll über den Gürtel, dessen Schnalle von einem protzigen »LV« geziert wurde, und die Jeans sollten wohl Jugendlichkeit signalisieren, was aber von den sicherlich sündteuren Budapestern an den Füßen gleich wieder konterkariert wurde. Irgendwie passte an dem Typen nichts zusammen. Und überhaupt: Wer trug heute noch ein Monokel?

Der Lanner war der Charlotte auf Anhieb unsympathisch. Ein Eindruck, der durch die nächsten Worte des Alten verstärkt wurde. »Speedy, alter Trottel, was treibst du denn hier?«, feixte der Lanner.

Der Hartig verdrehte die Augen, blieb aber höflich. »Ich bin hier der Pressechef, Manfred.«

»Na, da werden sich die Arschlöcher von den anderen Blattln aber freuen«, meinte der Lanner weiter gut aufgelegt und sah die Flora an.

»Tourette-Syndrom?«, raunte die Charlotte dem Hartig ins Ohr. Der schüttelte den Kopf. »Wäre mir nicht bekannt, der redet mit allen Leuten so. Bisher war er eh noch freundlich. Du solltest den mal hören, wenn er sich über etwas ärgert.«

»Und wen haben wir denn da?«, süßholzraspelte der Lanner jetzt in Richtung der Flora. Die stand, völlig ungewöhnlich für sie, da wie ein kleines, schüchternes Mädchen.

»Ich bin die Flora«, sagte sie leise, »ich darf ab morgen bei Ihnen meine Ferialpraxis machen.« Der Zusatz war so leise, dass man ihn beinahe hätte überhören können.

»Ferialpraxis? Soso«, brummte der Lanner. »Für welchen Bereich hat man dich denn eingeteilt?«

»Ich bin im Marketing. Das würde ich nach der Schule auch gerne studieren.« Interessant, dachte die Charlotte. Diesen Berufswunsch hörte sie von ihrer Schwester heute zum ersten Mal.

»Nein, nein«, entschied der Lanner. Dabei legte er seinen Arm um die Schulter der Flora und zog sie fest an sich. »Das ist doch viel zu langweilig. Ich glaube, du wärst in unserer Society-Redaktion viel besser aufgehoben. Wäre das nicht viel spannender? Da ist mehr Action. Auf Events gehen, von dort berichten …«

»… Sie meinen, ich dürfte Artikel schreiben?« Die Augen der Flora wurden groß.

»Was heißt da Artikel? Ich rede hier von richtigen Reportagen! Society ist scheißwichtig in meiner Zeitung. Die depperten Leser wollen ja nix anderes. Groß, bunt, laut! Das ist das Motto. Das wirst du schon noch lernen, Kleine. Aber eins ist schon auch klar …«

»Ja?«, fragte die Flora zaghaft. Sie sah ihre Felle gerade wieder davonschwimmen.

»Wenn du an eine geile Geschichte rankommen willst, musst dich für so ein Ereignis schon ein bissl rausputzen. Also nicht Jeans und T-Shirt, sondern Abendkleidchen, Stöckelschuhe und so weiter. Wenn du eine geile Geschichte haben willst, musst du auch selbst geil ausschauen. Sonst springen die Herren Stars nicht auf dich an. Und wenn sie das nicht tun, verraten sie dir auch keine Geheimnisse.« Der Lanner drückte die Flora sanft, aber bestimmt ein Stückchen von sich weg und musterte sie unangenehm lang (also, unangenehm für die Charlotte.)

Die Flora war völlig baff ob der ihr in Aussicht gestellten »Journalisten«-Karriere und nickte schließlich zufrieden.

»Das wird schon passen. Dein G'stell ist für so ein junges Teil wie dich eh super. Bloß ein bissl mehr auf den Rippen könntest vertragen, wenn du verstehst, was ich meine. Ho, ho, ho.«

So, jetzt reichte es der Charlotte aber endgültig. Was glaubte dieser grausige Macho, mit wem er da redete? Noch dazu, wo ihre Schwester noch schwer minderjährig war. Die Blicke, mit denen er die Flora musterte, mochten der angehenden Society-Journalistin nicht auffallen, aber sehr wohl ihrer großen Schwester, die in solchen Sachen doch schon etwas mehr Erfahrung hatte. Als sie eben einschreiten wollte, kam ihr der Speedy zuvor. Allerdings so, dass er die Charlotte zurückhielt, indem er sich ihr unauffällig in den Weg stellte.

Im nächsten Moment schien der Lanner aber das Interesse an der Flora auch schon wieder verloren zu haben. Er drehte sich im Kreis, musterte das improvisierte Medienzentrum und meinte schließlich: »Für die Trotteln wird's schon reichen. Sollen eh was hackeln und es sich hier nicht bloß gut gehen lassen. Speedy!«

»Ja, Che...« Im letzten Moment schluckte der Hartig das »Chef« hinunter. Die Gewohnheit war halt ein Hund.

»Geh, mach mir schnell einen Kaffee. War eine harte Nacht, ich brauch was zum Aufwachen«, befahl der Lanner mit einem dreckigen Grinser. Die Charlotte mochte sich gar nicht vorstellen, welches weibliche Wesen für diese »harte Nacht« hatte herhalten müssen. Sie kannte diesen Typ schon. Sowohl den Typ Mann, den der Lanner darstellte, als auch den Typ Frau, der sich mit solchen Männern einließ. Von Ersteren gab es leider genug. Musste man ja nur in die Gesellschaftsspalten schauen. Aber dass sich irgendein weibliches Wesen dazu herabließ, mit diesem unappetitlichen Kerl ins Bett zu steigen! Wenn er sprach, sah es aus, als würde er mit vollem Mund reden. Die kleinen Schweinsaugen blitzten ständig derart dreckig, dass sich die Charlotte am liebsten gleich waschen gegangen wäre. Es schien fast, als würde er die Flora und auch die Charlotte mit Blicken ausziehen. Und irgendwie machte er den Eindruck, als wäre er ständig am Sprung – auf das nächstbeste weibliche Wesen, das nicht bei drei am Baum war.

Aber zurück zum Kaffee. Dienstbeflissen machte sich der Hartig an der großen Kaffeemaschine zu schaffen, die während des Turniers ein paar Dutzend Journalisten mit Koffein durch den Tag bringen sollte. Ganz so, als hätte er sein Leben lang nichts anderes gemacht, als dem Lanner jeden Wunsch von den Augen abzulesen. Die Charlotte wartete nur darauf, dass er den Kaffee mit einem Keks und Milchschaumkrönchen servieren würde, aber Kekse gab es (noch) nicht, und Milchschäumer war auch keiner vorhanden.

Statt eines Dankeschöns gab es nur einen Grunzer vom Lanner, dann ließ er sie endlich allein und durchschritt wie ein Feldherr das Pressezentrum. Gebannt hingen die Augen der Flora an dem alten Fettsack, in ihrem Kopf spielte sich eine zuvor ungeahnte Zukunft ab. Große Events, noch größere Reportagen, Journalistenpreise, Berühmtheit. Ihr begannen die Knie zu schlottern.

Erst ein Rempler der Charlotte brachte sie wieder ins Hier und Jetzt zurück.

»He!«, maulte sie.

»Jetzt komm mal wieder runter«, meinte die Charlotte kühl. »Graust dir denn vor gar nix?«

Die Flora gab sich ahnungslos. »Wieso?«

»Na, glaubst du im Ernst, der bietet dir als Schülerin so einen Job an, ohne dafür eine Gegenleistung zu wollen?«

»Du bist ja so eine blöde Kuh«, schnaubte die Flora zornig. »Nur eifersüchtig. Er hat halt mein Potenzial erkannt!«

»Ja, eh. Die Frage ist nur, welches ...«, konterte die Charlotte.

»Was? Traust du mir den Job nicht zu, nur weil ich erst sechzehn bin? Du bist wirklich so was von ...«

»Alles gut«, versuchte sich der Hartig kalmierend einzumischen.

»Huhu!«, erklang es jetzt vom Eingang. Es war die Andrea.

»Du?«, fragte die Charlotte erstaunt. »Mit dir hätte ich jetzt nicht gerechnet.«

»Ach, ich habe noch was zu tun im Park und davor ein bisschen Zeit. Habe ich mir gedacht, ich suche dich. Der Leo hat gemeint, dass ich dich hier finde.«

»Wen haben wir denn da?« Der Lanner gesellte sich zu ihnen. Das hatte der Charlotte gerade noch gefehlt. Die Worte flossen wie Honig über die Wulstlippen des alten Verlegers. Ein Eifersuchtsanfall der Flora wurde nur durch das rasche Einschreiten ihrer großen Schwester verhindert. Sie trat der Flora auf die Zehen, was als Ablenkung reichte. Für die Blicke, die ihr die Kleine daraufhin zuwarf, existierte auf der ganzen Welt kein Waffenschein.

Die Andrea blickte kurz von der Charlotte zur Flora, dann zum Lanner und wieder zurück zur Charlotte. Das reichte ihr, um die Situation zu erfassen.

»Herr Lanner«, flötete sie und warf sich für den alten Sack in Pose. »Was für eine Überraschung! Sind Sie schon hier, um sich Schlagzeilen für das Turnier zu überlegen?« Sie hängte sich am Arm des Verlegers ein und lotste ihn unauffällig von ihrer Freundin und ihrer Schwägerin in spe weg.

»Also, junge Dame«, wandte sich die Charlotte wieder an ihre kleine Schwester. Aber da war die Flora schon weg. Diese Standpauke hatte sie von Weitem kommen gesehen. Die Charlotte sah sie gerade noch zum Pressezentrum raushuschen.

Als sie sich umdrehte, ging ihr gleich wieder das Geimpfte auf. Der Lanner hatte seinen Arm um die Hüfte »ihrer« Blondine gelegt, und seine Finger wanderten langsam zum Knackarsch der Andrea. Mit einer Nonchalance, wie sie nur die Andrea an den Tag legen konnte, nahm sie die wandernden Finger und führte sie wieder hinauf zu ihrer Hüfte. Nicht ohne sie dabei ein wenig nach hinten zu biegen. Gerade so, damit der Lanner spürte, dass ihr so viel Aufdringlichkeit dann doch ein wenig zu weit ging. Die Andrea mochte vielleicht aussehen wie eines seiner willfährigen Betthäschen, aber unter der oft tussigen Fassade steckte eine toughe angehende Anwältin, die sich ihr Barbie-mäßiges Aussehen geschickt zunutze machte. Es hatte noch nie geschadet, wenn man unterschätzt wurde.

Aber, und das musste man dem Lanner dann doch wieder zugutehalten, er nahm diesen Korb so gelassen wie einen Einkaufskorb im Supermarkt. Also nicht, dass die Charlotte glaubte, der Lanner hätte in den letzten Jahren einen Supermarkt von innen gesehen. Oder sich jemals ein Essen selbst gekocht. Oder auch nur aufgetaut. Nö, da gab es jeden Tag Restaurant, und die aktuellen Milchpreise kannte er maximal aus der eigenen Zeitung, wenn man sich über die wieder mal steigende Inflation echauffierte. Aber aus erster Hand?

Wie auch immer, der Lanner führte die Andrea an der Hüfte einmal rund durch das Pressezentrum, zeigte mit dem Finger auf für Außenstehende völlig uninteressante Details und gefiel sich ganz offensichtlich in seiner Rolle als großer Medienzampano. Oder »Medienmacher«, wie man das in letzter Zeit nannte. Was auch immer ein »Medienmacher« sein sollte.

Endlich übergab er die Andrea dann doch noch widerwillig an die Charlotte. Die verzichtete darauf, der Andrea als »Besitznachweis« die Zunge in den Hals zu stecken. Gewollt hätte sie schon, aber sie fürchtete, dass sich der Lanner an so einer Darstellung von Zuneigung nur unnötig aufgegeilt hätte. Und das war das Letzte, was sie wollte.

Als sie endlich wieder im Freien standen, führte die Andrea die Charlotte zum Clubhaus des Tennisvereins. Aus einem Kästchen – die Charlotte wollte gar nicht wissen, wie sie an den Schlüssel für dieses Kästchen gekommen war – holte sie eine violette Isomatte, eine dreiviertellange Trainingshose und ein ärmelloses Shirt. Damit verschwand sie in einer der Umkleidekabinen des Tennisvereins und kam kurz darauf ready for action wieder heraus.

»Was wird das, wenn es fertig ist?«, fragte die Charlotte konsterniert.

»Na, heute ist doch ›Yoga im Park‹. Das wollte ich mir mal anschauen.«

»Yoga im … Park?«, hakte die Charlotte nach.

»Ja, einmal in der Woche treffen sich hier Frauen, um an der frischen Luft Yoga zu machen. Und da hab ich mir gedacht: Warum nicht mal mitmachen? Macht sicher Spaß!«

Also, unter Spaß verstand die Charlotte eindeutig etwas anderes. Yoga hatte sie in ihrer Zeit als Polizistin in Wien mal probiert. Sie hatte sich damals gedacht, dass es vielleicht ein guter Ausgleich zum stressigen Job sein könnte. Okay, gut, ihre damalige Freundin hatte sie mitgeschleppt. Aber das war nur so ein Ein-Monats-Dings gewesen, und die Charlotte hatte diesen Shorty kurzerhand wieder aus ihrem Gedächtnis gestrichen. So wie die vielen anderen Ein-Monats-Dinger, die sie damals gehabt hatte.

Ja, der Lotussitz war noch okay gewesen, wie es dann aber an die etwas anstrengenderen Figuren wie »Herabschauender Hund«, »Baum« oder »Pflug« ging, war ihr der Spaß vergangen. An so akrobatische Übungen wie »Schulterstand« oder »Krähe« wollte sie gar nicht denken. Letzteres war ja überhaupt etwas, für das man am besten Breakdancer war. Die konnten so etwas ganz easy, aber sie? Nach drei Yoga-Einheiten hatte sie Schluss gemacht. Sowohl mit Yoga als auch mit der Verena, dem damaligen Ein-Monats-Dings.

Immerhin musste man der Andrea jetzt zugutehalten, dass sie erst gar nicht probierte, die Charlotte zum gemeinsamen Yoga im Freien mitzuschleppen, also, sie dazu zu überreden, selbst mitzumachen. So gut kannte sie ihre Freundin schon, um zu ahnen, dass da Hopfen und Malz beziehungsweise Hefe und Maische verloren waren. Also schmiss sich die Andrea alleine zu dem guten Dutzend anderer Frauen, die da in verschiedensten Verrenkungen ihrem inneren Yoga-Geist huldigten. Die

Knochen knarzten, die Bänder quietschten, aber es schien allen richtig Spaß zu machen.

Der Charlotte auch. Weil sie nur zuschauen musste. Sie hatte sich im Clubhaus des Tennisvereins noch einen Kaffee aus der Maschine gedrückt und es sich mit dem Muntermacher und einer Zigarette auf einer Parkbank gemütlich gemacht, von wo aus sie einen perfekten Blick auf die sich dehnende, streckende und verrenkende Frauengruppe hatte. Nach einer Stunde war der Zirkus vorbei, und die Andrea kam mit einem breiten Grinsen im Gesicht zu ihr. Aufs Umziehen verzichtete sie, das wollte sie in ein paar Minuten daheim machen.

Am Weingut war bereits richtig Betrieb, als die beiden eintrafen. Es war Mittagszeit, und da brummte das Geschäft sowieso immer so richtig. Noch dazu in den Sommerferien, wenn viele Urlaub hatten, aber diesen nicht in Bausch und Bogen auswärts verbrachten. Der Charlotte ging das Herz auf, als sie den wegen der alten Kastanie größtenteils schattigen Innenhof so voller Leben sah. Viele der Gäste kannte sie seit Jahren und wurde von ihnen auch herzlich begrüßt. Man hatte der Charlotte nicht vergessen, dass es nicht zuletzt sie und die Andrea gewesen waren, die vor wenigen Monaten verhindert hatten, dass auf der Heide eine Schiefergasbohrstelle installiert worden war. Das war damals arschknapp gewesen. Bis jetzt waren noch ein paar geländetechnische Narben auf der Heide zu sehen, dort wo die ÖL bereits mit den Bohrvorbereitungen begonnen hatte. Aber alles kein Vergleich zu dem, wie es heute aussehen würde, wären die Pläne des mittlerweile zurückgetretenen Landeshauptmanns tatsächlich durchgeführt worden. Die Charlotte widerstand dennoch den Einladungen, sich auf ein Achterl zu den Gästen zu setzen, sondern strebte mit der Andrea an der Hand zielstrebig zur Küche, wo die Omama nach wie vor das Zepter schwang. Der Duft von frischem Gulasch zog sich bis hinaus in den Hof in die Nase der Charlotte.

In der Küche wurde sie auch nicht enttäuscht. Die Omama

hatte sich an diesem Tag für die »Fiakergulasch«-Variante entschieden. Zum normalen Rindsgulasch wurden als »Garnitur« noch ein Frankfurter, Serviettenknödel, Spiegelei und eine Fächergurke gereicht. Bei den Frankfurtern gab es die Variante normal gekocht oder an den Enden zweimal aufgeschnitten und in der Pfanne schnell herausgebraten. Von der Charlotte in ihrer Kindheit auch gerne »Palmenwürstel« genannt. Die Omama hatte letztere Variante gewählt.

»Du bist halt einfach die Beste!« Sie wurde von der Charlotte geherzt.

»Schon gut, schon gut«, schmunzelte die Omama und reichte ihren beiden Enkelinnen (der echten und der – noch nicht ganz – angeheirateten) jeweils einen Teller mit dem kulinarischen Gedicht. Auf der Anrichte warteten noch vier andere Portionen, die für Gäste im Hof gedacht waren.

Nach zehn Minuten gefräßigen Schweigens und einer geteilten Flasche Bier – ohne das ging Gulasch einfach nicht – waren die beiden Portionen restlos verputzt. Die Charlotte hatte sich noch eine Semmel zum Auftunken des restlichen Gulaschsafts gegönnt, die Andrea hatte – nach mehrmaligem Umblicken – die Radikalvariante zum Saubermachen des Tellers gewählt: Teller hochhalten und abschlecken, bis er aussah, als käme er gerade frisch aus dem Geschirrspüler.

»Dir beim Essen zuzuschauen …«, meckerte die Charlotte kopfschüttelnd.

»Aber geh!«, kicherte die Andrea. Im nächsten Moment hatte sie auch schon die Charlotte am Schoß, und die hatte die Nase der Andrea im Mund.

»He!«, protestierte die Andrea halbherzig, nachdem sie sich die angesabberte Nase abgewischt hatte. »Was war das denn?«

»Du bist halt wie ein kleines Kind«, erklärte die Charlotte. »Vom Tellerabschlecken hast du noch Gulasch auf der Nase gehabt. So kann ich dich nicht in die Öffentlichkeit lassen.«

»Seids ihr zwei dann fertig?«, meckerte jetzt die Omama. Eifriges Kopfnicken der beiden jungen Damen.

»Gut, dann könnt ihr mir sicher erklären, was das hier soll!« Damit warf sie den beiden eine Zeitung auf den Tisch. Schon wieder die »Heimatland«, ausgerechnet.

»Was meinst du?«, fragte die Charlotte unschuldig. »Dass der Braumeister tatsächlich beabsichtigt, sein neues ›Haustier‹ auch zu ehelichen?« Aber die Omama meinte natürlich die große Headline der Tageszeitung, nicht die Nabelschau am unteren Ende des Titelblatts.

»Charlotte Nöhrer!«, grollte die Omama. Immer wenn sie besonders streng wurde, wählte sie die Aussprache mit »e« am Ende. Dann wusste die Charlotte, dass jetzt Schluss mit lustig war.

»Ach, der tote Adefris. Na ja, was soll ich schon groß sagen? Ich war's nicht!«

»Mädel!«, grummelte die Omama ungeduldig.

»Na gut«, stöhnte die Charlotte und erzählte der Omama, was sie bisher wusste. Was zugegebenermaßen nicht viel war. Als der Leo ihr das Schmierblatt unter die Nase gehalten hatte, hatte sie sich nur das Titelblatt angeschaut. Jetzt, nachdem sie mit der kurzen Zusammenfassung für die Omama fertig war, las sie sich den Bericht im Innenteil durch. »Gerechte Strafe für Alt-Nazi?« war der Aufmacher der Geschichte. Da war die Charlotte erst einmal sprachlos. Natürlich war der Adefris ein Alt-Nazi gewesen, aber das war so deutlich eigentlich nie an die Öffentlichkeit gedrungen. Der Titel war selbst für ein Boulevardblatt wie das »Heimatland« nahe der Grenze zur Verunglimpfung. Ganz abgesehen davon, dass man nun wirklich niemandem so eine Hinrichtung wünschte wie dem Adefris. Obwohl, das musste sich die Charlotte eingestehen, der alte Adefris auf ihrer Liste schon ganz oben gestanden hätte, *wenn* man jemandem so etwas wünschen dürfte.

Egal, die Charlotte schluckte ihre Abscheu runter.

Abscheulicher Mord im verschlafenen Perchtoldsdorf

He!, dachte die Charlotte. Verschlafen sind wir schon lange nicht mehr! Aber immerhin distanzierte sich das Revolverblatt gleich im ersten Satz ein wenig von der reißerischen Headline.

In der Nacht auf Dienstag fiel der lokale ÖHP-Chef Hagen Adefris (65) einem brutalen Mord zum Opfer. An eine Jesusfigur gekreuzigt wurde Adefris in den frühen Morgenstunden des Dienstags von einem Jogger auf dem örtlichen Hochberg aufgefunden. Der oder die Täter hatten nichts dem Zufall überlassen und Adefris zusätzlich mit einem Kopfschuss getötet. Über die Hintergründe der Tat herrscht noch Unklarheit; wie die Redaktion aus für gewöhnlich gut informierten Quellen erfuhr, fand man auf der Leiche allerdings auch Botschaften, die darauf schließen lassen, dass der Mord eine späte Racheaktion für den versuchten Bombenanschlag auf die Pfarrkirche von letztem Weihnachten gewesen sein dürfte. In diesen Skandal war auch die Familie Adefris verstrickt. Die Polizei wollte diese These bislang nicht bestätigen, Chefinspektor Leo Nöhrer lehnte jeglichen Kommentar ab und verwies auf die Pressestelle des Landeskriminalamtes. Auch von dort gibt es bislang aber keine Stellungnahme zu dieser politisch hochsensiblen Causa.

Wir haben uns in der Bevölkerung umgehört und durchaus unterschiedliche Meinungen zum abrupten Ableben des Politikers gehört. Elisabeth H. meint: »Um den Brandstifter ist es nicht schade.« In ein ähnliches Horn bläst Erwin W.: »Gottes Mühlen mahlen langsam, aber jeder bekommt, was ihm zusteht.« Man bekommt im Ort aber auch anderes zu hören. So meint Waltraud I.: »So weit sind wir schon gekommen, einen anständigen Bürger so zu massakrieren. Das waren sicher wieder die Ausländer. Die können mir nix erzählen. Und das letztes Jahr zu Weihnachten war nie im Leben seine Tochter. Die ist ein anständiges österreichisches Mädel. Den Adefris hat sicher

das Asylantenpack umgebracht. Aber so was wird von unserer Politik ja nicht verfolgt. Denen wird noch alles hinten reingesteckt. Ich könnt mich so aufregen über diese Ungerechtigkeit!« Und das war nicht die einzige Stimme in diese Richtung.
Wir von »Heimatland« bleiben natürlich neutral und unabhängig. Klar ist aber auch, dass Adefris mit seiner hetzerischen Politik in den letzten Jahren eine solch brutale Antwort – egal, ob durch linke Gutmenschen oder möglicherweise doch durch illegale Einwanderer – selbst provoziert hat. Mit ihrer »MÖWE«-Bewegung haben Adefris und die ÖHP für viel böses Blut gesorgt und unser schönes Land zutiefst gespalten. Eine beängstigende Entwicklung, die wir in den letzten Jahren immer wieder aufgezeigt haben, wofür wir von vielen Seiten herbe Kritik einstecken mussten …

An dieser Stelle hörte die Charlotte zu lesen auf. Ja, sie las die »Heimatland« nicht regelmäßig, aber sie hatte sie oft genug in der Hand, um zu wissen, dass das Boulevardblatt das genaue Gegenteil von dem gemacht hatte, was es jetzt behauptete. Aber gut: Fake News halt. Trotzdem war es schon eigenartig, dass sich die »Heimatland« auf einmal so konsequent gegen den alten Adefris stellte. Sie konnte sich nicht vorstellen, dass das Blatt über Nacht vom Saulus zum Paulus mutiert war. Noch weniger, nachdem sie erst vorhin den alten Lanner persönlich kennengelernt hatte. Andererseits hatte sich der Boulevard schon immer wie ein Fähnchen im Wind gedreht und war anfällig für den kleinsten Windhauch. Oder übersetzt: Er drehte sich in die Richtung, aus der die Kohle kam. Und nachdem der Geldfluss aus dem rechten Eck in letzter Zeit ein wenig eingeschlafen war, wollte man es nun anscheinend den neuen Geldgebern recht machen. Oder was auch immer. Der Charlotte zersprang beim Durchdenken der unzähligen Möglichkeiten fast der Kopf.

Bevor sie die Zeitung aus der Hand legte, sah sie sich noch mal die beigestellten Fotos an. Im Blattinneren glich keines der Fotos jenem auf dem Titelblatt. Dort war man eine Spur dezenter vorgegangen und hatte lediglich ein Bild vom bereits geräumten Tatort abgedruckt. Auf dem Farbfoto waren allerdings noch gut die Blutspuren am steinernen Jesuskreuz zu sehen. Dazu hatte man ein Porträtfoto vom alten Adefris gestellt, das den ÖHP-Politiker noch lebend zeigte. Es schien aber fast so, als hätte man sich alle Mühe gegeben, das schlechtestmögliche Bild aufzutreiben, denn das Bild erinnerte ein wenig an ein Fahndungsfoto der Polizei. Immerhin, wenigstens an diese Stelle kein nackter, geschändeter Adefris mehr. Man war ja schon für die kleinen Sachen dankbar.

4

Am nächsten Tag fand sich überraschenderweise der Leo zum Frühstück am Weingut ein. Er hatte einen halben Korb voll frischer Croissants mitgebracht. Die Omama ließ vor Freude darüber sogar die Spiegeleier am Herd anbrennen.

»Alter Schleimer«, raunte die Charlotte ihrem Cousin beim Begrüßungsküsschen ins Ohr. Der Leo ließ die freundliche Beleidigung unkommentiert.

Ausnahmsweise hatte sich mal die komplette Familie gleichzeitig um den großen Tisch in der Privatküche der Nöhrers versammelt. Von der Frau Mama bis hin zur Flora und dem Noah waren wirklich alle da. Sogar der Balu, der inzwischen gar nicht mehr so kleine Labrador, bekam ein Stückchen Croissant ab. Natürlich von der Omama, weil die hatte noch einen ganz anderen Zugang zu Tieren am Hof. Von gesunder und artgerechter Ernährung war bei ihr keine Rede. Was (wenn überhaupt) vom Schweinsbraten übrig blieb, ging an den Hund. Dito andere Überreste, wenn es der Balu irgendwie heimlich in die Küche schaffte. Und so wusste das rabenschwarze Tier auch jetzt, bei wem es betteln musste, um etwas vom buttrig-fetten Gaumengenuss abzukommen.

»Er frisst ... Croissant?«, fragte die Flora entgeistert. Wenn es nach ihr gegangen wäre, würde der Balu nämlich nur mit feinstem Biofutter verwöhnt (sie musste ja das teure Zeugs nicht bezahlen). Was ihr der Labrador aber so was von überhaupt nicht dankte und das sauteure Gourmetmenü meistens einfach links liegen ließ.

»Ja, Kindchen, da schaust, gell?«, antwortete die Omama vergnügt.

»Aber wer gibt seinem Hund ein Butterkipferl?«

»Na, zum Beispiel der Bruno.«

»Wer?«

»Na, der Bruno. Der Kommissar, der französische. Aus diesen Krimiromanen.«

Die Flora zuckte ahnungslos mit den Schultern und biss lieber genussvoll in ihr eigenes Croissant.

»Lesen bildet!«, ermahnte die Omama ihre jüngere Enkelin. Sie war eine begeisterte Krimileserin. Ihre Enkeltöchter hatten sich schon immer gefragt, wie sie es schaffte, in ihrer spärlichen Freizeit auch noch kiloweise Bücher zu verschlingen.

»Aber Krimilesen eher nicht«, maulte die Flora zurück.

»Na sicher, woher würde ich sonst wissen, dass man Hunden Kipferl füttern kann?« Bei dieser schlüssigen Logik musste die Flora schließlich passen. Es war halt sinnlos, mit der Omama zu diskutieren. In Ruhe und gut gelaunt wurde fertig gefrühstückt, ehe sich alle an ihre Arbeit machten. Für die Flora bedeutete das, sich in Schale zu werfen, denn sie musste noch nach Wien reinfahren, um ihre Ferialpraxis anzutreten.

»Soll ich dich reinbringen?«, bot ihr der Leo an.

Die Flora schaute ihren Cousin fragend an. »Wieso?«, meinte sie schließlich vorsichtig.

»Weil ich nett bin?«

»Ach, geh doch …«

»Na gut, vielleicht weil ich mit einem deiner Chefs reden muss.«

»Wie bitte?«, fuhr die Flora hoch. »Willst du mir gleich am ersten Tag alles kaputt machen?«

»Was soll ich dir kaputt machen?«, entgegnete der Leo unschuldig.

»Das hat doch sicher was mit dem Adefris-Mord zu tun, oder?«

Hatte es tatsächlich. Der Leo wollte nämlich direkt an der Quelle nachfragen, woher das Foto auf der Titelseite stammte.

»Gute Idee«, mischte sich die Charlotte fröhlich ein. »Da komme ich doch glatt mit!«

»Und was ist mit mir?«, meinte die Andrea beleidigt.

»Na, du kommst natürlich auch mit!«, beschloss die Charlotte.

»Äh, so war das eigentlich nicht geplant«, meldete sich nun wieder der Leo, dem die Situation etwas entglitten war.

»Stell dich nicht so an«, sagte die Charlotte entschieden. »In fünf Minuten geht's los. Ich brauch nur Schuhe und mein Geldbörsel.« Sprach's, verschwand mit der Andrea an der Hand die Stiegen hinauf in ihren Wohnbereich und ließ den Leo verdattert mit der Omama zurück. Die tätschelte ihrem Enkel tröstend die Schulter und meinte: »Jo mei, so ist sie halt, die Kleine ...«

Fünfzehn Minuten später saßen sie zu viert im Streifenwagen vom Leo. Die Flora, businesslike herausgeputzt in Jeans, Bluse und Blazer am Beifahrersitz, die Charlotte und die Andrea wesentlich legerer am Rücksitz. Und weil es mitten in den Sommerferien war, hielt sich auch der morgendliche Stoßverkehr in Grenzen. Dass sie in einem Streifenwagen saßen, war dem Fortkommen natürlich auch nicht abträglich. Nach knapp dreißig Minuten war das Ziel im Herzen der Wiener Innenstadt erreicht.

Die »Heimatland« nahm ein mehrstöckiges Palais gleich hinter dem Stephansdom ein. Parkplatzsuche war auch kein Problem, weil sich der Leo mit seinem Streifenwagen einfach in ein Halteverbot direkt vor dem Eingang zum Verlagsgebäude einparkte. Nacheinander schlängelten sie sich durch eine gläserne Drehtür, dann standen sie im durchaus eindrucksvollen Foyer der »Heimatland«.

Die Charlotte fühlte sich fast ein bisschen wie in einem Fünfsternehotel. Ein dicker Teppich, in den das Logo der Zeitung eingeknüpft war, dominierte die Eingangshalle, schräg gegenüber der Drehtür war der Empfang, hinter dem eine Blondine in weißer Bluse saß und gelangweilt an einem Kugelschreiber kaute. Ihr Blick war auf ein Kreuzworträtsel gerichtet, das sie auf ihrem Schoß abgelegt hatte. Mit der freien Hand tippte sie auf ein paar leere Kästchen, die noch auf die richtigen Antwortbuchstaben warteten. Auf der Theke vor ihr war ein Namensschild: »Sandra Bürger« stand dort zu lesen. Sie bemerkte die Besucher nicht und schreckte hoch, als der Leo über den Schalter gebeugt sagte: »Elena!«

Die vielleicht zwanzigjährige Sandra schreckte hoch. »Bitte?«, fragte sie verwirrt.

»Elena. Das Wort, das Sie suchen. Frauenname mit fünf Buchstaben, den ersten und die beiden letzten Buchstaben haben Sie ja schon.« Dabei strahlte er das Fräulein Bürger an, als würde die Welt für ihn nur mehr aus ihr bestehen. Was natürlich eine glatte Lüge war, denn er war ja sowieso mit der Elena zusammen, und die Charlotte bezweifelte, dass dieses Fräulein der Elena das Wasser reichen konnte. Egal, worum es ging … Das war wohl auch der einzige Grund, warum er der Sandra Bürger das gesuchte Wort hatte ansagen können.

Aber der Leo war schon immer ein Frauenschwarm gewesen, und in der Polizeiuniform machte er mit seinen eins neunzig und den kurzen blonden Haaren noch mal mehr her. Die Empfangsdame schmolz fast von ihrem Barhocker, als sie in die strahlend blauen Augen vom Leo schaute.

»Sie … Sie wünschen?«, stotterte sie schließlich.

»Hallo, ich bin die Flora Nöhrer und ich beginne heute hier meine Ferialpraxis. Ich soll mich bei einer Fiona Lugscheider melden«, drängte sich die Kleine vor.

»Ah, unsere Marketingleiterin«, meinte die Sandra Bürger abwesend und ohne die Flora eines Blicks zu würdigen. Roboterhaft griff sie zu einem Telefonhörer, wählte blind eine Durchwahl und kündigte die Flora an. »Bitte nehmen Sie den Lift in den dritten Stock, dort melden Sie sich bei der Sekretärin von Frau Lugscheider.« All das schaffte die Sandra Bürger, ohne den Blick vom Leo zu wenden. Der lehnte lässig an der Empfangstheke und grinste sie an. Hinter ihm waren die Charlotte und die Andrea quasi Luft.

»Stellts mir keinen Blödsinn an«, raunte die Flora ihrer Schwester im Vorbeigehen zu, dann verschwand sie im Lift und ließ die lästige Verwandtschaft allein. Der Leo wartete, bis sich die Lifttür hinter der Flora geschlossen hatte, dann säuselte er: »So, Fräulein Bürger. Und wir würden gerne zum Chef.«

»Welchen meinen Sie denn?«, fragte die Bürger verträumt. Sie hatte den Kugelschreiber noch immer zwischen den Lippen, aber inzwischen kaute sie nicht mehr daran, sondern lutschte ihn völlig entrückt ab.

Mit dieser Frage hatte der Leo nicht gerechnet. Wie viele Chefs konnte man schon haben? Ganz offensichtlich mehr als nur einen. Ratlos blickte er die Charlotte an. Die nutzte die Gunst des Moments, drängte sich am Leo vorbei und lümmelte sich mit dem Ellbogen auf die Theke.

»Wir würden gerne zum Herrn Lanner«, erklärte sie. Die schroffe Art der Charlotte riss die Sandra Bürger aus ihren Träumen. Sie nahm die Charlotte erst jetzt wahr, musterte sie abschätzig von oben nach unten und antwortete: »Welchen meinen Sie? Den Senior- oder den Juniorchef?«

Die Charlotte überlegte kurz. »Senior« war in geschäftlichen Dingen immer besser. Aber der war sicher auch gewitzter und erfahrener. Also sagte sie: »Wir würden gerne mit dem Juniorchef sprechen.«

»Gut«, sagte die Empfangsdame kurz, »der Seniorchef wäre eh nicht zu sprechen gewesen. Er ist ja auch gar nicht da.«

Und wofür hast du dann überhaupt gefragt, du blöde Schnepfe?, schäumte die Charlotte innerlich.

»Warten Sie einen Moment«, meinte die Empfangstussi, zu der sie für die Charlotte inzwischen herabgestuft worden war. Sie griff zum Telefonhörer, aber im selben Moment legte der Leo seine Hand beschwichtigend auf ihre. In der Pranke vom Leo verschwand das zierliche Händchen der Sandra Bürger fast. Sie errötete und ließ den Hörer wieder sinken.

»Sagen Sie uns einfach, wo wir den Herrn Lanner junior finden können«, flötete der Leo mit einem tiefen Blick in die viel zu stark geschminkten Augen der Sandra Bürger.

»Im sechsten Stock«, hauchte sie, »gleich links, wenn Sie aus dem Lift ausgestiegen sind. Ist nicht zu verfehlen.«

Der Leo bedankte sich mit einem Augenzwinkern, das viel versprach, von dem aber nichts eingehalten werden würde. Was die Empfangstante natürlich nicht wissen konnte. Sie sank in ihren Barhocker zurück, dabei rutschte ihr das Kreuzworträtsel vom Schoß auf den Boden. Peinlich berührt bückte sie sich hinunter, um es aufzuheben.

Diesen Moment nützten der Leo, die Charlotte und die Andrea, um zu den Aufzügen zu flüchten, drei silbrig glänzende Türen nebeneinander. Die Flora hatte den ganz rechten genommen, auf den Leo und seine Kompanie wartete bereits der mittlere Aufzug. Auf Knopfdruck öffnete sich die Tür. Die drei traten ein und fuhren hoch in den sechsten Stock.

Oben traten sie in einen sonnendurchfluteten Vorraum. Vor ihnen gewährte eine große Glasfront einen atemberaubenden Blick auf den Stephansdom und die Innere Stadt. Rechts und links zweigten sich Gänge ab, die von Glaswänden gesäumt waren. Hier hatte niemand auch nur einen Hauch von Privatsphäre. Wie von der Sandra Bürger angewiesen, hielten sie sich links, bis sie das Ende des Gangs erreichten.

Hier war dann auch Schluss mit den Glaswänden. Eine weitere Empfangstheke baute sich vor einer dunkelgrauen Wand auf, deren Eintönigkeit nur von einer rotbraunen Mahagoni-Tür aufgelockert wurde. Eh klar, der Chef wollte natürlich schon seine Ruhe haben. Nur die Untergebenen mussten jede Sekunde befürchten, dass ihnen jemand von außen auf die Finger schaute. An der Empfangstheke war jedenfalls Schluss mit lustig, denn im Gegensatz zum Haupteingang wurde der zum Juniorchef von einem echten Vorzimmerdrachen alter Schule bewacht: hochtoupierte graue Haare, hochgeschlossene Bluse und (wahrscheinlich) ein bodenlanger grauer Rock. Die Länge konnte die Charlotte nur raten, aber sie hätte viel Geld darauf verwettet, dass sie richtiglag. Vor dieser Dame stand auch kein Namensschild.

»Sie wünschen?«, fragte der namenlose Drache von unten herauf mit einem abschätzigen Blick über den Rand ihrer Brille, die fast auf der Nasenspitze saß. Sie war von der Uniform vom Leo völlig unbeeindruckt. Die Charlotte und die Andrea nahm sie überhaupt nicht wahr – immerhin eine Gemeinsamkeit mit ihrem Pendant sechs Stockwerke tiefer.

Der Leo ging in die Offensive. Wie schon bei der Bürger lehnte er sich lässig an die Theke, hinter der der Vorzimmerdrache beinahe verschwand, wären da nicht ihre hochtoupierten Haare gewesen. Süßlicher Lavendelduft stieg ihm entgegen. Ein ebenso schwerer wie alter und teurer Duft, der den negativen ersten Eindruck nur verfestigte.

»Also, Fräulein …«, begann er mit dem alten Drachen zu schäkern. Der zog aber nur eine Augenbraue in die Höhe. Nach mehreren Sekunden eisigen Schweigens erbarmte sich der Drache aber doch.

»Hoffmann. Frau Hoffmann«, sagte sie, wobei sie das »Frau« extra betonte. »Machen Sie sich nicht lächerlich und kommen mir mit Fräulein. Ihr wohlwollender Schmäh kommt bei mir nicht an. Ich habe meinen Mann vor zehn Jahren begraben – und Gott bewahre, dass mir wieder ein Mannsbild ins Haus kommt«, schloss sie eisig, warf der Charlotte und der Andrea aber einen unerwartet warmen Blick zu. Die Charlotte hielt die Luft an. Sie hatte jetzt Bilder im Kopf, bei denen ihr schon das Schlucken schwerfiel. Die Hoffmann seufzte, schüttelte kurz den Kopf und sagte: »Also, nachdem wir diese peinliche Begrüßung hinter uns haben – wie kann ich Ihnen helfen?«

»Wir würden gerne mit dem Herrn Lanner sprechen«, übernahm die Charlotte das Kommando. Wenn die Alte schon so gar nichts von einem Mann hören wollte, war es ja vielleicht besser, wenn sie die Sache in die Hand nahm.

»Hören Sie, Fräulein …« Das letzte Wort betonte die Hoffmann ganz besonders, wobei sie dem Leo ein spöttisches Lächeln aus nur einem Mundwinkel zuwarf. Die Frau hatte eine unglaubliche Kontrolle über ihre Gesichtsmuskeln, stellte die Charlotte bewundernd fest. »Clemens Lanner ist leider beschäftigt, er kann momentan keine Besucher empfangen«, stellte sie schließlich kühl fest. Okay, immerhin hatten sie jetzt den Vornamen vom jungen Lanner. Bisher war ja nur vom Juniorchef die Rede gewesen.

»Es wäre aber wirklich wichtig«, meinte die Charlotte ein ganz klein wenig flehend. Dabei lehnte jetzt sie sich auf die Empfangstheke, in der Hoffnung, dass sie die Ansage der Hoffmann vorher in Bezug auf Männer – und die unausgesprochene in Sachen Frauen – richtig gedeutet hatte.

»Tut mir leid, aber das geht heute wirklich nicht.« Die Hoffmann blieb hart.

»Jetzt reicht's«, rief der Leo laut. Er knallte seine Dienstmarke auf die Theke und herrschte den Vorzimmerdrachen an: »Es geht hier um eine Mordermittlung, und Sie werden uns jetzt sofort zu Herrn Lanner vorlassen!« Völlig überraschend wirkte diese machohafte Machtdemonstration vom Leo sogar. Die Hoffmann sah ihn mit neu gewonnenem Respekt an, drückte auf einem kleinen Kästchen vor ihr auf einen Knopf und sprach in ein Mikrofon: »Herr Lanner? Ein Polizist möchte Sie sprechen.« Kurze Pause, dann sah sie den Leo fragend an. »Wie ist Ihr Name?«

»Nöhrer, Leo Nöhrer. Chefinspektor«, gab der Leo die gewünschte Auskunft, die von der Hoffmann prompt weitergegeben wurde. Dreißig Sekunden später standen die drei im opulenten Büro vom Clemens Lanner.

Die Charlotte schätzte den Juniorchef der »Heimatland« auf irgendwas zwischen fünfundzwanzig und dreißig, und klar kam da sofort die Frage auf, wie ein so junger Bub die Geschäfte einer landesweit vertriebenen Zeitung leiten sollte. Gut, die Antwort konnte sie sich selber geben. Wenn der Herr Papa es richtete, dann war so etwas natürlich möglich. Auf der anderen Seite hatte die Charlotte während ihrer Zeit als Polizistin notgedrungen mit dem einen oder anderen Journalisten zu tun gehabt. Gerade die Chronik- und Gerichtsschreiberlinge waren ein ganz eigenes Völkchen, und irgendwie hatte sie echt

Schwierigkeiten, sich vorzustellen, wie solche hartgesottenen Hunde Befehle von so einem Bübchen entgegennehmen sollten. Aber anscheinend ging es ja doch. Sie war auf jeden Fall schon gespannt auf die Berichte ihrer kleinen Schwester, wie es hier so zuging.

»Ciao, bis später«, sagte der junge Lanner in sein Handy, als die Nöhrers plus die Andrea das Büro betraten. Erst nachdem er die drei von oben bis unten gemustert hatte, legte er das Handy mit einem schweren Seufzer zur Seite und nahm auch endlich die Beine vom Schreibtisch, auf dem sich verschiedenste Tageszeitungen stapelten. Vom Deckel eines Laptops leuchtete der Charlotte das Logo eines angebissenen Apfels entgegen. Der junge Lanner erhob sich. Er trug ein weißes Hemd, in das am Kragen die Initialen »CL« eingestickt waren. Das Hemd war am Kragen offen, von einer Krawatte weit und breit nichts zu sehen, dafür steckte es in einer hundertprozentig sauteuren Jeans, die etwas zu weit an den schmalen Hüften des Bürschchens hing. Am linken Handgelenk prangte eine protzige Rolex, die für das dürre Männchen viel zu groß wirkte. Wenn der junge Lanner im nassen Zustand sechzig Kilo wog, dann war das schon viel. Auf der Nase saß eine nerdige Hornbrille, die irgendwie überhaupt nicht zu ihm passte, die schon jetzt weniger werdenden Haare waren nach hinten gegelt, dennoch blitzte an einigen Stellen bereits die Kopfhaut durch. Die Charlotte fühlte sich ungewollt an eine alte Haarwuchsmittel-Werbung erinnert: »Zwei links, drei rechts? Oder umgekehrt? Oder ganz weg damit?«

Der junge Lanner zupfte sich das Hemd zurecht, schritt schließlich um seinen Monsterschreibtisch herum und streckte dem Leo die Hand zum Gruß entgegen. Jetzt konnte die Charlotte sehen, dass er braune Budapester trug. Ähnlich wie sein Vater. Genau wie die Jeans und das Hemd. Fehlte eigentlich nur noch das Monokel.

»Clemens Lanner, freut mich«, strahlte er den Leo an. Danach schüttelte er auch der Charlotte und der Andrea die Hand.

»Kaffee?« Die drei nickten, und ein paar Minuten später brachte der Vorzimmerdrache vier Häferl Kaffee ins Büro.

Der junge Lanner bat seine Gäste an einen Besprechungstisch am Panoramafenster seines Büros. Als alle Platz genommen hatten, begann der junge Lanner das Gespräch.

»So viele Nöhrers an einem Tag hier im Büro. Schon ein komischer Zufall«, meinte der junge Lanner schließlich spöttisch. Ui, da hatte die Flora gleich wieder Munition für einen kleinen Nervenzusammenbruch, wenn das rauskam.

»Sie meinen?«, stellte sich die Charlotte blöd. Sie tat sich schwer, den jungen Lanner richtig einzuordnen. Oder überhaupt nur irgendwie einzuordnen. Außerdem kam er ihr irgendwie bekannt vor. Und damit meinte sie nicht aus dem Fernsehen oder aus den Gesellschaftsspalten (die sie ja offiziell sowieso nie las). Es wollte ihr aber partout nicht einfallen, wo sie ihn schon mal gesehen hatte.

»Wenn ich richtig informiert bin, dann hat Ihre Schwester heute bei uns ihre Ferialpraxis begonnen, nicht?« Am liebsten hätte die Charlotte ihm das schmierige Grinsen aus dem Gesicht gewischt. Ein bisschen schuld an der Wut war aber wohl auch, dass sie sich nach wie vor nicht erinnern konnte, woher sie den schmierigen Typen kannte. Sie ärgerte sich maßlos über sich selbst und projizierte diesen Ärger natürlich gleich einmal auf ihr Gegenüber.

»Sie überprüfen Ihre Mitarbeiter aber sehr genau«, meinte die Charlotte schließlich, »selbst die Ferialpraktikanten?«

Der junge Lanner nahm einen Schluck von seinem Kaffee. »Wie man es nimmt. Die Zeiten sind hart, und durch unseren Erfolg sind wir in der Branche natürlich nicht sehr beliebt. Da kann es schon vorkommen, dass der eine oder andere versucht, sich bei uns einzuschleichen. Aber Österreich, beziehungsweise Wien, ist ja ein Dorf. Man kennt sich in der Branche. Wenn jemand von einer anderen Zeitung zu uns wechseln will, wissen wir meistens schon im Voraus, ob er zu uns passt oder nicht. Aber was Ihre Schwester betrifft, da hat mich mein Vater schon vorab informiert. Lassen Sie mich kurz nachschauen.« Er stand auf und holte ein Blatt Papier von seinem Schreibtisch. »Ach ja, da haben wir es ja. Flora Nöhrer, eigentlich als Hilfskraft in der Marketingabteilung eingeteilt. Da ist aber ein Vermerk meines Vaters, dass sie in der Society-Redaktion eingesetzt werden soll.«

»Und?«

»Und? Das ist mir natürlich aufgefallen, weil ich für die Redaktionen zuständig bin. Mein Vater hat sich aus dem operativen Geschäft mehr oder weniger herausgenommen. Wir sind ja ein multimedialer Konzern, das Zeitungsgeschäft ist nur ein Bereich von mehreren. Mein Vater kümmert sich derzeit um die audiovisuellen Bereiche. Das macht ihm Spaß, und vom Zeitungsmachen hat er nach einigen sehr erfolgreichen Jahrzehnten im Geschäft einfach die Nase voll. Ist ihm zu langweilig geworden.«

»Aha«, meinte die Charlotte. Sie fragte sich, was dieser Sermon jetzt sollte.

»Wie auch immer«, fuhr der junge Lanner schließlich fort. »Beim Namen ›Nöhrer‹ hat es bei mir natürlich sofort geklingelt. So häufig ist dieser Name ja nun auch wieder nicht. Also habe ich mal ein bisschen recherchiert und bin dann recht schnell auf Sie gestoßen. Wir haben ja im letzten Jahr durchaus den einen oder anderen Artikel über Sie gebracht. Quasi die ›Miss Marple‹ Ihres schönen Weinorts. Hat durchaus für Quote und Auflagenzahlen gesorgt. Dafür ein herzliches Dankeschön an dieser Stelle.«

Die Charlotte wusste nicht, wie ihr gerade geschah. Irgendwie hatte sie die Kontrolle über das Gespräch verloren, bevor es überhaupt angefangen hatte. Zum Glück mischte sich jetzt der Leo ein.

»Herr Lanner, das ist alles schön und gut, aber ich bin dienstlich hier.«

»Das habe ich mir fast schon gedacht«, antwortete der junge Lanner süffisant, »auch wenn ich mir beim besten Willen nicht vorstellen kann, wobei ich Ihnen behilflich sein kann. Ich nehme mal nicht an, dass Sie hier sind, um mir persönlich einen Strafzettel wegen Falschparkens zu überbringen?«

»Nein, wenn es nur das wäre«, seufzte der Leo genervt. Er hasste solche von sich selbst eingenommenen Dampfplauderer. »Es geht um den Mord an Hagen Adefris.«

»Ja, furchtbare Geschichte«, meinte der junge Lanner und senkte dabei den Blick.

»Furchtbar, ja ... Wurscht, es geht mir um das Foto, das Sie in Ihrer Zeitung abgedruckt haben.«

»Ich weiß, ich weiß«, beschwichtigte der junge Lanner, bekam das spitzbübische Grinsen aber nicht aus seinen Mundwinkeln, »es war vielleicht ein bisschen viel, unseren Lesern so ein abscheuliches Foto zuzumuten. Andererseits fühlen wir uns immer der Wahrheit verpflichtet, und die tut manchmal einfach weh. Auch wenn ich zugeben muss, dass sich noch nie eine Ausgabe so gut verkauft hat wie diese. Auch die Zugriffszahlen auf unserer Website waren unglaublich. So macht das Geschäft wirklich Spaß, wissen Sie?«

»Nein, weiß ich nicht«, schnaubte der Leo. »Interessiert mich auch nicht, mich interessiert lediglich, woher Sie das Foto haben. Wir haben diese Fotos nämlich offiziell nicht an die Medien weitergegeben. Aber das muss ich Ihnen sicher nicht erklären. Sie werden die offiziell freigegebenen Fotos sicher kennen.«

»Ja, natürlich«, bestätigte der junge Lanner, »aber die waren medial nicht zu gebrauchen. Was mache ich mit dem Foto des leeren Jesuskreuzes oder ein paar weißen Fähnchen der Spurensicherung in der Wiese?«

»Herr Lanner!«

»Nein, kein ›Herr Lanner‹, Herr Nöhrer. Sie befinden sich hier in meinem Büro, und so spricht hier niemand mit mir. Auch nicht die Polizei.« Mit einem Mal war jegliche Verbindlichkeit aus der Stimme des jungen Lanner verschwunden. Auch sein spöttisches Lächeln hatte sich endlich verflüchtigt. »Kommen Sie zum Punkt und sagen Sie mir, was Sie von mir wollen. Oder zeigen Sie mir einen Durchsuchungsbefehl. Ansonsten würde ich Sie bitten, mein Büro und mein Gebäude zu verlassen.«

Der Leo atmete tief durch. Noch ein zweites Mal. Und dann noch ein drittes und viertes Mal. Dass er sich von diesem Bubi so behandeln lassen musste, ging ihm gewaltig gegen den Strich, aber der junge Lanner hatte leider recht. Also versuchte der Leo, seinen Tonfall zu zügeln. Jovial meinte er: »Wir würden einfach nur gerne wissen, wo Sie das Foto herhaben.«

Der junge Lanner lachte lauthals los. »Deswegen sind Sie hergekommen? Da hätten Sie doch auch anrufen können. Die Antwort wäre sowieso dieselbe gewesen.«

»Und die wäre?«, fragte die Charlotte nach.

»Ah, sind Sie auch in den Fall eingebunden? Egal, die Antwort ist natürlich: keine. Mit dem Begriff ›Redaktionsgeheimnis‹ und mit dem Schutz von vertraulichen Quellen sind Sie doch wohl vertraut?«

»Herr Lanner«, versuchte es der Leo nochmals in verbindlichem Ton, »es geht hier um einen Mord. Noch dazu um einen besonders grausigen. Und da wollen Sie nicht mithelfen bei der Aufklärung? Es geht ja eigentlich nur darum, ein Leck bei uns zu finden.«

»Geht's Ihnen noch gut?«, brauste der junge Lanner auf. »Ich bin der Chef einer Zeitung, nicht die Polizei. Wie Sie den Fall aufklären, ist mir völlig egal. Glauben Sie im Ernst, ich lasse mich da von einem Dorfpolizisten unter Druck setzen? Hören Sie, ich gehe einmal im Monat mit dem Wiener Polizeipräsidenten Mittag essen, der Innenminister gehört zum engsten Freundeskreis meines Vaters. Also lassen Sie bitte Ihre Drohungen und Ihr Flehen. Ich werde das machen, was für mein Geschäft am besten ist. Ihr ›Leck‹ ist mir scheißegal, das müssen Sie schon selbst stopfen. Und damit wünsche ich Ihnen einen guten Tag. Bitte verlassen Sie jetzt mein Büro, ansonsten sehe ich mich gezwungen …«, theatralische Pause, »… die Polizei zu rufen.« Mit einem schadenfrohen Grinsen scheuchte er die drei aus seinem Büro. Draußen meinte er zu seinem Vorzimmerdrachen: »Frau Hoffmann, seien Sie so gut und begleiten Sie die Herrschaften hinunter und vor die Tür. Und was das junge Fräulein Nöhrer angeht, das heute bei uns zu arbeiten begonnen hat …«

»Schon gut, schon gut!« Jetzt platzte der Charlotte der Kragen. Bisher hatte sie sich die Frechheiten des Bürschchens gefallen lassen. »Lassen Sie meine Schwester aus dem Spiel. Die kann nichts dafür.«

Wieder dieses spöttische Schmunzeln. »Auf Probe«, sagte er schließlich. »Wenn ich mich weiter mit Ihnen herumärgern muss, dann fliegt sie hochkant raus. Und wenn mich meine Quellen«, das letzte Wort betonte er besonders, »nicht falsch informiert haben, dann hätten Sie deswegen für den Rest des Sommers die Hölle daheim. So, und jetzt raus hier, bevor ich es mir anders überlege.«

Die Hoffmann wartete tatsächlich vor der Tür, bis der Leo, die Charlotte und die Andrea ins Auto gestiegen waren und sich vom Acker gemacht hatten. Hätten Blicke töten können, die drei wären von den Dolchen der Hoffmann niedergestreckt worden.

Im Rückspiegel konnte der Leo sehen, dass die Sandra Bürger ebenfalls in der Tür stand. In ihren Augen funkelte aber etwas anderes. So plötzlich hatte sie sich den Abgang vom Leo nicht vorgestellt. Sie hatte ihn ja noch nicht mal nach seiner Telefonnummer fragen können …

Im Auto herrschte eisiges Schweigen. Erst als der Leo seinen Streifenwagen auf die Südosttangente lenkte, meinte er einsilbig: »Den Scheiß hätten wir uns wirklich sparen können. Jetzt sind wir genauso schlau wie davor.«

»Aber geh«, versuchte die Charlotte ihren Cousin aufzuheitern. »Wir wissen jetzt schon mehr.«

»Und zwar?«

»Dass der junge Lanner genauso ein Arschloch ist wie sein Vater.« Die Andrea grinste. »Da ist der Apfel wirklich nicht weit vom Stamm gefallen. Ich möchte nur wissen, wie die Mutter und Frau das aushält.«

»Tut sie eh nicht«, meinte der Leo schon etwas entspannter. »Die hat sich vor ein paar Jahren scheiden lassen, nachdem ihr die Frauengeschichten vom alten Lanner auf den Nerv gegangen sind.«

»Leo!«, meinte die Charlotte überrascht. »Seit wann bist du in solchen Sachen so gut informiert?«

Der Leo lachte. »Ich eh nicht, aber die Elena und die Magda. Als ich ihnen gestern Abend von unserem Treffen mit dem alten Lanner erzählt hab, wurde ich ganz genau über die Familiengeschichte von denen aufgeklärt.«

»Ich dachte, das ›Pleasure Island‹ ist ein Puff und kein Alte-Damen-Café mit Tratschkränzchen.«

»Jetzt hör mal!«, meinte der Leo mit theatralischer Aufregung. »Erstens ist das ›Pleasure Island‹ kein ›Puff‹ ...«

»Nein, sondern ein Nobelbordell«, raunte die Andrea leise, was ihr vom Leo einen bösen Blick im Rückspiegel einfing.

»... also es ist kein ›Puff‹«, setzte der Leo fort, »sondern eine Sex-Erlebniswelt, und zweitens wird da ja auch nicht im Akkord gevögelt. Dazwischen ist ja Zeit, und außerdem, nur falls ihr das vergessen haben solltet, bedienen weder meine Elena noch die Magda als Chefin selbst die Kunden. Ihr tut ja ganz so, als ob dort vierundzwanzig Stunden am Tag Sodom und Gomorrha herrscht.«

»Wir reden aber schon noch vom selben Etablissement?«, erkundigte sich die Charlotte vorsichtig. Es war ja wirklich irgendwie komisch, aber der Leo war als Perchtoldsdorfer Chefinspektor doch tatsächlich mit einer Nutte (außer Dienst) zusammen. Ein Fakt, der dem einzigen Sex-Etablissement in der Gegend natürlich nicht gerade schadete. Andererseits waren der Leo und die Charlotte der Magda, der Besitzerin des »Pleasure Island«, in der Vergangenheit durchaus auch zu Dank verpflichtet gewesen. Und so wusch am Ende eine Hand die andere, und die Magda bemühte sich, ihr Rotlichtlokal so gesetzestreu wie möglich zu führen. Gleichzeitig machte der Leo dem »Pleasure Island« und seiner dort tätigen Freundin keinen unnötigen Stress. Nicht zuletzt deshalb, weil ihn sonst daheim wohl auch ein kaltes Bett erwartet hätte.

5

Sie trafen gegen Mittag wieder am Weingut ein. Der Innenhof war voll mit Heurigengästen, die Hotelgäste hatten sich schon vormittags mit einer der unzähligen Besichtigungstouren in die Umgebung aufgemacht. Der Leo ließ sich von der Charlotte noch auf einen weißen Spritzer und eine Portion Schweinsbraten von der Omama überreden. Gut, überreden ist vielleicht das falsche Wort. »Nicht davon abhalten« wäre die passendere Bezeichnung gewesen, so wie dem Leo bereits der Sabber links und rechts bei den Mundwinkeln raustropfte.

Die Frau Mama setzte sich in einer ruhigen Minute zu ihnen an den Tisch und legte ihnen auch gleich die restlichen Tageszeitungen vor die Nase.

Kein anderes Blatt hatte den gekreuzigten Adefris als Foto. Dafür gab es in der »Heimatland« einen Leitartikel vom Juniorchef, in dem er rechtfertigte, warum sein Schmierblatt dieses Foto ins Blatt gehoben hatte.

Natürlich war der Leitartikel mit einem Foto vom jungen Lanner versehen, und als die Charlotte das Gfries vom Clemens Lanner in aller Ruhe anschaute, schoss es ihr endlich ein, wieso er ihr so bekannt vorgekommen war.

»Ich bin ja so deppert!«, fluchte sie fröhlich. Ja, man konnte durchaus auch fröhlich fluchen. Also, die Charlotte konnte das wenigstens. »Der junge Lanner ist ja das gehörnte Bubi aus Schladming!«

»Häh?«, fragte die Andrea abwesend mampfend.

»Na, kannst du dich nicht erinnern? Das hat uns doch der Joe erzählt, als wir im ›Schneeweißchen‹ versumpert sind.«

»Das musst du schon genauer definieren. Wenn ich mich richtig erinnere – was aufgrund der damaligen Alkoholmengen eher unwahrscheinlich ist –, sind wir damals so gut wie jeden Abend dort versumpert.«

»Oide! An dem Abend habe ich sogar gekotzt, weil wir zu viel intus hatten.«

»Wir?«, meinte die Andrea skeptisch.

»Gut, ich. Aber wurscht. Der Lanner junior war mit einer Gruppe von Freunden dort und hat sich den Frust über seine Scheidung weggetrunken. Und beim Nachtslalom bin ich dann auch noch mit ihm zusammengestoßen.«

»Und was tut das zur Sache?« Die Skepsis in der Stimme der Andrea war unüberhörbar.

Ja, was tat das wirklich zur Sache? »Na, eh nix«, musste die Charlotte zugeben. »Aber interessant ist es doch schon, oder?« Schulterzucken der Andrea. »Na egal, auf jeden Fall war er mir damals schon unsympathisch, und der heutige Tag hat diese Meinung nur bestärkt.«

»Jetzt vergiss doch mal den jungen Wappler«, schmatzte die Andrea, »und iss endlich deinen Schweinsbraten. Der wird ja ganz kalt.« Tatsächlich hatten die Andrea und der Leo ihre Portionen mittlerweile beinahe komplett aufgefuttert. Also tat es die Charlotte ihnen nach. Der Tag war auch zu schön, um ihn sich durch so einen jungen Schnösel kaputt machen zu lassen.

Von wegen in Ruhe … das war so eine Sache, denn kaum hatte die Charlotte ihre Portion verputzt, tanzte auch schon der Herr Papa an. Mit diesem ganz eigenen Glänzen in den Augen, das die Charlotte inzwischen nur zu gut kannte. Es bedeutete nämlich, dass er eine Idee hatte, von der er überzeugt war. Nämlich überzeugt, dass sie eigentlich ein Blödsinn war. Und jetzt wollte er für so einen Blödsinn sicherheitshalber die Absolution seiner älteren Tochter.

Wie ein kleiner Schuljunge baute er sich vor dem Tisch auf, und die Charlotte, die Andrea und der Leo blickten den Patriarchen der Nöhrer-Familie erwartungsvoll an. Der wollte aber nicht so richtig raus mit der Sprache. Irgendetwas hatte er hinter seinem Rücken versteckt.

»Duhuu?«, begann er schließlich wie sonst nur die Flora, wenn sie etwas von der Charlotte brauchte.

»Jaha?«, gab sie zurück.

»Aber ich hab doch gar nicht dich gemeint«, meinte der Herr Papa ein klein wenig unwirsch. Unsicher deutete die Andrea mit dem Finger auf sich selbst, aber auch sie erntete nur ein Kopfschütteln. Blieb also nur der Leo. Er rückte ein Stückchen zur Seite, und der Herr Papa nahm neben ihm Platz.

Kommentarlos legte er ein Hochglanz-Prospekt auf den Tisch. Die Charlotte und die Andrea mussten den Kopf verdrehen, um zu erkennen, was da auf dem Titelblatt abgebildet war. Die Charlotte drehte sich und drehte sich und drehte sich – aber das Bild blieb immer dasselbe, nämlich das eines Traktors. Aber nicht irgendeines Traktors, sondern das eines Traktor-Oldtimers. Frisch lackiert und poliert.

Wie ein König stand das sicher fünfzig Jahre alte Teil auf einer Weide, im Hintergrund Berge, ein paar Kühe und irgendwo auch noch ein Bergsee. Wohl eher ein Speicherteich für die Schneekanonen im Winter, aber wurscht. Fehlten nur noch die Heidi im Dirndl und der Alm-Öhi, und schon wäre die Heimatfilm-Idylle perfekt gewesen.

»Gib mal her«, meinte die Charlotte und riss das Magazin unter Protesten vom Herrn Papa und vom Leo an sich.

»Traktor-Lust« stand in fetten Lettern als Titel am oberen Rand des Magazins. In kleineren Buchstaben darunter: »Die spannende Welt der Vintage-Trecker«. Mit ebenso großen wie verständnislosen Augen sah die Charlotte ihren Vater an.

»Darf ich mir nicht auch mal ein neues Hobby suchen?«, verteidigte sich der Herr Papa. Neben ihm grinste der Leo wie ein kleines Kind nach einem Zuckerschock. Er konnte sich schon denken, wieso sich der Nöhrer senior an ihn und nicht an seine Tochter gewandt hatte.

»Und du hast jetzt auch Lust auf so ein Teil bekommen?«, meinte der Leo deshalb verständnisvoll, während die Charlotte das Magazin wieder rausrückte.

»Ja, wieso nicht? Wir haben ja noch so einen alten Traktor irgendwo hinten im Lagerhaus stehen. Ich hab es nie übers Herz gebracht, das uralte Teil zu verschrotten, und jetzt kommen die Dinger wieder in Mode.«

»Aber wir haben doch einen neuen Traktor«, warf die Charlotte ein.

»Eh, aber der ist fürs Arbeiten.«

»Und der alte soll wofür sein? Für eine Spritzfahrt?«

»Ja, genau«, bestätigte der Herr Papa enthusiastisch. »Außerdem gibt es Oldtimer-Traktor-Ausfahrten und sogar Rallyes.«

»Du willst mir jetzt aber nicht ernsthaft erklären, dass sich andere auch so einen Blödsinn antun?«

»Was heißt hier Blödsinn?«, fragte der Herr Papa empört. »Das ist ein Hobby wie jedes andere. Der Graf hat ja auch noch seine Oldtimer.«

Bei der Erwähnung vom Grafen klingelte es bei der Charlotte.

»Sag mal, Papa, von wem hast du denn das Magazin bekommen?«, meinte sie zuckersüß. Der Honig, der aus ihrer Stimme triefte, hätte gereicht, um eine ganze Kompanie mit Honigbroten zu versorgen.

»Vom Grafen?«, rückte der Herr Papa zögerlich mit der Wahrheit raus.

»Lass mich raten«, die Charlotte grinste süffisant, »der Graf hat auch so ein altes Teil irgendwo auf seinem Schloss herumstehen und hat dich angehauen, dass du den Traktor wieder herrichtest.«

»Nein!«, meinte der Herr Papa entrüstet. »Also, ja, er hat auch einen alten Traktor, den er herrichten lassen will. Und dann meinte er, dass es doch viel lustiger wäre, wenn wir das gemeinsam machen würden.«

»Papa«, sagte die Charlotte gefasst, »was das Reparieren von Autos angeht, hast du zwei linke Hände, das weißt du doch selbst.«

»Natürlich, hätte ich auch nie anders gesehen. Aber deshalb wollte ich den Leo fragen, ob er nicht Lust hätte, mir dabei zu helfen.«

»Dir?«

»Okay, uns. Der Graf ist ja jetzt auch nicht so der begabte Mechaniker.«

Der Leo hatte sich bislang aus der Diskussion rausgehalten. Jetzt nützte er die erste kleine Pause, um auch endlich seinen Senf dazuzugeben.

»Lustig wäre es wahrscheinlich schon«, meinte er schließlich, »aber wo sollen wir das denn überhaupt machen? Dafür brauchen wir auf jeden Fall eine Werkstatt. Sonst geht da gar nix.«

»Alles kein Problem, der Graf hat alle nötigen Sachen, sogar eine kleine mobile Hebebühne. Er muss ja auch seine Oldtimer in Schuss halten.«

»... halten lassen«, warf die Charlotte zynisch ein.

»In Schuss halten lassen«, korrigierte sich der Herr Papa mit einem bösen Seitenblick auf die Charlotte. »Diese Sachen würden wir für eine begrenzte Zeit einfach zu uns in die Lagerhalle stellen.«

»Dann hat er doch wohl eh auch einen Mechaniker bei der Hand«, gab der Leo zu bedenken.

»Hätte er, mein Lieber, hätte er! Aber er möchte auch gerne selbst Hand anlegen. Ich glaube, er freut sich einfach darauf, mal selbst an einem seiner Oldtimer rumzuschrauben. Und angesichts der Tatsache, dass er halt auch nicht wirklich viel Ahnung davon hat, hat er sich wahrscheinlich gedacht, dass es bei so einem alten Traktor wurscht ist. Wenn da was kaputt geht, ist es halt hin. Anders als bei seinen alten Ferraris und Maseratis und was weiß ich noch.«

»Zeig mir mal deinen Oldie«, forderte der Leo seinen Onkel schließlich auf.

»Wartets, ich komme mit!«, gackerte da die Omama aus dem Hintergrund. Sie war unbemerkt an den Rest der Familie herangeschlurft und hatte begeistert den Plänen ihres Sohnes gelauscht.

»Na geh, Omama, nicht du auch ...«, seufzte die Charlotte,

die sich in dieser Hinsicht anscheinend heillos in der Unterzahl befand.

»Charlotte!« Die Omama betonte das »e« am Ende des Namens besonders. Uh-oh, jetzt meinte es die Omama aber wirklich ernst. Die Charlotte zuckte zusammen, sie konnte sich nicht dagegen wehren. Letztlich blieb ihr nichts anderes übrig, als sich zu fügen, und so trotteten sie gemeinsam quer durch den Hof und mäanderten durch die scheinbar chaotisch über den ganzen Hof verteilten Heurigentische, Lounge-Möbel und was die Charlotte sonst noch so zusammengekauft hatte.

Hinter dem in den letzten Monaten rasant angewachsenen Kinderspielplatz (die Charlotte hatte inzwischen tatsächlich auch eine Luftburg angeschafft. Das hatte zwar ein paar Tische gekostet, dafür kamen jetzt mehr Familien über den Tag verteilt, weil der Nöhrer halt der Einzige mit einer Luftburg war. Und was tat man nicht alles, um den Fortpflanz ein wenig zu beschäftigen, damit man in Ruhe ein paar Achterl trinken konnte) schob der Herr Papa das Tor zur Lagerhalle auf. Die Omama huschte an allen vorbei und führte nun die Prozession an. Links und rechts erstreckten sich mehrere Meter hohe Eisenregale, in denen alles verstaut war, was man für einen Weinbaubetrieb mit Heurigen und Hotel brauchen konnte. Ganz hinten, im letzten Eck, wo man die Unterhaltungen der Heurigengäste draußen im Garten nur mehr als monotones Gemurmel vernahm, war unter einer alten Plane schließlich das gute Stück versteckt. Die Charlotte musste sich eingestehen, dass sie keine Ahnung gehabt hatte, dass es so ein altes Teil hier auf dem Hof überhaupt gab.

Als die Omama mit Hilfe vom Herrn Papa und vom Leo die Plane weggezogen hatte, offenbarte sich darunter ein jahrzehntealter Traktor. Zerkratzt, abgeschlagen, das Rot matt, der Ledersitz aufgerissen, keine Spur von einer Lenkerkabine (was damals wohl als unnötiger Luxus galt), die Reifen völlig luft- und lustlos und durch das Gewicht der Eisenfelgen wohl auch zerschnitten. Alles in allem ein trauriger Anblick, der jedoch bei der Charlotte keinen Anflug von Sentimentalität hervorrief.

Nein, dieses Teil hatte sie hier noch nie gesehen. Ob der Herr Papa es vielleicht heimlich gekauft und hier abgestellt hatte?

Diese Vermutung wurde umgehend von der Omama zerstreut. Flink wie ein junges Mädchen hüpfte sie auf den Fahrersitz und drehte wild am Lenkrad. Verarscht uns die Omama die meiste Zeit nur?, fragte sich die Charlotte. Normalerweise schlurfte sie in Tipp-Topp-Schritten in der Gegend herum und hörte nur jedes zweite Wort (oder wahrscheinlich eher nur das, was sie auch hören wollte). Und dann gab es Momente, da benahm sie sich wie ein Teenager – inklusive der Beweglichkeit und geschärften Sinne, die mit der Jugend einhergehen.

»Auf dem bin ich als Junge noch durch die Weinberge gefahren«, jubelte die Omama von ihrem Sitz. »Das ist ein originaler Porsche 133. Eineinhalb Tonnen Gewicht, 33 PS, 2500 Kubikzentimeter Hubraum, Baujahr 1955«, erklärte die Omama fachmännisch. »Die sind nur ein paar Jahre lang in den fünfziger und sechziger Jahren hergestellt worden.«

»Schaut eher nach einem Ferrari aus«, meinte die Charlotte spöttisch in Anspielung auf die verblasste rote Farbe. Aber irgendwie musste sie schon zugeben, dass das Teil keinen so schlechten Eindruck machte. Also, für einen alten Traktor, und wenn man ihn mal restauriert hatte. Vor allem die Schnauze hatte es der Charlotte angetan (nicht, dass sie das offen zugegeben hätte). Die war nämlich leicht geschwungen und zum Boden hin wieder nach hinten gezogen, sodass der Traktor von der Seite richtig schnittig aussah. Fast wie ein Tier, das am Sprung war.

Auch die Augen vom Leo leuchteten. Buben und ihre Spielzeuge halt, dachte die Charlotte, hatte die Rechnung aber ohne die Andrea gemacht. Die war vor ein paar Monaten schon auf die Oldtimer vom Grafen abgefahren und strich auch jetzt fast schon zärtlich über den Traktor.

»Wir müssen nur irgendwie die Sachen vom Schloss herüberbringen«, meinte der Herr Papa zufrieden.

»Um das kümmere ich mich«, antwortete der Leo. Er hatte

sich mittlerweile am Rücken unter den Traktor geschoben und untersuchte die Unterseite.

»Sehr gut«, frohlockte der Herr Papa. Und damit war die Sache beschlossen.

Wie sehr sich der Leo über die neue Aufgabe in Wirklichkeit freute, sah man dann am Abend in der Turmbar. Dort lud er die Charlotte und die Andrea nämlich nicht auf einen, nicht auf zwei, sondern gleich auf drei Cocktails ein und erzählte jedem, wirklich jedem, dass er ein neues Spielzeug hatte. Was eigentlich nicht stimmte, denn das »Spielzeug« gehörte ja in Wirklichkeit seinem Onkel, aber solche Kleinigkeiten waren an diesem Abend unerheblich. Wo sich andere Männer in der ersten Midlife-Crisis mit einer Autorennbahn begnügten, gönnte sich der Leo einfach gleich einen richtigen Traktor.

Moment! Erste Midlife-Crisis? Ja, klar! Bei Männern kommt die erste Midlife-Crisis mit circa dreißig. Da haben die meisten endlich genug selbst verdientes Geld, um sich ein paar unerfüllte Kindheitswünsche zu erfüllen. Eben die Autorennbahn (aber dann bitte gleich mit Erweiterungsset, damit man die ganze Wohnung damit zubauen kann), das ferngesteuerte Auto (natürlich auch zum Selberzusammenbauen *und* mit Benzinmotor, weil akkubetrieben ist ja nur was für Kinder) oder auch die High-End-Version der aktuellsten Spielkonsole (natürlich mit dem größten Speicher, dem teuersten Online-Store-Abo und, und, und ...). Richtig gefährlich wurde dann erst die zweite Midlife-Crisis. Die mit rund vierzig Jahren. Da ging es dann entweder schon um teureres Spielzeug wie eine Harley Davidson oder ein Zweisitzer-Cabrio. Oder eine neue Frau. In den ganz ungünstigen Fällen standen diese beiden Sachen auch in Verbindung. Harley – Geliebte oder Cabrio – Geliebte. Wenn im Zweisitzer mal nicht mehr die Ehefrau neben dem Mann saß, ja, dann war wirklich Feuer am Dach.

Eine dritte Möglichkeit gab es natürlich auch noch: Mit vierzig ein spät berufener Vater zu werden. Im Optimalfall mit der eigenen Ehefrau. Da sieht es die Ehefrau auch ganz gern, wenn man sich von dem Große-Kinder-Spielzeug trennt und stattdessen einen ordentlichen Familienvan anschafft.

Aber so weit war es beim Leo ja noch lange nicht. Er war gerade mal dreißig, also gerade am Beginn der ersten Krisenphase. Im Job lief es eigentlich top, aber als Chefinspektor hatte er in Perchtoldsdorf bereits den Plafond in Hinblick auf eine Polizistenkarriere erreicht. Einen Job beim Landes- oder Bundeskriminalamt wollte er (noch) nicht annehmen, dafür war er zu sehr in der Heimat verwurzelt. Obwohl, und das wusste nicht einmal die Charlotte, der Major Keiffer dem Leo schon zwei Mal einen Top-Job beim BKA angeboten hatte. Die Leistungen vom Leo im letzten Jahr waren nicht unbemerkt geblieben.

Aber dann war er noch dazu ziemlich frisch in einer Beziehung mit seiner Elena. Mit der langbeinigen Blondine war aus einem der begehrtesten (und kaum zu fassenden) Junggesellen im Ort mit einem Schlag einer der am meisten beneideten Nicht-mehr-Single-Männer geworden. Beneidet von Männern und Frauen gleichermaßen, weil die Elena … Ja, die war schon so ziemlich der schärfste Zahn, der sich in den letzten Jahren in Perchtoldsdorf herumgetrieben hatte. Und das wollte was heißen, weil ja seit einem guten Jahr auch die Andrea im Ort ansässig geworden war, die erst die Männerherzen höherschlagen und dann, als klar wurde, dass sie mit der Charlotte zusammen war, hatte brechen lassen.

Dementsprechend war auch ein kollektiver Seufzer zu hören, als sich nach Mitternacht die Elena in der Bar einfand und relativ ungeniert mit dem Leo herumzuschmusen begann.

6

Am nächsten Morgen zeigte sich, dass die Charlotte ihr Handicap – nämlich nicht genug Alkohol zu vertragen – im letzten Jahr deutlich verbessert hatte. Im Golf-Jargon hätte man bei ihr da jetzt vielleicht von einem Handicap 10 oder 11 gesprochen. Zum Vergleich: Die Andrea war eine glatte 0. Was in diesem Zusammenhang aber ein Kompliment war, denn besser ging es eigentlich nicht. Die Charlotte hatte es noch nicht erlebt, dass jemand die Andrea unter den Tisch getrunken hätte. Eigentlich unglaublich, wenn man sich das Goldlöckchen so ansah. Aber bei der Andrea waren ja schon viele auf den blonden Anschein reingefallen. Trotzdem: Das aktuelle Handicap der Charlotte war durchaus schon brauchbar. Als sich die beiden vor gut zwei Jahren in Schladming kennengelernt hatten, war ihr Handicap schätzungsweise noch bei 25 oder so gelegen. Auf jeden Fall war ihre Toleranzgrenze für Alkoholeskapaden inzwischen deutlich gestiegen, und das war für eine Winzerin jetzt nicht das Schlechteste.

Das alles führte dazu, dass die Charlotte an diesem Morgen trotz durchzechter Nacht recht frisch und fröhlich aus den Federn kam. Ein Blick auf den Wecker zeigte, dass es sieben Uhr morgens war. Vor gar nicht allzu langer Zeit noch eine richtig unchristliche Zeit, heute aber: Alles tipptopp und pippifein! Also, fast. Denn das Bett neben ihr war leer. Dabei war sich die Charlotte sicher, dass die Andrea heute Nacht da geschlafen hatte. Das zerwühlte Bettzeug sprach auch dafür, nur fehlte von der Andrea jede Spur. Vielleicht war sie ja bereits unten beim Frühstück?

War sie nicht. Nur die Omama war da, und die Flora bereits am Sprung. Sie war wieder ganz businesslike herausgeputzt.

»Geht's ab zum Schmierblatt?«, fragte die Charlotte süffisant.

»Natürlich, eine von uns muss ja etwas arbeiten«, antwortete die Flora mit der Nasenspitze fast ganz oben an der Küchendecke.

»Ach, jetzt komm schon«, meinte die Charlotte versöhnlich, »du willst mir doch nicht erzählen, dass du den alten Lanner sympathisch findest?«

»Muss ich doch nicht, wenn ich dort arbeiten will, oder?«

Die Charlotte zuckte mit den Schultern. »Hat eine von euch die Andrea gesehen?« Dabei schenkte sie sich ein Häferl Kaffee aus der alten Espressomaschine der Omama ein. Zum Aufwachen war das noch immer der beste Kaffee.

»Die wollte, glaub ich, Joghurt kaufen fahren«, meinte die Omama beiläufig.

»Häh? Joghurt? Haben wir doch genug hier am Hof.«

»Quatsch, Omama«, mischte sich die Flora lachend ein. »Die Andrea ist beim Freiluft-Yoga unten im Park.«

»Mah, immer dieses neumoderne Zeug. Joghurt, Yoga – wer soll sich da noch auskennen? Außerdem: Was ist das überhaupt? Ist das was Unanständiges?«, fragte die Oma zwinkernd und ein klein wenig hoffnungsvoll. »Oder wieso muss man so was heimlich in aller Herrgottsfrüh machen?«

Daraufhin versuchte die Flora der Omama Yoga zu erklären, scheiterte aber einerseits an den eigenen Wissenslücken bezüglich Yoga und andererseits an der Omama selbst, die sich so doof stellte, dass der Flora nach ein paar Versuchen die Lust verging.

Die Charlotte hatte sich schmunzelnd aus der Küche gestohlen und es sich an einem Tisch unter der alten Kastanie mit ihrem Kaffee und einer Zigarette gemütlich gemacht.

»Die Omama kann manchmal soooo doof sein«, murrte die Flora, als sie an ihrer großen Schwester vorbeischlurfte.

»Eh, aber was anderes: Wie kommst du überhaupt nach Wien rein?«

»Na, wie schon? Mit dem Rad runter nach Liesing zum Bahnhof und dann mit dem Zug und der U-Bahn rein in die Innenstadt. Muss ja nicht immer das Auto sein.«

»Weil du dich schon jemals beschwert hättest, wenn dich einer von uns mitgenommen hat …«

»Ach, geh doch …« Anstatt ihrer Schwester finale sanitäre Anweisungen zu geben, schwang sich die Flora auf ihr Mountainbike und gleich wieder runter. Fluchend. »Fucking Rock!« Sie hirschte zurück ins Haus und kam ein paar Minuten später in Jeans zurück in den Hof. Ihren Rock hatte sie im Rucksack eingepackt. Die Charlotte gab sich wirklich redlich Mühe, die Kleine nicht auszulachen, aber ein kleines Prusten ließ sich dann doch nicht verhindern. Unnötig zu erwähnen, dass die Flora das überhaupt nicht goutierte. Noch ein paar tödliche Blicke in Richtung der großen Schwester, dann war sie auch schon beim Tor draußen und machte sich auf den Weg hinunter nach Liesing, den dreiundzwanzigsten Wiener Gemeindebezirk, der im Nordosten direkt an Perchtoldsdorf angrenzte.

Zwar gab es auch in Perchtoldsdorf eine Bahnhaltestelle, aber für den einen Kilometer von dort bis zum Bahnhof Liesing hätte man wegen Überschreitung der Bundesländergrenze einen kräftigen Aufschlag verrechnet bekommen. Ganz abgesehen davon, dass es vom Nöhrer'schen Weingut aus ohnehin fast näher nach Liesing war.

Nach einem weiteren Häferl Kaffee, diesmal einem Kapselkaffee, weil die Charlotte befürchtete, nach einer zweiten Tasse vom Omama-Kaffee Herzrasen zu bekommen, machte sie einen kurzen Rundgang durch ihren Herrschaftsbereich.

Im Heurigenbereich lief alles wie von selbst, da waren die Arbeitsabläufe schon längst eingespielt. Im Hotelbereich gab es noch ein paar fehlende Kleinigkeiten, die jedoch entschuldbar waren. Über den Sommer hatte man an der Außenseite des Weinguts, die aufs Wiener Becken hinausging, bereits vorsichtig aus- und umgebaut. Denn weil der Hotelbetrieb in Zukunft ein größeres Gewicht bekommen sollte, hatte die Frau Mama – völlig zu Recht – darauf bestanden, dass es dort auch einen eigenen Empfangsbereich geben sollte. Bislang war das ja alles mit über die Heurigenstube gelaufen, aber mit den Ausbauplänen, die von der Charlotte gewälzt und demnächst in die Tat umgesetzt werden würden, ging das nicht mehr.

Also hatte man an der Nordostseite des Hofs ein ebenerdiges Zimmer geopfert, die Außenmauer durchgebrochen und um einen großzügigen Wintergarten erweitert. Dort befand sich nun der Empfangsschalter, der aktuell von der Alia, einer der syrischen Angestellten am Nöhrer'schen Weingut, besetzt war.

Die Ausbaupläne der Charlotte sahen nicht nur die Erweiterung durch einen Wellnessbereich vor, sondern auch die Aufstockung und Unterkellerung der Nordostseite des Weinguts, um noch mehr Gästezimmer unterbringen zu können. Einige der Zimmer sollten kleine Gärten verpasst bekommen – natürlich durch Weinlauben voneinander getrennt, wie es sich gehörte –, und am Hang darunter war ein Badebiotop geplant. Aus diesem Grund mussten hier auch weitere Weinreben geopfert werden. Die in Zukunft hier fehlende Menge wurde jedoch durch die neuen, vom alten Zaitler »geerbten« Weingärten mehr als aufgewogen. Diese Pläne waren bereits bewilligt, in Kürze würden hier schon die Baumaschinen auffahren. Dann war für die nächsten Monate Sense mit dem Hotelbetrieb, lediglich der Heurigenbetrieb konnte während der Bauzeit reduziert weitergeführt werden.

»Alles klar, Alia?« Die Charlotte beugte sich zur jungen Syrerin runter und schaute ihr über die Schulter auf den Computerbildschirm.

»Ja, alles gut«, antwortete die Alia. »Ich bin gerade dabei, die Angebote der Reservierungssysteme zu vergleichen, die ich von der Flora bekommen habe. Wir werden ja in Zukunft das alles auf professionellere Beine stellen müssen.« Das ganze elektronische Zeugs hatte die Charlotte in die Hände der Flora und des Kevin, eines Schulfreundes und Super-Hackers, gelegt. Ein bisschen schwummrig wurde ihr schon, wenn sie daran dachte, dass sie in Zukunft auch noch Hoteldirektorin sein musste. Wenn die erste Phase des Umbaus abgeschlossen war, hatte das Weingut Nöhrer auf einmal nicht mehr nur zehn, sondern fünfunddreißig Hotelzimmer anzubieten, von einer Handvoll günstiger Minizimmer bis hin zu den luxuriösen zweistöckigen Gartensuiten mit Zugang zu einem eigenen kleinen Garten. Natürlich waren auch Meetingräume und der restliche heutzutage notwendige Schnickschnack geplant. Die Einrichtung und die Zimmer würden alle Stückeln spielen. Die Charlotte und ihre Familie hatten sich für »Klotzen, nicht kleckern« entschieden. Das Publikum, das man ansprechen wollte, sollte ja finanziell gut situiert sein, damit sich der ganze Aufwand auch lohnte.

»Und gibt's schon Präferenzen?«, fragte die Charlotte interessiert nach.

»Ja, zwei Anbieter konnte ich schon ausschließen. Den Rest werde ich mit der Flora durchgehen und dir dann eine Shortlist mit den zwei aus unserer Sicht besten Anbietern vorlegen. Die Endentscheidung liegt dann bei dir.«

Schluck. Das war eine ganz schön weitreichende Entscheidung, oder? Die Charlotte überspielte ihre Unsicherheit, lächelte und dachte sich, dass sie in diese Entscheidung wohl auch die Andrea einbeziehen würde. Als Juristin hatte sie da vielleicht ein wenig Ahnung. Sicher aber mehr als sie selbst. Es hatte schon einen Grund, wieso es hieß: »Schuster, bleib bei deinen Leisten.« Auf der anderen Seite hieß es aber auch »No risk, no fun«, und die Charlotte lebte am liebsten nach diesem Motto.

Von einem unerwarteten Gast wurde sie aus ihren Überlegungen gerissen.

»Guten Morgen! Wäre noch ein Zimmer frei?«

Die Charlotte drehte sich um und sah – den Grafen. Im rechten Arm war die Julijana Michailowitsch eingehängt, eine aufstrebende Opernsängerin und seit ein paar Monaten seine »Lebensgefährtin«, an die linke Hand klammerte sich die kleine Livia, die Enkelin vom Grafen, die auch erst seit ein paar Monaten überhaupt wusste, dass der Graf ihr Opa war.

»Ein Zimmer für dich, Johann?«, fragte die Charlotte erstaunt. »Reichen denn dein Schloss und die Villa deiner Tochter nicht mehr?«

»Wohl, wohl – aber nicht für die Teilnehmer unserer Traktor-Oldtimer-Rallye nächstes Jahr«, meinte der Graf wohlwollend (weniger freundliche Stimmen würden es vielleicht auch überheblich nennen). »Außerdem weißt du doch, dass ich die Villa der Gina derzeit vermietet habe.«

Daher wehte also der Wind, dachte sich die Charlotte. Deshalb hatte der Graf dem Herrn Papa diesen Floh ins Ohr gesetzt. Nicht nur, um seinen eigenen Traktor auf Vordermann zu bringen, sondern um gleich ein ganzes Event zu veranstalten.

»Wann soll das denn stattfinden?«

»Nächstes Frühjahr.«

»Hm …«, meinte die Charlotte nachdenklich. »Ich fürchte, das wird schwierig werden. Der Umbau ist bis dorthin wahrscheinlich noch nicht fertig.«

»Papperlapapp«, wischte der Graf die Bedenken der Charlotte zur Seite. »Frühjahr ist vielleicht sowieso der falsche Ausdruck. Ich habe da an Juni gedacht. Also spätes Frühjahr oder Frühsommer. Wie auch immer man das sehen will. Bis dahin sollte der Betrieb ja wieder laufen.«

»Ich weiß es wirklich nicht, Johann. Wir haben in den nächsten Tagen die letzten Baubesprechungen, dann kann ich dir das hoffentlich genauer sagen«, erwiderte die Charlotte leicht genervt. Der Graf war es gewohnt, dass seine Wünsche – egal wie aus der Welt sie auch sein mochten – erfüllt wurden. Na ja, irgendeinen Weg würde man – in diesem Fall die Charlotte – schon finden.

Der Graf mitsamt Anhang begleitete die Charlotte zurück in den Hof, wo bereits reges Treiben herrschte. »Bleibt ihr zum Mittagessen?«, fragte sie nicht ganz ohne Hintergedanken.

»Ach bitte, bitte, büüütteee«, miaute die kleine Livia, die vor ein paar Wochen die Volksschule abgeschlossen hatte. Wie es ihr mit dem Verlust der Mutter ging, war von außen schwer zu sagen. Aktuell benahm sie sich jedenfalls wie jede andere

Zehnjährige, die jetzt und genau in diesem Moment etwas haben wollte. Sie bat, bettelte und zog dem Opa am Arm. Was aber gar nicht notwendig gewesen wäre, denn der Graf war einem Mittagessen (und wohl dem einen oder anderen Achterl) nicht abgeneigt.

Und die Julijana Michailowitsch war ihrem Sugardaddy sowieso verfallen, seitdem er ihr – über den Umweg der Renate und ihrer Agentur – ein Engagement an der New Yorker Met verschafft hatte. Dass die aus ärmlichsten Verhältnissen stammende Russin noch dazu in einem echten »Schloss« residieren durfte, war der großen Liebe wohl auch nicht ganz abträglich. Aber wer war die Charlotte schon, um über jemanden anderen zu urteilen? Immerhin hatte sie die Michailowitsch als durchaus umgängliche Person kennengelernt, mit der man ordentlich Spaß haben konnte. Was übersetzt so viel hieß wie: Man konnte mit ihr kräftig Gas geben. Das hatte sie in den letzten Monaten in der Turmbar mehr als nur einmal unter Beweis gestellt. Die Charlotte wunderte sich lediglich, wie so ein fast schon rabiater Alkohol- und Nikotingenuss absolut keinen Einfluss auf die Nachtigallenstimme der Julijana haben konnte.

Während sich der Graf am Büfett fürs Mittagessen anstellte, brachte die Charlotte persönlich die Getränke für die Gäste – immerhin hatte sie bei ihrer Frage, ob der Graf noch ein bisschen bleiben würde, ja schon einen Hintergedanken gehabt. Da sie die Trinkfestigkeit vom Grafen und der Michailowitsch kannte, servierte sie sicherheitshalber gleich »einen Liter und einen Liter« – also einen Liter Soda und einen Liter Weißwein, die dann je nach Lust und Laune gemischt werden konnten. Für die Livia brachte sie eine Flasche Almdudler.

Weil gar so viel am Büfett los war, hatten die Charlotte und die Michailowitsch bereits die Hälfte vom Liter und Liter geleert, als der Graf zurückkam. Das Tablett in seinen Händen bog sich fast. Man merkte, dass der Graf es nicht gewohnt war, sich selbst um seine Verpflegung oder die der Familie zu kümmern. So hatte er einfach von fast allem etwas genommen. Gut, ganz so schlimm war es nicht, aber auf jeden Fall genug, um auch die benachbarten Tische noch mit Essen zu versorgen. Für die Enkeltochter hatte er – eh klar – ein Schnitzel mit Pommes mitgebracht. Als ersten Gang noch eine Frittatensuppe und als Nachspeise ein ordentliches Stück Sachertorte. Für den Fall, dass das bislang eher schlanke Mädchen dann noch immer Hunger haben sollte, hatte er auch noch eine Packung Mannerschnitten mitgenommen. Die Augen der Livia leuchteten. Klar, unter ihrer Mama hatte es solche Fressorgien nicht gegeben. Da war alles bio und super-duper-gesund gewesen. Aber man konnte es in beide Richtungen übertreiben, und auch als Nicht-Mutter war der Charlotte bewusst, dass es nicht besonders gesund war, wenn die Kleine ständig mit solchem Schrott gefüttert wurde. Vielleicht musste sie in einer ruhigen Minute mal ein Wort mit dem Grafen wechseln, was die Ernährung seiner Enkelin anging. Immerhin war die Charlotte ja auch »schuld« daran, dass die Kleine ihre Mama verloren hatte.

Aber jetzt und hier war nicht der Moment dafür. Jetzt hatte die Charlotte ganz andere Fragen. Nämlich folgende: »Johann, was kannst du mir über den Adefris erzählen?«

»Über den Adefris?«, meinte der Graf mampfend. Daneben schaufelte die Livia ihr Schnitzi rein, als hätte sie seit Tagen nichts mehr gegessen, während die Michailowitsch wie ein Henderl Futzibissen ihrer Gemüselasagne mümmelte. Noch so ein Rätsel rund um die junge Russin: In der Vorstellung der Charlotte hatten erfolgreiche Opernsängerinnen gefälligst voluminös zu sein. Die Michailowitsch hätte man auf den ersten Blick eher für eine Leichtathletin denn eine Opernsängerin gehalten.

»Ja, den Adefris.« Die Charlotte zündete sich eine Zigarette an und blies den Rauch gelangweilt in die Luft. Der Graf legte großen Wert darauf, möglichst enigmatisch rüberzukommen. Das mochte mit seiner Vergangenheit im Geheimdienst zu tun haben, der Charlotte ging es inzwischen aber auf die Nerven. Natürlich ging es um den Adefris, das hatte er ja wohl sehr gut gehört.

Der Graf ließ sich aber nicht hetzen. Er schob sich genüsslich einen großen Bissen von seinem Grammelknödel in den Mund und spülte ihn mit einem großzügigen Schluck vom Spritzer hinunter. Dann faltete er gelassen die Serviette und tupfte sich damit – Adel verpflichtet! – langsam und bedächtig den Mund ab. Erst dann sah er der Charlotte in die Augen. Die hatte ihre Zigarette inzwischen beinahe zu Ende geraucht.

»Fragst du wegen des unschönen Ablebens vom Adefris?« Die Charlotte nickte.

»Komm, Livia, wir gehen rüber zum Spielplatz«, sagte die Julijana leise zu ihrer Quasi-Stiefenkelin. Das folgende Gespräch war nichts für so junge Ohren. Das hatte die Opernsängerin sofort geschnallt und die Initiative ergriffen. Der Graf und die Charlotte warfen der jungen Russin einen dankbaren Blick zu.

Als sie mit der Livia bei der Hüpfburg im hinteren Eck des Hofs verschwunden war, setzten sie ihr Gespräch fort. Allerdings erst, nachdem sich auch der Herr Papa zu ihnen gesellt hatte. Er war im selben Moment, als die Julijana und die Livia zum Spielplatz schlenderten, mit einem halben Dutzend Gäste aus dem Presshaus aufgetaucht, denen er zuvor eine Gratisführung durch den renovierten Show-Weinkeller und die Gedenkstätte der ermordeten jüdischen Familie Goldmann angedeihen hatte lassen. Die Führung war zwar gratis, aber den Wein im ebenfalls unterirdischen Verkaufsraum mussten die Gäste sehr wohl bezahlen. Und ohne ein paar Flaschen verließ kaum einer der Besucher das erst vor einem halben Jahr renovierte beziehungsweise neu angelegte unterirdische Reich der Nöhrers.

Erschöpft, aber mit einem breiten Grinser ließ sich der Herr Papa neben dem Grafen auf die Heurigenbank fallen. Mit einer seiner riesigen Pranken klopfte er seinem neuesten Busenfreund auf die Schulter. »Hans, so eine Freude! Bist du da, um der Charlotte wegen der Traktoren gut zuzureden?«

Der Graf winkte mit einem Lächeln ab. »Später vielleicht. Jetzt hat deine Tochter eine viel dringendere Frage. Und ich glaube, wenn ich jetzt abschweife, dann würde sie das nicht goutieren.«

Wie richtig der Graf da lag. Die Charlotte hatte inzwischen eine weitere Zigarette geraucht und ihren Spritzer geleert.

»Also?«, fragte sie. Mit den Fingerspitzen klopfte sie ungeduldig auf die Tischplatte.

»Ja, also, der Adefris. Mit dem hattest du doch eh schon letzte Weihnachten zu tun. Du hast seine Tochter hinter Gitter gebracht, seine politische Karriere de facto beendet und dir ganz allgemein jede Menge Feinde im rechten Lager gemacht.«

»Erzähl mir was Neues …«

»Was weißt du über den Background der Familie Adefris?«

»Dass es eine rechte Bagage ist. Denen geht es weniger um Heimat, wie sie in ihrem Parteinamen propagieren, als vielmehr um ›Heim ins Reich‹. Tiefbraun. Allein die Namen der Kinder!«

»Da hast du's auch schon. Was glaubst du, woher die das Geld haben?«

»Keine Ahnung, sag's mir.«

»Natürlich aus Enteignungen zur Hitlerzeit. Ich weiß nicht, ob es der Vater oder der Großvater vom Adefris war, aber das waren damals schon stramme Rechte, die 1938 am Heldenplatz in der ersten Reihe gestanden sind und sich nicht schnell genug bei der NSDAP einschreiben konnten.«

»Und dafür wurden sie dann belohnt?«

»Genau. Wir hatten die Familie natürlich schon längst im Visier, deshalb kenne ich diese ganzen Hintergrunddetails auch. Aber der Adefris, also der aktuelle, respektive frisch verblichene, hat sich in den letzten Jahrzehnten nichts zuschulden kommen lassen. Eine blütenreine Weste. Wir haben nur darauf gewartet, dass er sich irgendwie zu erkennen gibt. Glaub mir, die ÖHP ist vielen ein Dorn im Auge. Aber als Burschenschafter ein bisschen Mensur zu fechten und ein paar ausländerfeindliche Sprüche zu klopfen, ist halt nicht strafbar.«

»Ganz im Gegensatz zu dem, was die Tochter dann aufgeführt hat. Oder plante.«

»Exakt. Die Hela war halt ein bisschen übermütig und hat geglaubt, dass der Vater sie vor allem schützen kann, weil die Rechten bei uns ja bis zu diesem Zwischenfall auch am Vormarsch waren.«

»Alles schön und gut, aber das hat ja wohl alles nichts mit dem aktuellen Fall zu tun.«

Der Graf sah der Charlotte tief in die Augen. »Wer sagt das? Woher willst du wissen, dass der Mord nicht tatsächlich eine späte Abrechnung für all die Gräueltaten der Vergangenheit war?«

»Ich weiß es eh nicht, aber es kommt mir einfach zu plump vor. So wie vor einem halben Jahr die Rechten alles den Asylanten in die Schuhe schieben wollten. Also: Wer hat wirklich etwas davon, dass der alte Adefris ins Gras gebissen hat?«

»Folge dem Geld«, meinte der Graf süffisant lächelnd.

»Seiner Familie? Die erben doch alles, oder?« Die Charlotte war baff. Hatte eines der Kinder den Patriarchen derart grauslich ums Eck gebracht, um dann jeden Verdacht von sich zu lenken?

Der Graf zuckte mit den Schultern. »Wer weiß? Wäre nicht die erste Familie, in der es wegen des Geldes zu so einer Tragödie gekommen ist.«

Die Charlotte wollte nicht so recht daran glauben. Sie schüttelte den Kopf. »Nein, nein. Unsere Ehre heißt Treue und die ganze Scheiße. Ich kann mir nicht vorstellen, dass die Familie dadrinnen steckt.« Sie zündete sich eine neue Zigarette an. »Wer erbt denn das Vermögen überhaupt? Die Kinder, die Frau?«

»Die Frau bekommt alles. Sie ist jetzt die Matriarchin.« Also sollte man sich die Helgrid Adefris vielleicht mal genauer anschauen. Nur um auf Nummer sicher zu gehen.

»Jetzt würde mich aber dennoch interessieren, woher das Geld der Familie stammt«, kam die Charlotte schließlich wieder auf den Ausgangspunkt der Diskussion zurück.

»Ja, das ist auch eine interessante Geschichte. Hast du gewusst, dass der Familie Adefris ein Großteil der Wälder hier in der Gegend gehört? Obwohl die Familie gar nicht aus Wien stammt?«

Nein, das hatte die Charlotte nicht gewusst. Sie hatte geglaubt, dass der Wienerwald dem Bund gehört, hatte sich aber nie eingehend darüber Gedanken gemacht.

»Und das Beste«, fuhr der Graf mit einem traurigen Lächeln fort, »das Ganze hat auch mit der Familie Zaitler zu tun.«

Nicht schon wieder der alte Zaitler, seufzte die Charlotte innerlich. Konnte der denn selbst aus dem Grab heraus keine Ruhe geben? »Wie genau hat das mit den Zaitlers zu tun?«, wollte die Charlotte schließlich doch wissen.

»Die Familiengeschichte der Zaitlers hast du ja letztes Jahr eh schon ausgiebig recherchiert«, meinte der Graf. »Beim Adefris hat sich die Sache aber etwas komplizierter gestaltet, nicht?«

Die Charlotte nickte. Ja, ein paar Sachen hatte sie schon erfahren, aber nichts Genaues, und nichts, was mit ihrem aktuellen Fall zusammenhängen könnte.

Der Graf fuhr fort: »Die Väter vom Adefris und vom Zaitler waren geschäftlich verbandelt. Der Adefris-Clan stammt eigentlich aus Floridsdorf. Also, wenn man es ganz genau nimmt, aus Kärnten, aber von dort sind sie vor circa hundert Jahren nach Wien gekommen …«

»Hatte das was mit dem Kärntner Abwehrkampf zu tun?«, warf der Herr Papa ein.

»Ja, genau. Wie gesagt, die Familie Adefris war immer schon stramm rechts. Und damals wollten sie nichts mehr mit dem ›slawischen Pack‹ zu tun haben. Also ist man nach Wien ausgewandert. Ganz verwunden hat man dieses freiwillige Exil jedoch nie. Schaut euch nur mal alte Fotos vom Haider an, wie er die zweisprachigen Ortstafeln abmontiert. Was glaubt ihr, wer da direkt hinter ihm steht und ihn anfeuert?«

»Der Hagen Adefris?«, mutmaßte die Charlotte.

Der Graf nickte und nahm einen Schluck von seinem Spritzer. Die Charlotte und der Herr Papa hingen nun förmlich an seinen Lippen. »Wie auch immer, in Wien haben sie eine Art

Weinstube aufgemacht, aber ohne selbst Wein zu produzieren. Den haben sie aus Perchtoldsdorf bezogen. Nämlich von …«

»… der Familie Zaitler«, vervollständigte die Charlotte den Satz.

»Exakt! Für die Zaitlers war das damals der Rettungsanker. Wie du weißt, waren sie kein großer Winzerbetrieb, und ohne den Einmarsch der Nazis und die Enteignung der Goldmanns wäre es mit ihnen bald vorbei gewesen. Der Vater vom Hagen Adefris war ja auch noch dazu bei der Gestapo und hat mit den Zaitlers gemauschelt. Dadurch waren das Überleben und der Aufstieg der Zaitlers gesichert. Und das vergaß man den Adefris nicht. Nachdem der Vater vom Zaitler zu einem der bedeutendsten Männer in Perchtoldsdorf aufgestiegen war, wurde der Besitz aller jüdischen Familien und von anderen unerwünschten Nachbarn aufgeteilt. Die Familie Adefris war einer der Nutznießer. Neben dem großen Waldbesitz bekamen sie auch die Villa, in der sie bis heute wohnen. Von den Goldbarren wissen wir erst, seitdem du diese Geschichte aufgedeckt hast, Charlotte. Aber das erklärt natürlich auch einiges über ihre ›solide‹ finanzielle Lage.«

»Und das alles weißt du wegen deiner Zeit beim Geheimdienst?«, fragte die Charlotte erstaunt. Das war jetzt nämlich schon alles sehr detailliert.

Der Graf schüttelte traurig den Kopf. »Nein, das weiß ich, weil die Villa der Adefris eigentlich meiner Familie gehört hat …«

2. Satz

7

Auf diesen Schock hin brauchte die Charlotte gleich noch einen Spritzer. Dabei war es noch nicht einmal elf Uhr Vormittag. Aus dem Augenwinkel sah sie, dass die Julijana ihrem Sugardaddy vom Spielplatz her einen besorgten Blick zuwarf, den der Graf lediglich mit einem abwehrenden Kopfschütteln beantwortete.

»Und ihr habt nie versucht, das Haus zurückzubekommen?«

Der Graf überlegte seine folgenden Worte gut. »Nein, wir waren ja keine jüdische Familie, und schon für die ist das mit der Restitution meistens eine mühsame Geschichte. Außerdem darfst du nicht vergessen, dass die Adefris im Gegensatz zu den Zaitlers hochintelligent sind. Das ist eine ganz üble Mischung: intelligent und grundböse. Aber das Ganze war der Grund, wieso ich die Karriere wählte, die ich eben einschlug. Ich wollte alles über diese Familie herausfinden und irgendwann Revanche nehmen. Dankenswerterweise hast du das letzten Dezember schon für mich erledigt.«

Der Charlotte schwamm der Kopf. Was quasselte der Graf da auf einmal von Revanche? Das machte ihn ja selbst zu einem Verdächtigen. »Folge dem Geld«, das hatte der Graf selbst erst vor ein paar Minuten gesagt.

»Nein, da kann ich dich beruhigen.« Der Graf hatte den Blick der Charlotte richtig gedeutet. »Ich habe es nicht auf mein Elternhaus abgesehen. Wieso auch? Ich besitze hier sogar ein Schloss. Sollen die Adefris doch glücklich werden mit ihrer Villa. Mir reicht es, dass die Tochter hinter Gittern sitzt. Dass der alte Adefris dermaßen massakriert wurde – das hätte nun wirklich nicht sein müssen. Aber klar, leid tut es mir um ihn nicht. Und da bin ich im Ort sicher nicht der Einzige.«

»Okay«, die Charlotte schnaufte durch, »angenommen, das stimmt alles so. Wer hätte dann ein Interesse daran, den alten Adefris derart grausig ums Eck zu bringen?«

»Das wirst du wohl in den nächsten Wochen herausfinden«, meinte der Graf mit einem müden Lächeln. »Ich werde mich auf jeden Fall mal bei meinen alten Bekannten umhören. Vielleicht gibt es da ja ein bisschen Tratsch, wem alles der Adefris so auf den Schlips getreten sein könnte, dass man ihn dafür gleich ins Jenseits befördern musste.« Er legte einen Zwanziger für die Getränke auf den Tisch, sammelte seine Geliebte und seine Enkelin ein und verließ das Weingut.

»Hans!«, lief ihm der Herr Papa noch schreiend nach. »Wir wollten doch auch noch ...«

»Nicht jetzt, Rudi«, wehrte der Graf ab. »Schau doch heute Abend oder morgen bei mir vorbei. Da können wir unsere Traktorengeschichte in aller Ruhe bereden.«

Die Charlotte blieb noch am Tisch sitzen. In Gedanken versunken merkte sie nicht einmal, dass die Andrea endlich von ihrem ausgedehnten Yoga-Ausflug zurückgekommen war. Verschwitzt hatte sich ihre Freundin neben ihr hingesetzt und besorgt den Arm um sie gelegt. Erst nach einigen Momenten war die Charlotte in der Lage, ihr die Geschichte vom Grafen zusammenzufassen. »Aber was, wenn er lügt und doch etwas mit dem Mord am Adefris zu tun hat? Ich meine, mit seinen alten Geheimdienstverbindungen hätte er wohl die Möglichkeiten dazu!«

»Schhhhh!«, beruhigte die Andrea sie, strich ihr mit der Hand durch die kastanienroten Locken und drückte ihr fast schon mütterlich einen Kuss auf die Stirn. »Wenn er es wirklich war, dann wirst du ihm schon noch auf die Schliche kommen. Wenn nicht, dann ist ja eh alles gut.«

»Was glaubst du? Könnte er verwickelt sein?«

Jetzt war es die Andrea, die sich eine Zigarette anzündete, ein paarmal tief inhalierte und erst dann antwortete: »Keine Ahnung, ich kenne ihn nicht gut genug. Was für ihn spricht, ist auf jeden Fall die Sorge um die Livia und dass er ein alter Freund von meinem Chef ist. Dem vertraue ich da fast blind. Der ist noch ganz oldschool und ein echter Gentleman. Andererseits: Ich würde eigentlich für niemanden die Hand ins Feuer legen.«

»Was, nicht mal für mich?«, fuhr die Charlotte empört auf, was sofort ein paar entrüstete Blicke von den benachbarten Tischen zur Folge hatte.

»Ach, Charly, an dir verbrenne ich mir gerne die Hand«, säuselte die Andrea und drückte der Charlotte einen Kuss auf die Lippen. Und der war nun wirklich alles andere als mütterlich.

Den Rest des Tages schwitzte sich die Charlotte den Alkohol mit handwerklicher Arbeit wieder aus dem Blut. Also, anstrengender Arbeit für die Charlotte halt. Sie half nämlich bei der Frau Mama und der Omama in der Küche aus. Und weil sie gar so frustriert und wütend war, musste der Strudelteig dran glauben. Der wurde von ihr mit einer derartigen Kraft auf die Arbeitsfläche geklopft, dass das Mehl zur Küche hinausstaubte. Dafür wurden die daraus gefertigten Apfel- und Topfenstrudel auch wirklich erstklassig.

»Hätte ich dir gar nicht zugetraut«, meinte die Omama etwas später mit unüberhörbarem Stolz in der Stimme. »Kochen ist ja nicht wirklich deine Stärke, aber Backen – vielleicht solltest du dich darauf konzentrieren. So wuchtig hat in der Familie noch niemand den Teig geschlagen.« Dabei warf sie der Frau Mama, ihrer Schwiegertochter, einen eindeutigen Blick zu. Die Charlotte überlegte lange, ob sie der Omama den Grund für ihren wuchtigen Strudelschlag gestehen sollte, ließ es dann aber doch bleiben. Sie wollte bei ihr nicht schon wieder in alten Wunden wühlen. Jetzt zumindest noch nicht.

Als sie die Küche verließ und in den Hof trat, brach gerade die Abenddämmerung über das Weingut herein. Blutrot und in der warmen Luft flirrend ging die Sonne auf der Westseite unter. Ein atemberaubender Anblick, den sie mit nichts in der Welt tauschen wollte. Außer vielleicht ... Zum Glück legte sich in diesem Moment der Arm der Andrea um ihre Hüfte. Im Hof gingen die scheinbar wahllos verteilten Laternen an, ebenso die Lichter, die die Charlotte in der alten Kastanie anbringen hatte lassen. Wie üblich erfüllte bei diesem Anblick ein geraunten »Ahhh« und »Ohhh« der Gäste den Hof. Ja, wo konnte es in diesem Moment schöner sein als jetzt und hier? Die Charlotte drehte sich zur Andrea, neigte ihren Kopf zu ihrem …

Bumm-Bumm-Bumm-Schrei-Krach-Tschabumm!

Shit! Was war denn jetzt los? Hatte einer der Hotelgäste den Fernseher zu laut gedreht? Automatisch suchte die Charlotte mit ihrem Blick die Fenster der Hotelzimmer ab, aber die waren alle dunkel. Niemand da. Keiner, der laute Musik spielte. Auch die Heurigengäste sahen sich verwundert um. Nur die Andrea blieb ungerührt und versuchte, den angedeuteten Kuss der Charlotte Wirklichkeit werden zu lassen. Der war jetzt aber so was von die Lust vergangen. Sie schob die Andrea sanft weg und machte sich auf die Suche nach der Quelle des Lärms.

»Charly!«, flehte die Andrea. »Wollen wir nicht runter in die Bar? Oder sonst wohin?« Alle Versuche der Andrea, die Charlotte umzustimmen, waren jedoch vergebens, ihr blieb nichts anderes übrig, als der Freundin nachzuhecheln.

Und woher kam dieser Höllenlärm denn nun eigentlich? Mit geschlossenen Augen versuchte die Charlotte, die Quelle der »Musik« zu eruieren. Letztlich kam sie zu dem Schluss, dass sie aus der Lagerhalle dröhnte. Aber dort war doch eigentlich nichts. Wieso also sollte von dort so ein Krach kommen? Es war wohl tatsächlich so was wie Musik, und die Charlotte war nun wirklich die Letzte, die etwas gegen sogenannte Lärmmusik hatte. Aber hier und jetzt am Hof? Während Heurigenbetrieb war? Wer konnte nur so hirnlos sein?

Die Frage hätte sich die Charlotte sparen können. Denn eigentlich war klar, wer das sein musste. Sie betrat vorsichtig die Lagerhalle – und wäre vor Schreck beinahe umgefallen. Sie sah nämlich den Noah. Gut, das war jetzt noch kein Grund, ohnmächtig zu werden, aber der Bursche war in derselben Kluft, in der sie ihn vor gut einem Jahr im Prater aufgelesen hatte: schwarze Lackhose, enges Netzleibchen mit großen Löchern, Metallringe in Ohren und Nase, Dr.-Martens-Boots an den Füßen (immerhin keine abgetragenen), die rabenschwarzen Haare nach hinten gegelt, die Lippen schwarz bemalt, die Augen ebenfalls.

Ihre Beine zitterten. Hatte er sie ein Jahr lang nur an der Nase herumgeführt und war wieder rückfällig geworden? Wie konnte man sich nur so in jemandem täuschen? Die Charlotte war den Tränen nahe.

Für genau zwei Sekunden.

Dann sah sie die Flora in einer ähnlichen Montur. Hinter einem Mikro. Und jetzt fiel ihr auch die Gitarre auf, die sich der Noah umgehängt hatte. Und dass da noch ein paar andere Typen herumstanden. Noch einer mit Gitarre, einer mit zwei Drumsticks in der Hand und – jetzt wurde es wirklich surreal – die Inaaya mit einer Bassgitarre, hinter der sie fast verschwand. Und wenn es noch irgendeine Bestätigung gebraucht hätte, dann war da auch noch die Renate Obermayer. Die sah aus wie ein Madonna-Verschnitt (ein teurer, zugegebenermaßen, denn billig machte es die Renate grundsätzlich nicht), was alterstechnisch fast passte, nur dass die Madonna noch ein paar Jährchen älter war als die Renate. Um es genauer zu sagen: Die Renate sah aus wie die frühe Madonna, die zu ihren Popliedchen noch im Barbie-Gruftie-Dress herumgehüpft war.

Der Charlotte fehlten die Worte, aber den anderen auch. Mit einer richtig schiachen Rückkoppelung verstummte der Lärm, und es wurde mucksmäuschenstill. Nur die Andrea traute sich noch, etwas zu sagen.

»Ich wollte es dir ja eigentlich eh erklären, aber irgendwie …«, druckste sie herum, »irgendwie war da heute nie der richtige Moment. Der Graf und die Arbeit und … und … und überhaupt!«, schloss sie und warf die Hände über den Kopf.

Die Charlotte drehte sich langsam zu ihr um. »Hast du vorhin nicht was von der Turmbar gesagt?«, meinte sie konsterniert.

Die Andrea nickte. Dann nahm sie die Charlotte an der Hand, führte sie zum Auto und fuhr mit ihr zur Bar hinunter. Ein paar Minuten später erschien auch die Renate, mit einem ziemlich schuldbewussten Blick. Die Charlotte erwartete sie kühl an der Bar, in der Hand bereits einen Cuba Libre. Kaum hatte die Renate die Bar betreten, machte sich der Mario, der Barbesitzer und Chef-Barkeeper in einer Person, schon daran, einen Sex on the Beach für seine Herzallerliebste zu mixen. Als Barkeeper hatte er ein Gespür für die Atmosphäre in seiner Bar, und ihm war klar: Hier half nur mehr Alkohol. Viel Alkohol.

»Also?«, empfing die Charlotte die Renate. Kein Bussi-Bussi, und auch sonst nichts Freundliches. Die Charlotte hasste es, wenn hinter ihrem Rücken auf ihrem Weingut gemauschelt wurde.

»Also was?«, gab die Renate zurück. Es klang aber nicht halb so souverän, wie es die Kulturmanagerin geplant hatte.

»Was soll das oben in meiner Lagerhalle, und was soll dein lächerlicher Aufzug?«

»Ich finde den Aufzug gar nicht so lächerlich«, meinte die Andrea mit einem lüsternen Blick auf die schwarze Witwe. Wenn sie damit die Situation entschärfen wollte, war der Versuch aber gewaltig in die Hose gegangen. Ein scharfer Blick der Charlotte reichte, um die Andrea zurückzupfeifen. Ihr war jetzt nämlich so überhaupt nicht nach blöden oder anzüglichen Bemerkungen. Auch wenn sie sich insgeheim eingestehen musste, dass die Andrea gar nicht soooo unrecht hatte. Aber wurscht, hier ging es ums Prinzip.

Die Renate zupfte ihr schwarzes Leder-Miniröckchen zurecht und nahm den Drink aus der Hand vom Mario entgegen. Nach einem ersten Schluck räusperte sie sich. »Also die Kinder haben einfach echt Talent, das ist los«, rechtfertigte sie sich schließlich.

»Und das willst du woher wissen?«, fuhr die Charlotte sie an. »Dein Gebiet ist doch die Klassik und das Theater, oder? Abgesehen davon geht es hier nicht um Talent oder Nicht-Talent, sondern darum, dass ihr meine Lagerhalle ohne mein Wissen in einen Proberaum umfunktioniert habt.« Die Charlotte redete sich jetzt richtig in Rage. »Das alleine wäre ja noch kein Problem, aber um Gottes willen: Muss das ausgerechnet dann sein, wenn wir Betrieb haben? Ich meine, ihr könnt mit dieser Musik doch nicht die Gäste belästigen!«

»Wo sollen sie denn sonst üben?«, gab die Renate uneinsichtig zurück und nahm noch einen Schluck.

»Ist mir doch wurscht. Mit deinen Verbindungen können die doch sicher in der Früh oder nachts in der Staatsoper üben!«

»Jetzt ist's dann aber auch wieder mal gut, meine Liebe«, meinte die Renate aufgebracht. »Außerdem krieg das nicht mal ich hin. Aber wenn du dich ein bisschen mehr für das Leben deiner Schwester interessieren würdest, wüsstest du auch, dass sie demnächst ihren ersten großen Auftritt haben werden. Und ja, ich habe auch von so einer Musik ein bisschen Ahnung. Und gute Connections.«

»Ach wirklich? Na, lass hören!«

»Ja, und du wirst lachen, das kann sich auch hören lassen. Die Kinder haben nämlich in zwei Wochen ein Konzert im Burghof. Gemeinsam mit ein paar anderen Nachwuchsbands aus der Umgebung. Das habe ich eingefädelt. Sie haben da die Chance, sich groß zu präsentieren. Wer weiß? Vielleicht schaut ja sogar eine Musikerkarriere dabei heraus.«

Die Charlotte machte große Augen. Wovon faselte die Renate da eigentlich? Musikerkarriere? Ihre Schwester?

»Ich habe mir ihre Sachen auch schon angehört, und die sind wirklich nicht schlecht«, gestand nun die Andrea kleinlaut. »Natürlich kann man immer noch was verbessern, aber dafür, dass sie quasi ohne finanzielle Mittel begonnen haben, ist das gar nicht schlecht. Alles noch ein bisschen roh und ungeschliffen, aber durchaus mit Potenzial.«

Jetzt wurde die Charlotte doch noch hellhörig. Also, positiv hellhörig. Auf die Meinung der Andrea vertraute sie in dieser Beziehung schon mehr. Die Andrea hatte nämlich während ihres

Studiums jahrelang die Bar im U4 geschmissen, und dabei war sie schon mit dem einen oder anderen Musiker in Berührung geraten. Und nein, sie hatte nie nachgefragt, wie intensiv dieser Kontakt gewesen war, aber darum ging es jetzt auch nicht. Wenn die Andrea meinte, dass die Sache Potenzial hatte, dann musste da was dran sein.

»Der Lärm?«, fragte die Charlotte dennoch ungläubig.

»Das war doch nur der Soundcheck«, erklärte die Andrea gutmütig.

»Aber trotzdem«, erwiderte die Charlotte stur. »Und was macht die Inaaya bei ihnen? Wollt ihr jetzt behaupten, dass die ernsthaft Bass spielen kann?«

»Ja, wieso denn nicht?«, mischte sich nun wieder die Renate ein. Sie sah eine Chance, das Gespräch wieder in freundlichere Bahnen zu lotsen. »Bass in einer Punkband ist jetzt nicht wirklich das komplizierteste Instrument, und sie wollte unbedingt mitmachen.«

»Und das hat die Flora zugelassen?« Die Charlotte brauchte keine weiteren Erklärungen, sie wusste, dass es in dieser Band nur eine Chefin geben konnte, und das war ganz, ganz sicher die Flora.

»Ja«, bestätigte die Renate, »sie war sogar ganz begeistert von der Idee. Vielleicht erhofft sie sich dadurch, ein Auge auf die Inaaya und den Noah werfen zu können, sie besser zu kontrollieren oder was weiß ich.«

»Warte mal, warte mal«, unterbrach sie die Charlotte, der jetzt im Nachhinein noch etwas aufgefallen war. »Der Bursche mit den Drumsticks – war das nicht der Kevin? Unser Superhacker?«

»Ja, nicht untalentiert übrigens, auch wenn man ihm das nicht zutraut. Und in der Bühnenkleidung ist er fast nicht wiederzuerkennen, gell?«

Nein, war er tatsächlich nicht. Aber irgendwie war das Ganze schon ein bisschen surreal. Dass die Flora, der Noah und die Inaaya nicht ganz dicht waren, was ihr Liebesdreieck anging, war jetzt nichts Neues mehr, aber dann auch noch einen der (vielen) heimlichen Verehrer der Flora mit in die Band aufzunehmen, das war schon ein bisschen … arg.

»Was für ein Konzert ist das, von dem du da sprichst?«, wollte die Charlotte schließlich wissen.

»Ich veranstalte das erste Rockkonzert im Burghof«, antwortete die Renate stolz. »Ich konnte den Bürgermeister überreden, die Bühne der Sommerspiele nicht gleich abbauen zu lassen. Das spart gleich einmal Geld, aber reich werde ich dadurch trotzdem nicht.«

»Moment«, warf die Charlotte ein. Sie kannte die Renate ja, rein aus der Güte ihres Herzens würde sie das nicht alles machen, auch nicht, wenn ihr geteilter Ziehsohn Noah involviert war. »Was springt da für dich raus? Du hast da doch noch irgendein Ass im Ärmel.«

Die Renate nahm einen weiteren Schluck von ihrem Cocktail und lächelte verschmitzt. »Habe ich das nicht immer? Ich bin natürlich die Managerin der Band. Und wenn sie es groß schaffen, dann bekomme ich auch meinen bescheidenen Teil ab. Und wenn nicht … dann habe ich ein bisschen ›quality time‹ mit meinem Ziehsohn verbracht. Ich geb's ja zu, das tue ich sowieso viel zu selten.«

»Moment, Moment …« Die Charlotte schüttelte den Kopf. »Okay, das ist jetzt scheinbar ihr neues Hobby. Vor ein paar Monaten waren die drei noch ganz deppert wegen ihrer Cosplay-Geschichten. Ist das alles schon wieder vergessen?«

Die Andrea zuckte mit den Schultern. »Kinder, Jugendliche … was soll's? Da ändern sich die Interessen halt von Tag zu Tag.«

»Und das wäre mit der Musik jetzt anders, weil?« Ha! Endlich hatte die Charlotte die Oberhand in dieser absurden Diskussion.

»Weil es wurscht ist«, meinte die Andrea seufzend, und die Renate konnte nur nickend zustimmen. »Dann haben sie halt in ein paar Wochen keinen Bock mehr.«

»Die Instrumente habe ich ihnen gezahlt«, warf die Renate ein. So, als ob das irgendwas ändern würde. »Wenn sie die Sache nicht mehr interessiert, dann verkaufe ich das Zeug halt wieder. Wir reden da jetzt sowieso nur von der Gitarre, dem Bass, dem Mikro und dem Verstärkerzeugs. Der Kevin hat sein eigenes Drumkit eingebracht und der Xaver sein eigenes Keyboard. Du kannst mir glauben, die beiden sind richtig gute Musiker. Und der Noah ist beim Gitarrespielen auch nicht schlecht. Ein bisschen ungeschliffen noch, aber durchaus mit Talent.«

»Ja, aber das ist ja nix, wo man in der Früh aufwacht und sich denkt: ›Hoppla, eigentlich will ich ab heute Gitarre spielen‹, und das funktioniert auch.«

»Eh nicht, der Noah hat das schon gekonnt. Er hat mir erzählt, dass das Gitarrespielen im Waisenhaus eine der wenigen Sachen war, die ihn nicht völlig durchdrehen hat lassen.«

»Aber auch nur so lange, bis er abgehaut ist.«

»Ja, das schon …«, musste die Renate zugeben. Aber immerhin war die Stimmung jetzt schon etwas besser. Vielleicht auch deshalb, weil sich die Charlotte mittlerweile mit einem zweiten Cuba betäubt hatte. Und in den hatte der Mario keinen doppelten, sondern einen dreifachen Anteil Havanna Club reingetan, was die Charlotte in ihrem Grant gar nicht mitbekommen hatte. Erst jetzt, als sich die wohlige Wärme beruhigend auf ihren ganzen Körper ausbreitete, wurde ihr klar, dass da ein falsches Spiel mit ihr gespielt worden war. In diesem Fall aber wenigstens ein falsches Spiel, mit dem sie gut leben konnte. Natürlich nur, solange der Mario ihr nicht ebenso hinterrücks am Ende die vielfache Menge an Havanna Club verrechnete. Sie hatte den getunten Drink ja so nicht bestellt.

Am Ende wurde es doch noch ein nicht nur feuchter, sondern auch fröhlicher Abend. Die Elena kam eine Stunde später mit dem Leo im Schlepptau in die Bar und erzählte die neuesten Anekdoten aus dem »Pleasure Island« (bei denen stellenweise sogar die Charlotte rot wurde), und kurz vor Mitternacht ritt schließlich auch noch der Herr Papa mit dem Grafen und seiner Opernsängerin ein. Die beiden älteren Herren wollten unbedingt noch ihren Deal in Bezug auf die Ausrichtung eines Oldtimer-Traktoren-Korsos im nächsten Jahr begießen. Nach Mitternacht tanzte die Elena eng umschlungen mit der Michailowitsch auf der Theke, die Charlotte hatte sich wieder mit der Renate ausgesöhnt, die Renate war mit ihrem Mario auf ein Schäfer-Viertelstündchen in dessen Wohnung oberhalb der Bar abgezischt, und ganz allgemein herrschte Bombenstimmung. Im übertragenen Sinn.

Zwischenspiel

»Hopp, auf, du Lusche! Einmal geht's noch!«

Der Trainer ist unerbittlich. Immer wieder schickt er seinen Schützling von links nach rechts. Vorhand – Rückhand – Vorhand. Backhand down the line. Forehand inside out. Forehand longline. Backhand longline. Und das Ganze wieder von vorne, wenn ein einziger Schlag nicht sitzt. Und das ist praktisch jedes Mal so. Der Spieler ist gerade noch kein Erwachsener, aber doch schon dem jugendlichen Alter entwachsen. Eine blöde Phase, sowohl körperlich als auch geistig. Aber ein ideales Alter, um sich körperlich bis zum Anschlag zu verausgaben.

Der Spieler nimmt die Beschimpfungen seines Trainers gar nicht mehr wahr. Der Trainer, ein ehemaliger Spitzenspieler, war von seinem Vater ausgesucht worden, um den Filius an die Spitze heranzuführen. Zuerst an die österreichische, dann an die internationale. Das ist zumindest der Plan. Was dann mit ihm passiert, das steht in den Sternen. Für den Spieler ist aber klar, dass der Mann die ganzen kleinen Gemeinheiten und Beleidigungen büßen wird. Mit seinem Leben. Auge um Auge, Zahn um Zahn.

Ein bitterböses Lächeln umspielt die Lippen des Spielers bei diesem Gedanken. Mit der Bibel hat er eigentlich nichts am Hut, mit dem Alten Testament schon gar nicht. Eigentlich auch mit Gott überhaupt nicht. Und der Tod des Trainers wird kein schöner sein. Er weiß zwar noch nicht, wie, aber darum wird sich seine Schwester schon kümmern. Die hat da keine Hemmungen, dafür aber sehr, sehr gute Verbindungen in Kreise, die jemanden ohne viel Aufsehen – dafür aber unter großen Schmerzen – verschwinden lassen können. Es wird zwar noch einige Jahre dauern, bis er so weit ist, auf die Dienste dieses aufgeblasenen Trainerschweins verzichten zu können, aber seine Schwester sitzt ja derzeit sowieso noch im Gefängnis. Was ihre Nützlich-

keit natürlich krass einschränkt. Aber bis es so weit ist, da ist sich der Spieler ganz sicher, wird seine Schwester schon wieder in Freiheit sein. Im Hintergrund lässt die Familie bereits jetzt ihre langsam wiedererstarkenden politischen Muskeln spielen, und nach dem Sündenfall von Weihnachten ist man nun durch den Märtyrertod des Vaters wieder in einer besseren Position. Natürlich ist der Verlust des Vaters tragisch, andererseits hat er der Familie wieder neue Türen geöffnet. Mitleid von anderen brauchen zwar nur Waschlappen, aber in der jetzigen Situation sind der Spieler und seine Familie nicht undankbar darüber. Und wenn man dann die Schwester erst wieder draußen hat … Ist ja eigentlich eine Frechheit, was mit dem armen Mädel passiert ist. Nur weil sie die Leute aufwecken wollte.

Vorhand – Rückhand – Aufrücken ans Netz. Volley links, Volley rechts. Volleystop. Half-Volley. Das ganze Programm. Und nie ein lobendes Wort von dem Arschloch auf der anderen Seite. Aber er ist nur ein Mittel zum Zweck, die Familie verdient Besseres. Das weiß der Spieler, kein Wunder, man hat es ihm seit seiner Geburt eingebläut. Die Familie ist etwas Besseres, etwas Besonderes.

»So, und jetzt noch Aufschlag«, verkündet der Trainer kühl. Dem Spieler läuft der Schweiß in Strömen über die Stirn, das Gesicht, den Rücken. Er kann sich kaum noch bewegen. Der Trainer grinst nur sadistisch, schiebt seinem Schützling einen Korb mit Bällen an die Grundlinie. Abgespielt, roter Sand auf dem gelben Filz. Aber der Spieler liebt den Geruch der Bälle. Den Geruch in der Halle. Er hat etwas von Freiheit. Das ist ein Geruch, der ihm allein gehört. Also, ihm und seinem Zwillingsbruder. Sie sind die beiden Einzigen in der Familie, die sportliches Talent haben. Ja, es ist ein Gefühl von Freiheit. Ein Gefühl, dass man der Familie vielleicht doch nicht zu bedingungslosem Gehorsam verpflichtet ist. Vielleicht gibt da doch noch ein anderes Leben?

Er sieht seinem Trainer nach, der die Halle durch eine unauffällige Tür hinter einem grünen Netz verlässt. Was hat der Mann in seiner Karriere alles erlebt! Genug. Aber nicht genug, um sich einen gemütlichen Lebensabend zu machen. Nein, er muss jetzt für ihn den Trainerkasperl machen, um sich seinen Unterhalt zu finanzieren. Und die Geschichten, die er ihm erzählt hat – als ob sie ihn auch nur im Geringsten interessieren würden! Nein, dieses Gefühl der Freiheit ist nur ein letzter kurzer Anfall von Kindlichkeit. Ein Alter, in das man sich zurücksehnt, weil da noch alles so problemlos war. Keine Verantwortung, keine Pflichten. Aber ein echter Mann hat nun mal Pflichten. Und nach dem Tod des Vaters lasten diese Pflichten nun auf ihm. Er hat noch keine Ahnung, wie er das mit seinen sportlichen Ambitionen koordinieren soll (denn egal, wie sehr er sich das einredet, er möchte ein Tennisstar werden). Er versucht, diese ständigen Gedanken aus dem Kopf zu vertreiben. Wer hat einmal gesagt: »Die besten Sportler denken gar nicht, das stört nur«? Muss irgendein Star gewesen sein, weil das damals für so einen Aufruhr gesorgt hat. Aber egal. Er hält sich jetzt an diesen Rat. Oder versucht es wenigstens. Mit überschaubarem Erfolg.

Er schaut zu dem großen Panoramafenster links von ihm. Dahinter hat es sich sein Trainer im Club-Restaurant mit einem Getränk gemütlich gemacht und beobachtet ihn.

»Wahrscheinlich ein weißer Spritzer«, denkt der Spieler frustriert und greift nach einem der mit Sand verschmierten Bälle. Wie zum Hohn prostet ihm der Trainer durch das Fenster mit dem Getränk zu.

»Nicht denken, nicht denken«, murmelt der Spieler.

Und denkt sich dann doch: »Du blödes Arschloch, irgendwann wirst du dran glauben müssen.«

Er wirft den gelben Ball in die Höhe. Zugleich geht sein Schläger hinter den Rücken, nur um Sekundenbruchteile danach wieder hochzuschnellen.

»Blödes Arschloch, blödes Arschloch, blödes Arschloch …«

Er trifft den Ball am höchsten Punkt. Wunderbare Körperspannung. Der Trainer müsste eigentlich stolz sein.

»Blödes Arschloch, blödes Arschloch, blödes Arschloch …«

Es macht »Bumm«, weißes Licht verschluckt den Spieler, hinter ihm birst die Glasscheibe, der Trainer wird in seinem Sessel meterweit durch die Luft geschleudert. Und der Spieler tritt seinem Herrgott – an den er eigentlich nicht glaubt – mit den Worten »Blödes Arschloch!« gegenüber.

8

Im sprichwörtlichen Sinn herrschte dann am nächsten Tag, einem Samstag, Bombenstimmung im Ort. Eine solche war nämlich hochgegangen, am Trainingsplatz für das Perchtoldsdorfer Tennisturnier. Grundsätzlich schon eine blöde und unschöne Geschichte. Besonders blöd war dann halt auch noch, dass das einzige Todesopfer schon wieder ein Mitglied der Adefris-Familie war. Nämlich der ältere der beiden Adefris-Zwillinge – Wulfibald, der für sein Antreten beim Turnier trainiert hatte.

Aber immer langsam mit den jungen Pferden. Der Mord, das Attentat oder wie auch immer man die Sache nennen wollte, passierte gegen Mittag. Der Knall der Explosion war selbst am Weingut der Familie Nöhrer gut zu hören gewesen. Was wohl auch damit zu tun hatte, dass der Trainingsplatz für das Turnier in einem anderen Tennisclub untergebracht war. Und der befand sich an der Ortsgrenze zu Brunn am Gebirge, Luftlinie keine fünfhundert Meter von den Nöhrers entfernt und noch dazu in etwa auf gleicher Seehöhe. Der »Trainingsclub« bestand nur aus zwei Hallenplätzen, die sich an die von Gießhübl nach Wien hinunterschlängelnde Außenringautobahn beziehungsweise an die diese begrenzende Lärmschutzwand anschmiegten.

Gegenüber der Tennishalle war ein alter Zaitler-Weingarten in den letzten Wochen eiskalt gerodet und zu Bauland umgewidmet worden. Die trotz der Autobahn durchaus idyllische Lage der Tennishalle war damit zum Teufel.

Von Idylle konnte aber sowieso keine Rede sein, als die Charlotte am Schauplatz eintraf. Die schmale einspurige Straße, die zur Tennishalle hinaufführte, war von der Polizei abgesperrt worden, die Charlotte kam nur dank ihrer Beziehungen zum Leo überhaupt bis zum Tatort. In der straßenseitigen Wand der Halle klaffte ein riesiges Loch, direkt dahinter waren noch die traurigen Überreste eines Tennisplatzes zu sehen. Ein kleiner Krater und ein herrenloser Tennisschuh stachen der Charlotte sofort ins Auge. Viel mehr war von Wulfibald Adefris nicht übrig geblieben. Vor der Tennishalle war ein Notarztwagen geparkt, die Charlotte konnte erkennen, dass darin ein übergewichtiger Mann in Tenniskleidung verarztet wurde. Die Sanitäter bastelten an seinem Gesicht und seinen Armen herum.

»Das ist der Trainer vom Adefris junior«, klärte der Leo seine Cousine auf. »Er hat das Unglück relativ glimpflich überstanden. Als die Bombe hochging, saß er hinter dem Fenster zum Tenniscourt. Aber er hat durch die Explosion jede Menge Glassplitter abbekommen, die müssen jetzt einzeln entfernt werden. Hatte echt Glück, weil das hätte auch ins Auge gehen können …«

»Sehr lustig, Nöhrer«, meinte einer der Sanitäter, die eben mit der Verarztung des Trainers fertig geworden waren. »Ein paar Splitter sind wirklich nur Millimeter neben den Augen eingeschlagen. Der Typ hatte ein fast schon unmenschliches Glück.«

»Im Gegensatz zum jungen Adefris«, murmelte die Charlotte. »Jetzt wird's schön langsam verdächtig. Also, so richtig verdächtig, oder? Zuerst der alte Adefris, dann einer seiner Söhne. Weiß man eigentlich, der Wievielte dieser Brut das war?« Die Charlotte war sich bewusst, wie despektierlich sie über den Toten redete, aber es war ihr – um ganz ehrlich zu sein – scheißegal. Was wenigstens ein Teil dieser Familie vor ein paar Monaten geplant hatte, hätte noch viel mehr Tote gefordert. Und von wirklicher Reue war seit damals nichts zu spüren gewesen.

Der Leo blätterte in einem Notizblock und sagte dann: »Das war Wulfibald, einer der beiden Zwillinge, die beim Turnier gemeldet waren. Genauer gesagt der Ältere der beiden. In der Wurf-Reihenfolge müsste er die Nummer vier oder fünf sein. Das habe ich mir noch nicht so genau angeschaut, und du weißt ja, dass die Adefris Nachwuchs haben wie sonst nur die Karnickel.«

Bei der Vorstellung, wie der alte Adefris gerade seine Helgrid besprang, wurde der Charlotte übel. Sie hielt sich ja eigentlich nicht für einen nachtragenden Menschen, aber bei dieser Familie ließ sich für sie einfach nichts mehr machen. Der gönnte sie so ziemlich jedes Unglück. Sie schüttelte den Kopf. »Also wie gesagt, alles ganz schön verdächtig. Sieht so aus, als wollte jemand die ganze Familie Adefris ausrotten.«

»Na ja, bis jetzt sind es ja erst zwei«, meinte der Leo sarkastisch. »Da hat der Mörder noch einiges vor sich, wenn er wirklich die ganze Familie auslöschen will. Und wer sagt überhaupt, dass es derselbe war?«

»Ach, komm schon, zuerst der Alte, jetzt einer der Jungen, und das innerhalb nur weniger Tage. Noch dazu beide Morde nicht ganz unspektakulär. Das macht doch alles den Eindruck, als würde da jemand ein Statement setzen wollen. Meinst du nicht?«

Der Leo nickte. »Natürlich, das war auch mein erster Gedanke, aber solange wir nichts Genaues wissen, müssen wir halt in alle Richtungen ermitteln. Abgesehen davon ist das Ganze jetzt sowieso von einem einfachen Mord zu einer nationalen Angelegenheit geworden. Ein Bombenattentat? Da schaltet sich natürlich sofort das Innenministerium ein. Und ganz ehrlich: Das ist mir auch nicht unrecht. So eine Geschichte ist für uns kleine Dorfpolizisten doch etwas zu groß.«

»Pah, Dorfpolizisten!« Die Charlotte spuckte fast. »Was ist los mit dir? Wo bleibt dein Berufsstolz?«

Der Leo widersprach. »Auf den Berufsstolz pfeif ich, wenn es um so was geht. Der oder die Mörder sind eiskalt und schrecken vor nichts zurück. Überleg doch einmal: eine Bombe nur wegen eines eigentlich total unwichtigen Nazi-Nachwuchses? Das ist doch totaler Overkill. Wo soll ich denn da überhaupt beginnen?«

»Okay, egal. Wo war denn die Bombe versteckt?«

»Die Forensiker haben den Verdacht, dass sie in einem Tennisball versteckt war. Als der Adefris draufschlug, ist das Ding detoniert und hat … na ja, nicht mehr viel übrig gelassen.«

»Wie konnte das überhaupt passieren? Gibt's hier keine Security?«

»Nicht wirklich«, meinte der Leo achselzuckend. »Es ist ja nur ein kleines Turnier, und wer denkt schon daran, dass so etwas passieren könnte? Wenn keiner der Turnierspieler für ein Training eingetragen ist, hat die Halle ganz normal Betrieb. Das heißt, es kann jeder rein und raus.«

»Aber dann muss es ja eine Liste geben, wer hier zuletzt gespielt hat.«

»Gibt es auch, aber die ist nicht verlässlich. Die Halle hat nur zwei Plätze, und die sind die meiste Zeit über für Clubmitglieder reserviert. Die tragen sich mit der Hand ein und erscheinen oder auch nicht. Es gibt keine Rezeption oder Anmeldung, und das Büfett ist auch nicht ständig besetzt. Die Halle ist tagsüber nicht abgesperrt. Es kann also jeder rein und raus, wie er will.«

»Ernsthaft?«

»Ja, klar. Wir sind ja nicht in Wimbledon.« Der Leo wandte sich an den Sanitäter. »Ist der Trainer einvernehmbar?« Der Sanitäter nickte, schlich sich um die Ecke des Notarztwagens und steckte sich eine Zigarette an.

Auf der hinteren Seite des Notarztwagens wurde dem Trainer gerade aus dem mobilen Sanitätsraum geholfen. »Herr Pfeffer?«, wandte sich der Leo an ihn. »Würden Sie bitte einen Moment mit uns kommen?« Ohne eine Antwort abzuwarten, nahmen der Leo und die Charlotte den Mittfünfziger zwischen sich und führten ihn zur nächsten Sitzgelegenheit, bei der man der Spurensicherung nicht im Weg war. Es war eine Holzbank aus dem Jahre Schnee, ein Überbleibsel aus der Zeit, als hier noch ein Weingarten angrenzte. Der Pfeffer ließ sich schwer auf die Bank fallen, die Charlotte nahm neben ihm Platz, der Leo hockte sich vor den gebrochen wirkenden Mann. Im Gesicht hatte er Dutzende kleine weiße Flecken, mit denen die Blutungen der Glassplitter-Verletzungen gestoppt werden sollten.

»Können Sie uns beschreiben, was da genau passiert ist?«, fragte der Leo betont einfühlsam und leise.

»Häh?«

»Na, was passiert ist vor der Explosion. Ist Ihnen irgendwas aufgefallen?«

»Häähh? Sie müssen lauter reden, ich höre gerade so schlecht«, brüllte der Trainer. Dabei sah er sich um. Sein Blick schwenkte über das Loch in der Hallenwand und streifte auch den einzelnen, wie verloren wirkenden Tennisschuh. Er schüttelte fassungslos den Kopf.

»KÖNNEN. SIE. BESCHREIBEN. WAS. PASSIERT. IST?«, schrie der Leo nun. Vielleicht etwas zu laut, denn der Trainer zuckte merklich zusammen. Nach einer kurzen Pause brüllte er im selben Tonfall zurück: »SIE MÜSSEN MICH NICHT SO ANPLÄRREN, ICH BIN JA NICHT DERRISCH!«

In dem Moment kam der Sanitäter von vorhin wieder vorbei. Er hatte seine Zigarettenpause beendet. »Sie müssen in einem langsamen, lauten Tonfall mit ihm reden. Das sind die Nachwirkungen der Explosion. Anplärren hilft tatsächlich nichts.«

Der Leo verdrehte die Augen, startete aber den nächsten Versuch. Diesmal in einem Mitteldling aus normal reden und lautstark anbrüllen. Das wirkte endlich. Viel war aus dem Trainer aber nicht rauszuholen.

»Wir haben unser normales Programm abgespult. Schlagtraining, Schlagsicherheit, am Ende dann Aufschlagtraining.«

»Und wieso waren Sie nicht in der Halle?«, wollte der Leo wissen.

»Ich wollte mir draußen kurz etwas zu trinken holen und eine Zigarette rauchen.«

»Eine Zigarette? Als Sportler?« Der Leo war hörbar überrascht. Aber in solchen Sachen war er halt tatsächlich naiv.

»Ja, mein Gott. Warum denn nicht? Wissen Sie, wie viele Ex-Sportler nach ihrer Karriere mit dem Trinken und Rauchen beginnen? Haben Sie auch nur im Entferntesten eine Ahnung, welche Entbehrungen man auf sich nehmen muss, um es in einer Sportart auch nur in die erweiterte Spitze zu schaffen? Und da rede ich jetzt noch nicht mal von international, sondern lediglich in Österreich. Meine aktive Karriere ist schon eine Zeit her, und ja, jetzt lasse ich es mir gut gehen. Hat eh gereicht, dass ich mit dem kleinen Braunen in der Gegend herumreisen musste.«

»Hat Sie jemand dazu gezwungen?«, wollte die Charlotte wissen.

»Nein, natürlich nicht. Also wenn, dann das Finanzamt. Zu der Zeit, als ich spitze war, sind ja noch lange nicht solche Summen bezahlt worden wie heute. Da bleibt einem jetzt nichts anderes übrig, als für einen reichen Emporkömmling den Grüß-August zu spielen.«

»Das heißt, Sie haben sonst keine Verbindungen zur Familie Adefris?«, setzte die Charlotte nach.

Der Trainer lachte einmal humorlos, aber das Lachen ging sofort in ein Husten über. »Nein, woher denn? Ich komme eher aus dem anderen Spektrum. Aber Geld hat kein Mascherl. Und Tennis ist nichts Politisches. Also wieso sollte ich dem Buben nicht ein bisschen die Wadln vierichten?«

»Der alte Adefris hat also gut bezahlt?«

»Ja, klar. Der hatte ja keine Ahnung, was in diesem Geschäft so bezahlt wird. Da war es ein Leichtes, ihm eine Phantasiesumme einzureden. Wahrscheinlich hätte ich sogar noch mehr verlangen können, der alte Adefris hat damals ohne mit der Wimper zu zucken zugesagt.«

»Und was ist mit dem anderen Zwilling? Trainieren Sie den auch?«

»Ja, natürlich. Macht ja auch Sinn. Aber der hatte heute frei, beziehungsweise durfte er sich schon am Turniercourt einspielen. Keine Ahnung, wie der alte Adefris – natürlich vor seinem Tod – das noch eingefädelt hat. Eigentlich dürfen dort jetzt schon nur die gesetzten Spieler trainieren.«

»Wer von den beiden ist oder war denn der Bessere?«

Der Trainer überlegte sich seine nächsten Worte gut. Schließlich sagte er: »Das ist wohl der Siegfried. Nicht, dass er mehr Talent hätte – damit sind beide nicht überschwänglich gesegnet –, aber der Siegfried ist ein richtiges Arbeitstier. Den musst du vom Platz scheuchen, damit er am Abend aufhört. Und wie heißt es so schön: ›Harte Arbeit schlägt Talent, wenn Talent nicht hart arbeitet.‹ Das trifft auf den Siegfried sicher zu.«

»Hat er das Zeug zu einer internationalen Karriere?«, hakte die Charlotte nach.

»Wenn ich das wüsste ... also mit Sicherheit wüsste. Die Chance besteht natürlich, aber so hart er auch arbeitet, so sehr sind auch seine Schwächen unübersehbar. Mit der Vorhand, die der Siegfried spielt, kann er vielleicht auf dieser Ebene noch was reißen, aber auf der großen Tour? Wenn ich ganz ehrlich sein soll, eher nicht. Das weiß er aber auch, und das stachelt ihn noch mehr an.«

»Vielleicht sind Sie nur nicht der richtige Trainer für ihn?«, stichelte die Charlotte.

»Mag sein«, gab der Pfeffer unbeeindruckt zurück, »wir werden es in den nächsten Jahren ja sehen.«

»So, jetzt aber zurück zu der Explosion«, lenkte der Leo das Gespräch wieder in ermittlungstechnisch wertvollere Bahnen. »Ist Ihnen da irgendetwas aufgefallen, bevor Sie die Halle verlassen haben?«

»Nein, nichts Außergewöhnliches«, antwortete der Pfeffer.

»Mit welchen Bällen hat der Adefris aufgeschlagen?«

»Die waren in einem Extra-Korb. Meiner, aus dem ich ihm vorher die Bälle zugespielt habe, war auf der anderen Seite vom Court.«

»Wer hat den Korb mit den Aufschlag-Bällen befüllt?«

Der Trainer zuckte mit den Schultern. »Keine Ahnung. Die werden uns zur Verfügung gestellt. Der Korb war schon da, als wir mit dem Training begonnen haben. Wer schaut da schon ein zweites Mal?«

»Können Sie uns die Szene vielleicht noch einmal beschreiben? Außer Ihnen gibt es ja keinen Augenzeugen.«

Der Pfeffer zündete sich eine Zigarette an, inhalierte zwei-, dreimal tief und sagte dann: »Ich habe nicht so viel mitbekommen, weil ich eben draußen war. Mir ist nur aufgefallen, dass mich der Wulfibald böse durch die Fensterscheibe angesehen hat, bevor er mit den Aufschlägen begonnen hat. Das ist aber auch nichts Neues. Im Gegensatz zu seinem Bruder hat er es gehasst, wenn man ihn über den Platz gescheucht hat. Deshalb hatte er auch überhaupt nicht das Zeug für Profitennis. Der wäre wahrscheinlich im Dunstkreis seines Vaters besser aufgehoben gewesen. Aber egal, er hat mich böse angeschaut, dann hat er sehr, sehr oft den Ball aufgepäppelt. Ich habe mir derweil ein Bier eingeschenkt. Das Nächste war, dass ich wie von einer riesigen Hand durch die Luft geschleudert wurde. Aus einem Auge habe ich noch einen Feuerball in der Halle gesehen, danach ist mir schwarz vor Augen geworden. Als ich wieder aufwachte, war ich schon in dem Notarztwagen.«

Die Charlotte und der Leo schauten sich an. Nachdem er sein Aufnahmegerät abgedreht hatte, meinte der Leo schließlich: »Vielen Dank, Herr Pfeffer, das war's fürs Erste. Haben die Ärzte Ihnen noch irgendwelche Anweisungen gegeben?«

Der Pfeffer nickte, was ihm Schmerzen zu bereiten schien. »Ja, ich soll mich ein paar Tage schonen. Außer den Glassplittern im Gesicht, die mir wohl ein richtiges Piraten-Narbengesicht beschert haben, habe ich noch eine leichte Gehirnerschütterung.«

»Sollen wir Sie irgendwohin bringen?«, fragte der Leo pflichtbewusst.

»Nein, danke. Die Rettung nimmt mich mit.«

»Na gut, Ihre Kontaktdaten haben wir ja, falls wir Sie nochmals brauchen.«

Der Pfeffer erhob sich schwer und schlurfte rüber zum Notarztwagen, wo ihn die Sanitäter in Empfang nahmen. Die Charlotte konnte noch sehen, dass sie den Trainer an eine Infusionsnadel hängten, und dann ging es im gemächlichen Tempo weg vom Schauplatz.

»Was meinst du?«, fragte der Leo schließlich, nachdem er sich eine Zigarette angezündet hatte. Die Charlotte stibitzte ihm eine und meinte dann: »Also der hat nichts damit zu tun. Würde ja seine eigene goldene Gans schlachten. Außerdem wäre er sonst ganz schön blöd, weil er ja bei der Explosion so nah dran war. Nur um ein Alibi zu haben? Das wäre schon sehr riskant. Nein, der Pfeffer hat damit nichts zu tun. Ich glaube eher, der hätte mit draufgehen sollen, oder der Täter hätte ihn als Kollateralschaden in Kauf genommen.«

»Sehe ich auch so«, bestätigte der Leo. Einen Moment später traf auch schon die Kavallerie aus Wien, sprich die Anti-Terroreinheit des Innenministeriums ein. Allen voran der Major Keiffer. Entsprechend seinem Namen keifte er seinen Leuten ein paar Befehle zu, nur um dann schmeichelweich beim Leo und bei der Charlotte vorstellig zu werden. Seit der Geschichte zu Weihnachten hatte er die beiden in sein eigentlich steinhartes Herz geschlossen und auch schon einige Abwerbungsversuche beim Leo gestartet. Insgeheim war er aber ganz froh, dass der Leo immer standhaft geblieben war und abgelehnt hatte. Als »einfacher Dorfpolizist« hatte es der Leo in mancher Hinsicht leichter und einen besseren Zugang zu verschiedenen Leuten, die bei einem fremden Beamten aus der Hauptstadt vielleicht verschlossener gewesen wären. Und wie es den Anschein hatte, konnte er genau so einen immer öfter gebrauchen. Wieso auch immer, aber im letzten Jahr hatten die Gewalttaten im Umland von Wien verdächtig zugenommen. So oft, wie der Keiffer in den letzten paar Monaten in Perchtoldsdorf anrücken musste, hatte er den Weinort in den zehn Jahren davor beruflich nicht aufsuchen müssen.

Der Leo brachte ihn kurz auf den neuesten Stand, der Keiffer bedankte sich und wandte sich dann an die Charlotte. »Nachdem ich schon heraußen bin, würde ich Ihnen heute Abend mit meinen Leuten gern einen Besuch abstatten. Natürlich rein privat, versteht sich. Hätten Sie da Platz für zwei Dutzend gestandene Mannsbilder?«

Die Charlotte ließ ihren Blick schmunzelnd über die Einheit vom Keiffer wandern und sah darunter nicht nur »gestandene Mannsbilder«. »Also, wenn Sie die Frauen von Ihrem Team auch mitnehmen, dann werden wir schon was finden«, antwortete sie lächelnd.

»Natürlich, natürlich«, antwortete der Keiffer ungewohnt defensiv. »Das war ja nur so eine blöde Redensart.«

»Jaja, die blöden Redensarten …«, meinte die Charlotte, die es genoss, den stahlharten Polizisten so herumeiern zu sehen, obwohl sie ihn ja irgendwie ganz herzig fand. Wenn man ihn einmal näher kannte. »Spezielle Wünsche?«

Der Keiffer überlegte kurz und sagte dann schmunzelnd: »Auf jeden Fall nicht zu viel Alkohol, Sie verstehen? Was das Essen betrifft, lasse ich Ihnen freie Hand. Der Ruf Ihrer Großmutter ist natürlich auch schon bis zu mir vorgedrungen, und da lassen wir uns gerne überraschen. Genug soll es halt sein. Nach dem, was wir da am Nachmittag noch vor uns haben, werden die Männer … Entschuldigung, meine Leute … einen ordentlichen Hunger mitbringen. Die Rechnung schicken Sie bitte ans Ministerium. Hier.« Er überreichte der Charlotte eine Visitenkarte mit seiner genauen Abteilung und Kontaktdaten.

»Dann mache ich mich besser mal vom Acker«, meinte die Charlotte, »so eine Großbestellung will ja auch vorbereitet werden. Kommst du mit?« Der Leo nickte. Am Weg zum Auto stieß sie ihn in die Rippen und sagte: »Ein bisschen Zeit habe ich aber noch. Eis?«

Zehn Minuten später saßen die beiden, jeder mit einem großen Eisbecher bewaffnet, am Rand des Leonhardibrunnens gegenüber dem Eisgeschäft am Marktplatz. Wenigstens für ein paar Minuten konnte man hier den lieben Gott einen guten Mann sein lassen und an nichts anderes denken als den gefrorenen Genuss in der Hand. Bei der Verabschiedung versprach der Leo noch, dass er am Abend ebenfalls vorbeischauen würde. Er wollte die Charlotte dann doch nicht ganz »schutzlos« dem

Keiffer überlassen. Außerdem hatte die Elena heute Abend frei, und Pläne hatten sie sowieso noch keine. Also wieso nicht oben bei der Charlotte den Abend einmal standesgemäß angehen? Es war schließlich Samstag, und beide mussten nicht aussprechen, wo der Abend schließlich enden würde.

9

Bevor es aber so weit war, sprich Absturz in der Turmbar, wollte erst mal der Abend mit dem Keiffer und seinen Leuten absolviert werden. Der gesamte Haufen kam gegen neunzehn Uhr im Truppentransporter am Weingut an. Die Männer und Frauen der Antiterroreinheit hatten keine Zeit gehabt, in Zivilkleidung zu schlüpfen, und so sorgte ihr Eintreffen beim Heurigen für ein gewaltiges Hallo. Ein Teil der Gäste wollte umgehend zusammenpacken, weil man Angst hatte, jede Sekunde könnte eine Bombe hochgehen oder ein maskierter Clown den ganzen Heurigen in Geiselhaft nehmen, aber ein paar beruhigende Worte später herrschte wieder allgemeine Gelassenheit.

Für die Leute vom Keiffer hatte die Charlotte ein paar Tische in der Nähe der Lagerhalle reserviert. Gerade so weit weg, dass man den Trupp nicht als geschlossene Gesellschaft beachtete, aber doch so weit, dass die Spezialeinheit in Ruhe über die Geschehnisse des Tages diskutieren konnte, ohne dass es ungebetene Zuhörer gab. Eine halbe Stunde später kamen auch der Leo und seine Elena dazu, und als dann auch noch die Renate einritt, blieb der Charlotte nichts anderes mehr übrig, als sich auch zum Keiffer zu setzen. Der hatte zuvor halbherzig versucht, den Leo wieder einmal zu überreden, dass er doch zu ihm wechseln sollte, was aber zum wiederholten Male fruchtlos blieb. Um dem Leo weitere Peinlichkeiten zu ersparen, versuchte die Charlotte, den Keiffer in ein Gespräch über die Ermittlungsergebnisse vom Nachmittag zu verwickeln. Viel ließ sich der Major aber nicht entlocken, zudem erwies er sich als überraschend trinkfest, auch die immer schneller an den Tisch wandernden weißen Spritzer konnten seine Zunge nicht lockern. Alles, was er rausließ, war, dass der junge Adefris nicht lange gelitten hatte. Eigentlich gar nicht, denn die Wucht der Explosion war so groß gewesen, dass der Adefris keinen Sekunden-, sondern einen Hundertstelsekundentod gestorben war.

»Es hat ihn quasi aus den Latschen geschossen«, meinte der Keiffer abschließend. Und meinte das sogar wörtlich, denn tatsächlich war einer der beiden Tennisschuhe ja das einzig Identifizierbare, was vom Wulfibald Adefris übrig geblieben war. Wie die Charlotte am Tatort selbst gesehen hatte. Den Körper hatte es in tausend kleine Teile zerfetzt, die malerisch über die ganze Halle verteilt waren. Es würde wohl noch ein paar Tage dauern, bis man alle Überreste gefunden hatte. So lange war an Aufräumarbeiten in der Tennishalle nicht zu denken.

»Was ist eigentlich mit dem Besitzer der Halle?«, wollte die Charlotte wissen. Nachdem sie mit Sport so gut wie nichts am Hut hatte, hatte sie auch keine Ahnung, wem die Halle überhaupt gehörte. Musste wohl ein Perchtoldsdorfer sein, aber sie konnte sich beim besten Willen nicht vorstellen, wer der Besitzer war.

»Der ist mit seinen Kindern zum Glück nicht da gewesen, wir haben ihm die Nachricht per Telefon übermittelt. Ist fast aus den Patschen gekippt. So hat es sich wenigstens angehört«, meinte der Keiffer ernst.

»Kann ich mir vorstellen, wenn man so eine Nachricht im Urlaub bekommt.«

»Im Urlaub? Nein. Der ist mit seinen Kindern bei irgendeinem Nachwuchsturnier in Kroatien. Die Kinder sind zehn, auch Zwillinge – so wie die Adefrise. Wenn man beim Tennis nicht früh genug anfängt, hat man nie eine Chance, einmal Weltspitze zu werden.«

Aha, der nächste Sportspezialist, dachte die Charlotte genervt. Woher haben die das alle? Gibt doch nichts Uninteressanteres, als irgendeinem Typen dabei zuzuschauen, wie er stundenlang auf einen kleinen gelben Ball draufdrischt. Oder stundenlang im Kreis fährt. Oder zweiundzwanzig Leuten (die Charlotte hoffte, dass die Zahl stimmte), die einem Ball nachliefen. Oder ein paar Irren, die im Affenzahn einen beschneiten Hang runterrasten, nur um zu sehen, wer am Ende um ein paar Hundertstel schneller war. Okay, Skifahren konnte sie noch irgendwie nachvollziehen, aber den Rest?

Es sollte aber noch schlimmer kommen, denn nicht nur, dass die Renate beim Keiffer nachfragte, wer die beiden hoffnungsvollen Nachwuchstalente waren (wollte sie jetzt etwa auch noch Sportler managen?), kam dann auch noch der Herr Papa mit einem Oldtimer-Traktor-Prospekt, das er dem Keiffer unter die Nase hielt.

Die Charlotte wollte vor Scham im Boden versinken. Was sollte ein hartgesottener Polizist wie der Keiffer damit anfangen? Das war ja wirklich urpeinlich. Aber ... nix da! Wie zuletzt beim Leo fingen die Augen vom Keiffer auf einmal zu leuchten an, und schon hatten der Herr Papa und der Major Freundschaft geschlossen. Wie aus dem Nichts erschien dann auch noch der Graf mit seiner Opernsängerin, und – so schnell konnte die Charlotte gar nicht schauen – schon saß sie mit der Andrea, der Elena, der Renate und der Julijana allein am Tisch. Die Herren der Schöpfung hatten nämlich nichts Besseres zu tun, als sich in die nahe gelegene Lagerhalle zu verziehen und den restaurierungsbedürftigen Traktor vom Herrn Papa einer genaueren Kontrolle zu unterziehen.

»Cocktails?«, fragte die Charlotte in die Damenrunde. Und wenigstens da fiel ihr die Renate nicht in den Rücken. In Erwartung einer langen, alkoholgeschwängerten Nacht verzichtete die Damenrunde darauf, selbst mit dem Auto in den Ort hinunterzufahren. Stattdessen wurde die Bahira kurzerhand als Chauffeuse abkommandiert. Die junge Syrerin war total happy darüber. Sie hatte erst vor wenigen Wochen den österreichischen Führerschein gemacht und wäre am liebsten ständig mit dem Auto unterwegs gewesen. Schwungvoll – für den Geschmack der Charlotte etwas zu schwungvoll – steuerte sie den Passat der Charlotte den Hügel hinab. Die Charlotte saß am Beifahrersitz, obwohl sie dort im Notfall genau so wenig eingreifen hätte können wie von woanders, die Renate, die Elena, die Julijana und die Andrea hockten eng aneinandergepresst auf der Rückbank. Und weil die Renate schon so lustig drauf war, durfte die Bahira, unten angekommen, nicht gleich wieder aufs Weingut rauffahren, sondern musste die Damenrunde mit in die Turmbar begleiten.

Einen Anruf und fünfzehn Minuten später war auch die Alia mit von der Partie. Ursprünglich so wie die Bahira während des Bürgerkriegs aus Syrien geflüchtet, hatte sie die westliche Lebensart in kürzester Zeit aufgesogen und pfiff inzwischen auf die in der Heimat auferlegten Vorschriften. Hier konnte sie sein, wie und wer sie sein wollte, genau wie die Bahira. Und so hatte es nicht lange gedauert, bis die beiden mehr als nur Freundschaft füreinander empfanden. Eine Entscheidung, die von der Charlotte zwar nicht aktiv befeuert, aber auch nicht behindert worden war. Fehlte aus dem Syrerinnentrio vom Weingut Nöhrer eigentlich nur mehr die Inaaya, aber wo die war – oder auch die Flora und der Noah –, entzog sich der Kenntnis der Charlotte. In der Turmbar jedenfalls nicht, und das war der Charlotte nur recht. Sie konnte heute gut und gerne auf die Zickenanfälle ihrer kleinen Schwester verzichten.

Es war richtig angenehm, sich einmal nicht über Morde oder Tennis unterhalten zu müssen. Nach dem zweiten Cocktail erzählten die Alia und die Bahira eng umschlungen von ihrem abenteuerlichen Weg von Syrien nach Österreich. Das war nichts für schwache Nerven. Zuerst hatten die Eltern ihr gesamtes Gespartes an eine Gruppe von Schleppern abgeliefert, damit die Familien aus dem vom Bürgerkrieg völlig zerstörten Land flüchten konnten. In einem Lkw lernten sich die beiden erstmals kennen – obwohl sie beide aus derselben Stadt stammten.

Die Charlotte überlegte kurz. Was hieß das schon? Würden zwei junge Frauen aus Wien flüchten müssen, hieße das ja auch noch lange nicht, dass man sich vorher gekannt hatte. Nicht nur in dieser Hinsicht wurde da aus heimischer Sicht zu viel über einen Kamm geschoren. Nur weil beide aus Aleppo stammten, bedeutete das ja noch lange nicht, dass sich dort jeder kannte. Die Charlotte selbst hatte ja noch nicht einmal den Besitzer der Tennishalle gekannt, in der vor wenigen Stunden der junge Adefris ins Jenseits befördert worden war. Und Aleppo hatte mehr Einwohner als Wien …

Egal, die Schlepper hatten die beiden Familien bis in die Türkei gebracht, wo sie zunächst in einem von der EU finanzierten Flüchtlingslager gelandet waren. Die Zustände dort waren unbeschreiblich, wie die Alia erzählte. Also hatte man sich weiter auf den Weg nach Griechenland gemacht – Europa, die EU, das gelobte Land. Wer's glaubt. In dem Flüchtlingslager dort waren die Zustände noch viel schlimmer gewesen. Krankheiten, Gewalt – am Ende waren die Eltern der beiden jungen Syrerinnen gestorben. Die von der Alia hatten keine oder zumindest zu wenig medizinische Betreuung erhalten, die von der der Bahira waren bei einer Auseinandersetzung – eigentlich beim Kampf – um überlebenswichtige Vorräte ums Leben gekommen. Waren kurzerhand ermordet worden. Im Streit um ein paar Liter Wasser und einen Laib Brot. Eigentlich unvorstellbar, dass heutzutage in Europa noch solche Zustände herrschen konnten. Die Leichen waren in einem anonymen Grab am Rand des Flüchtlingslagers verscharrt worden, und die Alia und die Bahira waren nun komplett auf sich allein gestellt.

Sie wussten, dass ihre Überlebenschancen in diesem Lager gegen null gingen. Und falls sie es überleben sollten, dann war da noch immer die Gefahr, dass sie wieder in die Heimat abgeschoben wurden. Also hatten sie sich erneut auf den Weg gemacht.

In der Nacht hatten sie sich aus dem Flüchtlingslager geschlichen und dazu die Wachen am Eingang »bestochen«. Es war das letzte Mal gewesen, dass die beiden mit einem Mann intim wurden. Vielleicht war das auch der letzte Anstoß gewesen, dass sie ihre Liebe zueinander entdeckten. Ganz sicher aber waren die Erlebnisse dieser Monate der Grundstein für eine Härte und Abgebrühtheit gewesen, wie sie nur wenige zwanzigjährige Europäerinnen besaßen. Zu Fuß hatten sie jene Route genommen, die einige heimische Politiker so gerne als »geschlossen« anpriesen. Wochen später hatten sie Österreich erreicht und waren über Umwege schließlich nach Perchtoldsdorf gelangt, wo sich das hier ansässige Flüchtlingsnetzwerk ihrer angenommen und dafür gesorgt hatte, dass sie nicht als »illegal« eingestuft worden waren. Und jetzt, gut zwei Jahre nach all diesen Torturen, waren die beiden drauf und dran, hier im beschaulichen Perchtoldsdorf ihre eigene Familie zu gründen, als Herrinnen über ihre eigene Zukunft. Eine Möglichkeit, die sie in der alten Heimat selbst ohne Bürgerkrieg niemals gehabt hätten.

Nach dieser Erzählung gab es eigentlich nur zwei Möglichkeiten: bezahlen und heimgehen oder weitertrinken. Wofür man sich entschied, sollte eigentlich eh klar sein. Die Renate hatte sowieso ihre ganz eigene Art, mit solchen Sachen umzugehen, oder besser, sie zu verdrängen. Sie schnappte sich den Mario und – eh schon klar …

Die Charlotte hatte mit vielem gerechnet, aber nicht damit, dass sie um drei Uhr in der Früh den Herrn Papa, den Leo, den Grafen und den Keiffer noch am Weingut antreffen würde. Der Rest der Gäste, inklusive der Antiterroreinheit, war schon längst weg, aber die vier saßen noch immer am Tisch von vorhin und studierten das Prospekt, das der Herr Papa ganz zu Beginn des Abends dem Keiffer unter die Nase geschoben hatte.

Das Tor zur Lagerhalle stand offen, und die Charlotte musste nur eins und eins zusammenrechnen, um zu ahnen, dass sich die vier ganz sicher mit dem alten Traktor vom Herrn Papa beschäftigten. Am Tisch stand ein fünfzehn Jahre alter Merlot, den der Herr Papa aus seiner eisernen Reserve hervorgekramt hatte und der nur für ganz besondere Momente gedacht war. Die vier merkten nicht einmal, dass ihr weiblicher Anhang wieder zurückgekommen war.

Die Elena zog – völlig zu Recht – ein beleidigtes Schnoferl, und auch die Julijana war alles andere als amused, dass ihr Herzallerliebster (Sugardaddy, fügte die Charlotte in Gedanken hinzu) nur Augen für diese doofen alten Maschinen hatte. Die beiden sahen sich kurz in die Augen, und für einen Moment hatte die Charlotte die Befürchtung, dass sie jetzt aus Trotz vor ihren besseren Hälften zum Herummachen anfangen würden. Bei der Julijana wusste die Charlotte aus eigener Erfahrung, dass sie nicht nur dem männlichen Geschlecht zugetan war, und bei der Elena nahm sie einfach mal an, dass sie in ihrer Karriere als Prostituierte wohl auch nicht nur mit Männern zugange gewesen war. Letztendlich entschieden sich die beiden dann aber doch, sich anders bemerkbar zu machen. Nämlich indem sie sich provokant auf den Schoß ihres jeweiligen Liebsten setzten und ihnen einfach den Blick auf das Prospekt versperrten. Gab doch wirklich Interessanteres (und vor allem Jüngeres) zu begaffen als so einen komischen Traktor!

Die Charlotte hatte für diesen Abend genug, sie verzog sich mit der Andrea in ihre Wohnung. Sollten die doch alle machen, was sie wollten. Sie hatte keine Lust, auch noch auf diesen Kindergarten aufzupassen!

Wegen des »Aufpassens« wurde es dann aber am nächsten Tag interessant. Da bekam die Charlotte nämlich wieder mal Besuch. Diesmal war es aber nicht die Renate und auch nicht der Leo. Auch der Keiffer war es nicht. Der musste irgendwann frühmorgens dann doch noch abgerauscht sein, weil die Charlotte nach dem Aufstehen von ihm keine Spur mehr im Hof gesehen hatte, und ein kurzer Blick in den Computer zeigte, dass er auch nicht kurzfristig ins Hotel eingebucht worden war. Gut, das musste jetzt natürlich nichts heißen. Der Herr Papa hatte ja keine Ahnung, wie das Buchungssystem funktionierte, und konnte dem Keiffer auch einfach einen Zimmerschlüssel in die Hand gedrückt haben. Allerdings, auch vom Herrn Papa fehlte in der Früh jede Spur, genauso wie von der Frau Mama.

Flora und Noah ebenso Fehlanzeige. Nur die Omama stand verlässlich wie eine Schweizer Uhr in der Küche und bereitete bereits wieder Apfelstrudel und Sachertorte für den Heurigenbetrieb vor. Die Charlotte und die Andrea waren gut drauf und gingen der Omama zur Hand. Wenigstens so weit, wie die es zuließ. In ihre Bäckerei ließ sich die Omama nicht gern reinpfuschen. Aber nach der Strudelprügelei, die die Charlotte letztens an den Tag gelegt hatte, ließ sie ihre Enkelin auch diesmal gewähren. Eier zerschlagen, Küchenmaschine befüllen und so Sachen halt. Die Andrea hatte nach ein paar Handgriffen aufgegeben und sich lieber einen Kaffee und ein Butterbrot gemacht.

Kurz nach acht Uhr – eigentlich eine unmögliche Zeit für sie – kam die Frau Mama beschwingten Schrittes in die Küche, drückte sich ebenfalls einen Kaffee aus der Kapselmaschine (das allein war schon Grund zur Besorgnis, weil Muttern den Kapselkaffee normalerweise mied wie der Teufel das Weihwasser) und schnappte sich leise vor sich hin pfeifend die aktuelle Tageszeitung. Die Charlotte und die Omama wechselten einen verwunderten Blick. So spät und so gut aufgelegt sah man die Frau Mama morgens eigentlich nie. Die Charlotte sah sich ihre Mutter genauer an. Die roten Bäckchen, die ungewohnt zerwuselten Haare, zuvor der leichte Schritt … Ein paar Momente danach kam der Herr Papa ebenfalls in die Küche. Er drückte seiner Frau im Vorbeigehen einen sanften Kuss in den Nacken, steckte einen Finger in den Kuchenteig, fing sich dafür einen Klatscher von der Omama ein und setzte sich dann genauso leise pfeifend wie seine Frau Gemahlin an den Frühstückstisch. Jetzt war sich die Charlotte sicher, wieso die beiden so gut aufgelegt waren. Und sie sah Bilder vor sich, Bilder, die sie die nächsten Stunden nicht aus dem Kopf bekommen würde. Genau so lange, bis der zuvor angesprochene Besuch am Weingut eintraf.

Da waren die Frau Mama und der Herr Papa aber schon längst Hand in Hand in Richtung Sonntagsmesse abgehaut, und die Charlotte brütete gerade mit der Andrea über einer neuen Weinkarte. Dabei ging es einerseits um die Beschreibung ihrer Weine, andererseits um die grafische Gestaltung der neuen Weinkarte. Sie hatte sich da über das Internet im Ausland ein paar »Inspirationen« geholt und versuchte, diese nun in die Tat umzusetzen. Die Andrea hatte zwei Blätter des neuen Textes ausgedruckt, und die Charlotte hatte sie in den neuen, kunstvoll geschnitzten Holzrahmen eingesetzt. Und in ebenjenem Moment setzte sich ein knapp sechzigjähriger Mann zu den beiden an den Tisch unter der alten Kastanie, an dem sie an der neuen Karte herumbastelten.

»Frau Nöhrer?«, meinte der Mann. Die Charlotte sah ihn an. Beiges Sakko, weißes Polo-Shirt, Jeans, Sneaker – nichts besonders Auffälliges.

»Ja?«

»Darf ich mich vorstellen? Mein Name ist Corvin Gattringer. Ich bin der Organisator des Tennisturniers.«

»Das ist schön für Sie«, meinte die Charlotte kurz angebunden. Sie konnte sich nicht vorstellen, was der Typ von ihr wollte.

»Ja und nein«, meinte der Gattringer fröhlich. »Natürlich ist es immer schön, so ein Event zu veranstalten. Weniger schön ist es, wenn einem einer der Spieler unter der Nase weggebombt wird.« Die Charlotte nickte zustimmend. Wo der Mann recht hatte, da hatte er recht. Trotzdem: Was hatte das mit ihr zu tun?

»Sie fragen sich jetzt sicher, was das mit Ihnen zu tun hat?« Shit, konnte der Typ Gedanken lesen? Die Charlotte nickte wieder.

»Nun ja, Ihr Ruf ist natürlich schon längst bis zu mir durchgedrungen. Wissen Sie, ich bin Steirer, und da ist mir die Geschichte in Schladming natürlich nicht verborgen geblieben. Außerdem wurden Sie mir von der Familie Keiffer empfohlen, wenn es um Ermittlungen abseits der ›normalen‹ Wege geht.«

Auweh, schon wieder Schladming. Schön langsam könnten die Leute die Sache auch auf sich beruhen lassen. Das war jetzt schon eineinhalb Jahre her, und in der Zwischenzeit hatte sie ganz andere Sachen aufgeklärt. Dagegen war Schladming der weithin bekannte Lercherlschaß gewesen.

»Nicht nur Schladming«, meinte die Charlotte deshalb distanziert, »ganz abgesehen davon, dass die wenigsten Leute die wirkliche Geschichte kennen. Was da publiziert wurde, ist ja größtenteils Schwachsinn. Das habe ich ja alles nur erzählt, um meine Ruhe zu haben.«

»Stattdessen sind die Leute noch neugieriger geworden. Großartige PR, dazu kann ich Ihnen nur gratulieren«, meinte der Gattringer nach wie vor gut gelaunt. »Und natürlich bin ich auch über Ihre anderen Leistungen informiert. Diese Geschichten sind ja wohl kein, wie Sie so schön sagen, ›Schwachsinn‹?«

Diesmal schüttelte die Charlotte den Kopf. »Nein, die stimmen schon so.« Der Typ war hartnäckig. Und charmant. Also konnte man sich auch anhören, was er von ihr wollte. »Was wollen Sie denn von mir?«

»Könnte ich vielleicht etwas zu trinken haben?«, lenkte der Tennis-Organisator ab. »Haben Sie eine Weinkarte?«

Als Antwort schob die Charlotte ihr neues Meisterwerk über den Tisch. Interessiert hob es ihr Gegenüber auf, betrachtete es von allen Seiten und begann dann zu lesen.

Wobei, Karte konnte man das eigentlich gar nicht mehr nennen, das war fast schon ein literarisches Meisterwerk. Die Andrea hatte zwar gemeint, dass sie es vielleicht ein ganz klein wenig übertrieben hätte, aber das war der Charlotte egal. Gut, das war ja bei den meisten Schriftstellern auch nicht anders. Wer konnte es schon leiden, wenn einem der Lektor oder die Lektorin eine Lieblingsstelle im neuen Manuskript strich? Eben!

Der Gattringer wog Charlottes neues Meisterwerk in der Hand und ächzte. »Was wiegt das denn? Ein Kilo? Zwei?« Wie sollte die Charlotte den Blick ihres Gastes deuten? Bewundernd? Verwundert?

Der Gattringer hüstelte und meinte dann: »Sieht gut aus, wirklich. Vielleicht ein bisschen schwer, aber wirklich sehr hübsch. Ist mal was anderes.«

»Wenn sie Ihnen gefällt, können Sie die Karte auch kaufen. Kostet dreißig Euro. Zwanzig davon gehen an eine Behindertenstiftung, die diese Karten herstellt.«

Der Gattringer sah die Charlotte leicht entgeistert an. War es vielleicht ein Fehler gewesen, hierherzukommen? Waren vielleicht alle diese Geschichten übertrieben? Aber wieso hatten die Keiffers (sowohl der aus Schladming als auch der aus Wien) sie ihm empfohlen?

Um keine Antwort geben zu müssen und Zeit zu gewinnen, überflog er die Karte. Und musste schmunzeln. Also eigentlich musste er sich alle Mühe geben, nicht in lautstarkes Gelächter auszubrechen. Die Charlotte hatte es mit ihren blumigen Weinbeschreibungen wirklich übertrieben. Nur so zum Beispiel: »Gelber Muskateller: Beeindruckt durch seine verspielte Nase nach Fliederblüten und Rosenholz. Dazu gesellen sich Düfte von Grapefruit und Weingartenpfirsich. Am Gaumen umspielt er die Nerven sehr fein.« Oder: »Pinot Noir: Feine Kräuterwürze mischt sich mit floralem Himbeertouch. Elegant im Abgang mit frischer Textur und sehr facettenreich. Besticht durch faszinierende Länge. Feiner Nougat, großer Burgunder.« Das absolute Highlight war aber der: »Riesling: Nach Weingartenpfirsichen und Marillen duftender Riesling, der, unterlegt von feinen Blütennoten, bereits in der Nase seine Mineralität andeutet und die Geruchsnerven fein umschmeichelt. Das sehr präsente Süße-Säure-Spiel verleiht diesem Riesling Leichtigkeit und Finesse. Ein perfekter Begleiter zur asiatischen Küche.«

»Ist das ein Heuriger oder ein Chinese?«, fragte der Gattringer schließlich, weil er sich einfach nicht zurückhalten konnte.

Da wäre der Charlotte beinahe der Kragen geplatzt. »Ein Heuriger, und kein schlechter, Sie Banause! Wir verkaufen unsere Weine ja auch an die Gastronomie!«, meinte sie empört. Beinahe hätte sie dem Gattringer die Karte entrissen, aber der hatte sie rechtzeitig an sich gezogen und meinte mit einem entwaffnenden Lächeln: »Ich nehme einfach einen weißen Spritzer, wenn's recht ist.«

Die Charlotte schnaubte noch einmal, ließ dem Gattringer dann aber doch das gewünschte Getränk bringen.

»Also, was ist der Grund Ihres Besuchs?«, meinte sie schließlich, nachdem der Gattringer den ersten Schluck von seinem Spritzer gemacht hatte.

»Ja, also der Grund meines Besuchs …«

10

Der Gattringer leerte seinen weißen Spritzer in einem Zug, fuhr sich über den Mund, als hätte er gerade die Schaumkrone eines Krügels in sich hineingeschüttet, und bestellte gleich den nächsten Spritzer. So souverän der Tennis-Macher bislang aufgetreten war, so schwer schien es ihm jetzt zu fallen, mit seiner Bitte an die Charlotte rauszurücken. Letztlich gab er sich aber doch einen fast schon spürbaren Ruck und legte los.

»Reden wir nicht lange um den heißen Brei herum«, begann der Gattringer und machte damit genau das Gegenteil von dem, was er gerade eben gesagt hatte, »ich möchte, dass Sie sich ein wenig um den Mord an Wulfibald Adefris kümmern. Beziehungsweise schauen, dass seinem Zwillingsbruder nicht dasselbe Schicksal widerfährt. Bevor Sie mich jetzt gleich rausschmeißen: Ja, ich kenne Ihre Vorgeschichte mit dieser Familie. No love lost, wie es im Englischen so schön heißt. Verzeihen Sie die englische Ausdrucksweise, aber in meinem Business ist das usual.«

Teils verdattert, teils richtig angepisst schaute ihm die Charlotte ins Gesicht. »Wieso soll gerade ich mich um die Adefris-Bagage kümmern?«, schnaubte sie.

»Weil Sie mir vom Major Keiffer und seinem Verwandten in Schladming ans Herz gelegt worden sind, wie ich vorhin schon erwähnt habe. Ich weiß, dass Sie mit dem Kollegen in Schladming nicht immer das beste Auslangen gefunden haben, aber Ihre fachlichen Qualifikationen scheinen sich dann doch durchgesetzt zu haben.«

Die Charlotte verzog leicht den Mund. »Ich glaube, da sind Sie bei meinem Cousin in besseren Händen. Er ist hier der Polizeichef und kompetent genug, um das in Zusammenarbeit mit dem Major Keiffer selbst aufzuklären.«

Jetzt war es der Gattringer, der den Kopf schüttelte. »Nein,

nein. So einfach ist das nicht. Natürlich habe ich vollstes Vertrauen in die Polizei, aber wie soll ich sagen? Sie können da einfach ganz anders vorgehen als die Exekutive. Sie sind nicht so an … Regeln gebunden, nennen wir es einmal so. Außerdem: Wieso glauben Sie denn, dass Sie mir vom Major Keiffer empfohlen worden sind? Der hält ganz schön große Stücke auf Sie.«

Ja, eh. Das war ihr in den letzten Monaten auch so bewusst geworden. Trotzdem hatte sie keinen Bock darauf, für die Familie Adefris auch nur einen Finger zu rühren.

»Was stellen Sie sich vor, dass ich mache? Schauen Sie mich doch mal an. Ein Bodyguard sieht anders aus.«

»Schon klar«, beschwichtigte der Gattringer. »Sie sollen ja dem Siegfried Adefris auch nicht auf Schritt und Tritt folgen. Einfach ein bisschen in der Nähe sein, sich umhören, solche Sachen halt. In Ihrer Nähe reden die Leute sicher anders, als wenn ein Polizist in Uniform danebensteht. Sie verstehen?«

Tat sie, aber trotzdem war ihr Wille enden wollend.

»Außerdem kann ich Ihnen einen schönen Deal anbieten. Wenn Sie mich überzeugen …«

Jetzt drohte der Charlotte der Kragen zu platzen. »Hören Sie mal zu! Sie wollen etwas von mir, wovon soll ich Sie denn überzeugen? Ich habe ja gar keine Lust auf den Job!«

Mit einem schmalen Lächeln meinte der Gattringer: »Dürfte ich mal ein Glas von Ihrem Schüttelwein probieren?«

Häh? Was war das jetzt wieder für ein Manöver? Ständig diese Ausflüchte. Langsam, aber sicher ging der Typ ihr richtig am Arsch. Nicht so der Andrea, die aufgesprungen war und ein paar Momente später mit einer Flasche vom Schüttelwein und drei Sektflöten zurückkehrte. Kunstvoll schenkte sie den mittlerweile zu regionaler Berühmtheit gelangten Rosé Sparkling ein. Mit einem fröhlichen »Prost« stieß der Gattringer mit ihnen an.

Den ersten Schluck ließ er mit geschlossenen Augen im Mund kreisen, nach dem zweiten Schluck sagte er: »Gut, Sie haben mich überzeugt.«

Ratlos blickte ihn die Charlotte an. Die einzige Antwort vom Gattringer war ein breites Lächeln. Und immerhin lachten bei dem Typen auch die Augen mit. Das war jetzt nichts Aufgesetztes oder Gestelltes. Vielleicht war er es in seinem Business einfach nur gewohnt, ständig mit verdeckten Karten zu spielen? Ihr Fall war das dennoch nicht.

»Also der Deal. Ihr Schüttelwein hat mich überzeugt. Er ist tatsächlich so gut, wie mir berichtet wurde. Und ja, der Name ist wirklich so idiotisch – verzeihen Sie den Ausdruck –, dass er schon wieder gut ist. Immerhin merkt man ihn sich. Also, wenn Sie mir in dieser Sache zur Hand gehen, dann würde ich Ihren Schüttelwein gerne exklusiv für unser großes Turnier in Wien kaufen. Da reden wir von ein paar Tausend Flaschen. Ich nehme mal an, das ist sogar für Sie noch ein interessantes Geschäft.«

Und ob es das war. Natürlich verkaufte sich der Schüttelwein gut, aber ein paar Tausend Flaschen – und wenn es »nur« zweitausend waren – auf einmal? Das zahlte sich allemal aus.

»Wie, für das Turnier in Wien?«

»Oh, entschuldigen Sie. Ich vergesse so leicht, dass nicht jeder so sportverrückt ist. Also, das Turnier hier in Perchtoldsdorf ist ja für uns nur ein kleiner Fisch. Eigentlich mache ich das nur wegen der Politik, um die man leider auch in unserem Geschäft nicht herumkommt. Das große Geschäft ist natürlich eine Stufe höher, zum Beispiel bei dem großen internationalen Turnier in der Wiener Stadthalle. Von den ›Vienna Open Championships‹ werden Sie ja wohl doch schon mal gehört haben?«

Die Charlotte nickte stumm. Ja, natürlich hatte sie schon davon gehört. Aber nie auch nur ein einziges Match dort gesehen.

»Also, das Turnier ist eines der größten in Europa. Mal abgesehen von den Grand-Slam-Turnieren in Paris und Wimbledon …«

Die Worte vom Gattringer verschwammen im Kopf der Charlotte zu einem unerklärlichen Brei. Vielleicht sollte sie sich doch ein wenig mehr für Sport interessieren? Abgesehen von dem bisschen Radfahren, das sie seit einem Jahr mehr oder weniger regelmäßig betrieb, und den alljährlichen Skiurlauben.

Als der Gattringer nach ein paar Minuten mit seinen Erklärungen endete, war bei der Charlotte nicht viel hängen geblieben. Ganz anders der Fall bei der Andrea, die gebannt an den Lippen vom Gattringer gehangen war. So viele Insiderinformationen auf einmal! Die Andrea hatte im Vergleich zur Charlotte ja mit Sport viel mehr am Hut. Unter dem Tisch drückte sie leicht den Oberschenkel der Charlotte und übernahm die Gesprächsführung.

»Aber wieso dürfen die Adefris-Zwillinge überhaupt bei unserem Turnier mitmachen?«, fragte die Andrea. »Auch wenn das hier nur die zweite Ebene ist – so gut ist oder war doch keiner der beiden.«

»Da haben Sie völlig recht«, gestand der Gattringer. Er schenkte sich vom Schüttelwein nach. »Genau das habe ich vorhin mit ›Politik‹ gemeint. Natürlich hätte von der Weltranglistenplatzierung keiner der Adefris-Zwillinge bei diesem Turnier etwas zu suchen, aber ihr Vater ist, sorry, war ein einflussreicher Politiker. Selbst nachdem Sie«, dabei zwinkerte er der Charlotte und der Andrea zu, »ihn zu Fall gebracht haben.«

Auf diese Anmerkung hin prostete die Charlotte ihm zu. Hatte er sie jetzt mit seinem Charme doch noch um den Finger gewickelt? Sie stießen nochmals an, dann fuhr der Gattringer fort: »Selbst so ein kleines Turnier auf die Beine zu stellen ist keine einfache Sache. Da geht es um Lizenzen, Sponsoren, Preisgelder und so weiter, und dafür braucht es meistens die Hilfe der Politik. Und die ÖHP war dabei das Zünglein an der Waage.«

»Korruption?«, fragte die Charlotte erstaunt. Also, einen Moment lang. Eine Zehntelsekunde circa. Wenn überhaupt. Dann rief sie sich ins Gedächtnis, dass es ja um den Adefris und seine Partei ging. Und damit war es mit der Überraschung endgültig vorbei.

»Ach, Korruption ist so ein hässliches Wort«, meinte der Gattringer lässig. »Der alte Adefris wollte einfach einen Startplatz für seine beiden Söhne. Wir mussten ihm erst mal klarmachen, dass das nicht so einfach ist. Für das Hauptfeld kam das für uns sowieso nicht in Frage, ein bisschen sportliche Integrität muss schon sein. Abgesehen davon, dass es da auch vom internationalen Verband Vorschriften gibt, wer überhaupt teilnehmen darf. Am Ende hat er sich damit zufriedengegeben, dass wir den Zwillingen Wildcards für die Qualifikation besorgt haben.«

»Und Sie wollen mir jetzt erzählen, dass die Polizei niemandem zum Schutz von diesem Siegfried abstellt?«, erkundigte sich die Charlotte. Die Zweifel in ihrer Stimme trieften wie Honig von einem Löffel.

»Doch, doch, natürlich wird da jemand abgestellt. Aber das gilt nur für das Turnier und für die Trainings. Außerhalb davon – Fehlanzeige.«

Die Charlotte zuckte mit den Schultern. Was ging sie das an? Andererseits, die Menge an Schüttelwein, die sie da verkaufen könnte ... »Ich soll dem jungen Adefris jetzt also auf Schritt und Tritt nachrennen, wo immer er sich herumtreibt?«

»Ja, das wäre schön«, meinte der Gattringer schnörkellos. »Und dabei noch ein bisschen die Ohren offen halten, wer der Mörder sein könnte. Ich, oder besser wir alle, können es uns nicht leisten, noch einen Spieler zu verlieren. Ich musste sowieso schon all meinen Einfluss geltend machen, damit das Turnier nicht sofort abgesagt wird.«

Die Charlotte trank ihr Glas aus und zündete sich eine Zigarette an. »Leider, Herr Gattringer, so gerne ich auch auf diesen Deal eingehen würde ... Okay, das ist eine Lüge, weil ich mit der Familie Adefris nun wirklich nichts zu tun haben will. Also: Ich kann es mir geschäftlich einfach nicht leisten, den Anstandswauwau für den jungen Adefris zu geben. Mein Heuriger hat offen, wir betreiben einen Stand beim Tennisturnier, in ein paar Wochen ist Weinlese. Ich weiß wirklich nicht, wie ich das machen sollte. Vielleicht sollten Sie dafür doch eine professionelle Security-Firma engagieren. Sie wissen schon, diese Gorillas mit zu großen schwarzen Sonnenbrillen und zu kleinen Anzügen, die um den Brustkorb herum spannen.« Die Enttäuschung war dem Gattringer anzumerken. Konnte er wirklich so blauäugig sein, zu glauben, dass die Charlotte ihr Geschäft – oder Business, wie er es wohl nennen würde – einfach so links liegen ließ?

Die Charlotte lächelte. Sie hatte ihn genau dort, wo sie ihn haben wollte. »Aber«, fuhr sie dann fröhlich fort, »was ich Ihnen anbieten kann, ist, dass ich mich um den Mörder kümmere. Ein bisschen herumfragen, zuhören und solche Sachen halt. Darin bin ich ja wirklich ganz gut.«

Wortlos schenkte sich der Gattringer den letzten Rest aus der Schüttelwein-Flasche ein. »Deal«, meinte er schließlich mit gesenkten Augen. »Sie sind eine harte Verhandlerin, aber ich sehe, das ist wohl der beste Deal, den ich aus Ihnen herausbekomme.«

»Fast«, lächelte die Charlotte zuckersüß. »Um den Deal abzuschließen, gebe ich Ihnen noch einen Karton vom Schüttelwein mit. Ein Glas ist ja in Wirklichkeit viel zu wenig, um so einen Wein richtig zu genießen.«

Am Nachmittag bekam die Charlotte endlich ihre kleine Schwester und den Noah zu Gesicht. In Band-Montur schlichen die beiden die Hauswand entlang, auf das Einfahrtstor des Weinguts zu. Die Charlotte stieß die Andrea mit dem Ellbogen an. »Komm, das möchte ich mir anschauen.« Die Flora und der Noah bemühten sich, so unauffällig wie möglich an den Heurigengästen im Hof vorbeizukommen, was aber allein aufgrund ihrer Aufmachung ein schier hoffnungsloses Unterfangen war. Immerhin erleichterte es der Charlotte und der Andrea, ihnen zu folgen, ohne aufzufallen. Aller Augen waren auf die beiden Jungen gerichtet, die wiederum starr nach vorne blickten. »Peinlich« war viel zu schwach, um diese Situation zu beschreiben.

Das mit dem Anschleichen war eine der Sachen, die die Charlotte nie so richtig beherrscht hatte. Ein Indianer würde wohl nie aus ihr werden. Das Hallo rundherum erleichterte die Aktion aber deutlich.

Vor dem Weingut wurden die Flora und der Noah von der Renate erwartet, die war auch wieder in ihrer Achtziger-Jahre-Madonna-Verkleidung angetanzt war. Mit hektischen Handbewegungen scheuchte sie die beiden in ihren Wagen, sprang eilig wie auf der Flucht auf den Fahrersitz und fuhr schnell davon. Die Charlotte und die Andrea sahen sich an, stiegen in den Wagen der Charlotte und folgten dem eigenartigen Trupp. Es interessierte sie schon, wohin die drei vor ihnen unterwegs waren, auch wenn sie bereits eine ganz gute Vorstellung hatte, wo die Reise enden würde.

Die Charlotte sollte am Ende recht behalten, ein paar Minuten später stellte sie ihren Wagen auf einem der Parkplätze auf der Gasse zwischen Burghof und Begrischpark ab. Hier war die Burgmauer durch das zum Leonhardiberg und dem dort befindlichen Gymnasium hin ansteigende Gelände nur etwa brusthoch, der Burghof war ja in den aufsteigenden Hang hineingebaut.

Das war etwas, das der Charlotte mit ihren einunddreißig Jahren jetzt zum ersten Mal auffiel: War die Mauer an dieser Stelle immer schon so niedrig gewesen? Dann wäre sie ja damals, in ihrer »aktiven« Zeit, völlig nutzlos gewesen. Aber egal, das war eine Frage für ein anderes Mal. Jetzt sahen sie gerade noch, wie die Renate, die Flora und der Noah hinter der großen Stahlrohrtribüne der mittlerweile ausgelaufenen Sommerfestspiele verschwanden. Die Andrea und die Charlotte hockten sich auf die Steinmauer, zündeten sich eine Zigarette an und warteten. Kurz darauf gab es eine unangenehm laute Rückkoppelung, und im nächsten Moment legte die Band auch schon richtig los. Lärmend, jaulend, krachend. Aber irgendwie doch mit einem gewissen Rhythmus, die Charlotte tat sich schwer, nicht mit den Zehenspitzen im Rhythmus mitzuwippen. Bei der zweiten

Nummer gab sie ihren Widerstand auf und schwang im Sitzen sogar leicht mit den Hüften.

»Komm, lass uns reinschauen«, schlug die Andrea vor. »Aber so, dass uns keiner sieht.«

Nachdem sie im Anschleichen zuvor bereits das kleine Indianerabzeichen gemacht hatten, fühlte sich die Charlotte jetzt viel sicherer. Außerdem war das Gelände hier ja auch bedeutend einfacher. Hinter den Tribünen konnten sie von niemandem gesehen werden.

Vorne angekommen, lugten sie vorsichtig ums Eck. Auf der Bühne standen die Flora, der Noah und die Inaaya, unterstützt von ihren anderen Bandkollegen. Die Renate hockte mit ihrem viel zu kurzen Minirock auf einem Verstärker und klopfte mit ihren nietenbeschlagenen Stiefeletten den Takt dazu.

»Ich glaube, ich habe genug gesehen«, meinte die Charlotte befriedigt. Sie zog die Andrea zurück, nahm sie an der Hand und spazierte ohne Zögern an ihrem Auto vorbei weiter den Begrischpark hinauf.

»Was wollen wir hier?«, fragte die Andrea verdutzt, als sie nach ein paar Hundert Metern vor der Turnieranlage standen.

»Mal schauen, was sich so ergibt«, erwiderte die Charlotte, »schließlich sind wir ja angeheuert worden, uns um den Fall zu kümmern.«

»Wir?«, meinte die Andrea, aber die Charlotte winkte den Einspruch einfach weg. »Seit wann gibt's uns nur im Paket?«, blieb die Andrea hartnäckig, schmiegte sich aber noch enger an die Charlotte.

»Seit wann nicht?«, konterte die Charlotte kühl.

Sie marschierten den Hang hinauf durch die Wiese unter den Föhren und um die hohen Stahlrohrtribünen, die wie ein Klon der Konstruktion im Burghof wirkten und in den abfallenden Hang gebaut waren. Vom Centre-Court hörte man ein »Plopp-plopp-plopp«. Anscheinend waren gerade zwei Spieler beim Training, wegen der Tribünen konnte man aber nichts sehen. Sie beendeten ihre Runde beim Haupteingang, der zum

Gymnasium und der Sporthalle hinausging und wo auch das kleine Fan-Dorf aufgebaut war. An ihrem eigenen Stand war – no na – nichts los, aber es war dort eigentlich so weit alles vorbereitet. Geschäft war erst am Wochenende zu erwarten, wenn das Turnier mit der Qualifikation offiziell eröffnet wurde.

Als erster Höhepunkt war dann am Sonntag das sogenannte ProAm geplant, ein Jux-Turnier, bei dem einige Profis mit VIPs aus Politik und Kultur spielten. Der Erlös dieser Veranstaltung ging dann an bedürftige Menschen. Irgendwie mussten die Promis ja ihr Gewissen beruhigen, wenn sie schon so einen Spaß haben durften, den man sich normalerweise nicht einmal um viel Geld kaufen konnte.

Der Eingang zum Centre-Court wurde von einem von Leos Leuten bewacht, der die Charlotte und die Andrea problemlos passieren ließ. Sie stiegen ein paar Stufen hinauf und setzten sich in eine der jetzt noch unbenützten VIP-Boxen. Die beiden staunten nicht schlecht, als sie unten am Platz den Siegfried Adefris sahen. Den Spieler auf der anderen Seite erkannte die Charlotte nicht, aber da konnte ihr die Andrea aushelfen. »Das ist der Jörg Hirzer, unser Altstar, der nach einer schweren Verletzung ein Comeback probiert. Dafür ist die kleine Bühne hier genau richtig.«

»Seit wann bist du denn so eine Sportexpertin?«, fragte die Charlotte erstaunt. Da sah man wieder einmal: Auch wenn man die andere noch so gut zu kennen glaubte, es gab immer noch etwas Neues zu entdecken. Die Andrea zuckte ungerührt mit den Schultern und meinte: »Ich war auch mal jung und habe selbst viel Tennis gespielt. Gar nicht so schlecht, aber auch nie so gut, dass es für eine Karriere gereicht hätte.«

»Und das hast du mir nie gesagt?«

»Wieso sollte ich? Um damit anzugeben? Ich kenne dich doch. Du interessierst dich für so etwas nicht. Und jetzt habe ich schon ein paar Jahre nicht mehr gespielt. Viel interessanter ist doch, dass der Adefris hier weiterspielt, obwohl sie seinen Zwilling gerade erst aus dem Leben gebombt haben.«

Da hatte die Andrea natürlich recht. Diese Familie war wirklich eiskalt. Und da drüben, ihnen genau gegenüber auf der anderen Seite, saß auch noch die Mutter der ganzen Adefris-Brut. Und der neben ihr – war das nicht der Lanner senior?

»Was machen die beiden da?«, fragte die Andrea.

»Keine Ahnung. Scheint so, als diskutieren sie.«

Auf diese Distanz war nichts zu hören, der Lanner und die Adefris sprachen wohl auch in sehr gedämpftem Ton miteinander. Das Thema aber schien ein hitziges zu sein, denn beide gestikulierten wild mit den Armen. Der Lanner zeigte immer wieder auf den Platz hinunter, anscheinend auf den letzten verbliebenen Adefris-Zwilling. Und die Adefris-Mutter schüttelte wild den Kopf und fuhr sich mit der Handkante einmal über den Hals.

»Was reden die da?«

»Na, der Lanner will wohl, dass der zweite Adefris aussteigt. Und die Mutter will das nicht. So schaut's wenigstens aus«, meinte die Andrea.

»Was geht das den Lanner an?«, fragte die Charlotte laut, obwohl die Frage eher an sich selbst gestellt war.

Die Andrea antwortete trotzdem: »Immerhin steckt er geschäftlich in dem Turnier drin. Wahrscheinlich hat er Angst, dass der ›gute Ruf‹ seines Schmierblatts durch einen weiteren Mord beschädigt werden könnte.«

»Als ob das noch möglich wäre ...«

»Auch hier?«, wurden die beiden unterbrochen. Sie drehten sich um, und da stand der Corvin Gattringer mit seinem Strahlerlächeln. Ein Mann wie aus Teflon. Als könnte ihm wirklich überhaupt nichts etwas anhaben. »Ganz schön motiviert, dass Sie jetzt schon mit den Ermittlungen beginnen«, sagte er und nahm in der Box neben den beiden Platz.

»Ganz schön motiviert, dass der junge Adefris heute schon wieder trainiert, wo doch sein Bruder gerade erst umgebracht worden ist«, entgegnete die Charlotte.

»So sind Sportler nun mal«, meinte der Gattringer. »Wenn

er nicht trainiert, macht das seinen Bruder auch nicht wieder lebendig.«

»Trotzdem ein bisschen sehr kühl, oder?«

Der Gattringer zuckte mit den Schultern.

»Sogar die Mutter schaut zu. Kennen die überhaupt keinen Genierer?«

»Frau Nöhrer, zügeln Sie Ihre Ressentiments gegen die Familie ein wenig«, sagte der Gattringer von oben herab. »Sie sollten doch Profi genug sein, um sich davon nicht beeinflussen zu lassen.«

»Eben weil ich Profi bin, finde ich das sehr seltsam. Wenigstens die Mutter könnte doch ein wenig trauern. Zuerst ihr Mann, jetzt eines der Kinder. Sieht ja fast so aus, als wollte jemand die Brut Stück für Stück auslöschen.«

»Die Mutter hat offenbar noch immer genug Kinder in ihrer ›Brut‹, wie Sie es so blumig ausgedrückt haben. Vielleicht kommt es da auf einen mehr oder weniger auch nicht an?«

Die Charlotte beendete die Diskussion, indem sie einfach nichts mehr sagte. Wie sollte man mit so einem Menschen diskutieren? Der war ja genauso kalt wie die Adefris-Bagage. Stattdessen fragte sie: »Wie hat sich der Mord am Wulfibald Adefris eigentlich auf den Ticketverkauf ausgewirkt? Ich sehe, dass jede Menge Fotografen da sind, und wenn ich mich nicht irre, sitzen da drüben auch ein paar schreibende Journalisten. Die können ja nicht alle von der ›Heimatland‹ sein, oder? Ist das normal für so ein Turnier, dass da jetzt schon beim Training so viel Aufmerksamkeit herrscht?«

Der Gattringer antwortete: »Der Ticketverkauf hat durchaus angezogen, und ja, das Medieninteresse ist auch gestiegen. Durch den Ausfall vom jungen Adefris habe ich jetzt auch wieder eine Wildcard für einen ›richtigen‹ Spieler frei. Wäre es nicht so traurig, könnte man sagen, uns hätte nichts Besseres passieren können als der Tod vom jungen Adefris. So, meine Damen. Ich muss dann wieder!«

»Jaja, schon klar, das Business ruft.«

»Genau«, antwortete der Gattringer mit einem betonten Augenzwinkern und ging wippenden Schritts davon.

»Aus dem werde ich nicht schlau«, meinte die Andrea.

»Keine Sorge, ich auch nicht. Aber schon interessant. Schaut so aus, als würde der Gattringer bislang vom Tod vom jungen Adefris am meisten profitieren.«

»Das schon, aber der Mord am alten Adefris? Damit hätte er doch riskiert, dass das ganze Turnier abgesagt wird. Das wäre ihm ganz schön teuer gekommen. Und außerdem: Was sollte ihm das alles bringen?«

Darauf hatte die Charlotte nur ein ratloses Kopfschütteln. Für den alten Adefris wäre ihr schon eine Erklärung eingefallen. Vielleicht war er dem Gattringer so am Arsch gegangen wegen seiner Zwillinge, dass er ihn ermordet hatte? Aber das wäre schon ein bisschen eine heftige Reaktion gewesen. Außerdem: Wieso dann gleich dieser Ritualmord? Alles ein ziemlicher Overkill, ein Wort, das in diesem Zusammenhang ohnehin angebracht war.

Auf der anderen Seite war der Lanner inzwischen aufgestanden und hatte die Adefris-Witwe allein gelassen. Die saß ungerührt auf ihrem Platz und sah ihrem verbliebenen Zwillingssohn beim Training zu.

»Komm, gehen wir mal zu ihr rüber. Vielleicht sind wir ja etwas schlauer, wenn wir mit ihr geredet haben«, schlug die Charlotte halbherzig vor. In ihr sträubte sich alles dagegen, mit der Adefris-Witwe zu sprechen. Aber Job war Job.

Zum Glück – oder Pech – beruhte die Abneigung auf Gegenseitigkeit. Denn kaum näherten sich die Charlotte und die Andrea der Adefris-Witwe, stand die wie von der Tarantel gestochen auf und versuchte, sich aus dem Staub zu machen.

»Frau Adefris!«, rief die Charlotte halbherzig.

»Ruhe da oben!«, tönte es vom Centre-Court herauf. Ein Trainer stand neben dem Court und winkte der Charlotte erzürnt zu. »Hier wird trainiert, Herrgott noch mal! Quatschen könnts draußen!«

Albern kichernd eilten die Charlotte und die Andrea der Adefris-Witwe nach, doch die hatte durch die Ablenkung vom Court einen kleinen Vorsprung. Erst im Fan-Dorf konnten sie die Dame einholen.

»Frau Adefris«, hechelte die Charlotte und gab sich alle Mühe, so freundlich wie möglich zu bleiben. Es war, wie mit voller Absicht in eine Zitrone zu beißen. Eine unreife. Die zuvor in Essig eingelegt war.

»Ja, bitte?«, entgegnete die Adefris kühl. Eigentlich eiskalt. Ihre Augen blitzten, die Mundwinkel waren nach unten gezogen.

»Frau Adefris, ich bin die …«

»Ich weiß schon, wer Sie sind, Fräulein.« Eiswürfel in der Stimme. »Sie sind diese unmögliche Person, die sich in alles einmischt und dabei einem Lebensstil frönt, der wider jeden guten Anstand ist. Ich wüsste nicht, was ich mit Ihnen reden sollte.«

Die Charlotte schluckte diese Beschreibung ohne Widerworte. »Es geht um den Mord an Ihrem Sohn …«

»Ah, und schon wieder mischen Sie sich in fremde Sachen ein. Haben Sie denn überhaupt keinen Anstand?«

»Nun, wenn Sie so fragen …«

»Schweigen Sie, das war eine rhetorische Frage! Ich nehme an, Sie wissen, was das bedeutet? Bei einem Gesindel wie Ihnen kann ich mir da nicht sicher sein. Reicht es nicht, dass Sie meine Tochter ins Gefängnis gebracht haben? Das wird Ihnen übrigens noch leidtun, wissen Sie? Meine kleine Hela ist zehn Mal mehr wert als so ein selbst ernannter Gutmensch wie Sie. Schmeißen Sie sich doch mit Ihrem Asylantenpack auf einen Haufen und … Aber halt, das haben Sie ja schon gemacht, nicht? Schlafen Sie eigentlich auch mit dieser Bagage? Würde mich nicht wundern, Sie nehmen an Ihrem Hof ja alles auf, was nicht bei drei am Baum ist. Aber war das nicht schon immer so? Ich denke da an Ihren Urgroßvater …«

Das saß jetzt aber wirklich. Sich mit der Geschichte von damals auch noch zu rühmen!

Die alte Adefris lächelte süffisant. »Juden, Araber, Schwule – vielleicht wollen Sie auch noch ein paar Neger oder Schlitzaugen bei sich aufnehmen? Nur wegen der Farbvielfalt natürlich«, spottete sie, drehte sich um und ließ die Charlotte und die Andrea verdutzt und schockiert stehen.

»Hat sie das wirklich gerade alles gesagt?«, fragte die Charlotte fassungslos.

»Mhm, hat ja außer uns niemand gehört. Ich möchte gar nicht wissen, wie die über uns und andere reden, wenn sie daheim unter sich sind.«

Medical Time-out

Circa drei Wochen vor dem Turnierstart in einer dunklen Ecke eines Nobel-Italieners in der Wiener Innenstadt

»Komm schon, Hagen, wie lange müssen wir noch drüber diskutieren?«

»Eigentlich gar nicht. Ich habe dir schon öfter gesagt, dass ich nicht daran denke, dein Angebot anzunehmen.«

»Wieso musst du so stur sein? Du hast doch nicht mal was davon!«

»Jetzt stell dich nicht so blöd. Natürlich habe ich etwas davon: mehr Einfluss in der Partei und jede Menge Geld.«

»Woher denn? Wir schreiben doch rote Zahlen.«

»Behauptest du. Deshalb werde ich die Zahlen jetzt auch einmal prüfen lassen. Noch mal, verarschen kannst du jemand anderen. Ich weiß genau, wie hoch die Förderungen – oder sollte ich besser sagen, die Inseratenpreise? – sind und wie gut sich davon leben lässt.«

»Nein, jetzt hörst du mir mal zu. Ich habe da jetzt jahrelang mitgespielt. Mir deine irren Vorschläge angehört, dir immer wieder auch politisch unter die Arme gegriffen.«

»Ha, unter die Arme gegriffen! Wenn rauskäme, dass ich dein Teilhaber bin, wärst du geliefert.«

»Blödsinn! Und das weißt du auch. Du sitzt weder in der Regierung noch sonst wo. Glaubst du, bei deinem mickrigen Gemeinderatsposten würde mir irgendjemand einen Strick daraus drehen?«

»Vielleicht solltest du dir selbst einen Strick drehen? Wäre nur so ein Vorschlag. Du wirst mich nicht los. Und ich will meine Dividende auch in Zukunft bekommen. Wo wärst du ohne mein Geld? Ohne mich hättest du dein Projekt niemals zum Fliegen gebracht.«

»Vielleicht. Aber jetzt fliegt es, wie du so schön sagst. Wirklich schade, dass es für die Teilhaber nichts abwirft …«

»Ja, aber Hauptsache, du hast deine Villen in Lech und auf Mallorca.«

»New York nicht vergessen!«

»Arschloch. Glaubst du, du kannst dich über mich lustig machen?«

»Lass mich kurz überlegen. Ja, das glaube ich. Andererseits: Glaubst du echt, dass du noch etwas zu sagen hast? Nach den Skandalen in den letzten Monaten? Sei doch froh, dass du nicht selbst im Häfn sitzt. Ich müsste nur ein paar Bemerkungen an den richtigen Stellen fallen lassen, und schon wäre deine honorige Familie ganz schön angepatzt.«

»Pass genau auf, was du als Nächstes sagst. Ich habe noch immer genug Verbindungen. Ich kann dich genauso schnell hochgehen lassen.«

»Glaubst du im Ernst, ich scheiß mich wegen deiner rechten Bubis an? Und jetzt ist es genug mit den Drohungen. Du wirst schön ruhig bleiben. Du wirst mir auch nicht in die Bücher schauen, ganz sicher nicht. Und du wirst mir deine Anteile wieder zurückverkaufen. Ich habe dir ein äußerst faires Angebot gemacht.«

»Fair? Jetzt, wo die ganze multimediale Scheiße in den Startlöchern steht und wir noch viel mehr Geld machen werden?«

»Nicht wir. Ich!«

»Pass auf …«

»Nein, nochmals: Du passt auf. Du kannst mir mit deinen rechten Bubis nicht drohen. Ich habe da ganz andere Verbindungen. Entweder du willigst ein oder …«

»Oder?«

»Deiner Familie passiert das, was sie sich verdient hat. Und ich rede da jetzt nicht von noch mehr Geld.«

»Rufmord?«

»Wenn du nicht spurst, kannst du das ›Ruf‹ weglassen …«

Ein Hundert-Euro-Schein wurde auf die ausgedruckte Rechnung am Tisch geknallt. »Das ist das letzte Geld, das du von mir siehst. Und der Preis für den Rückkauf deiner Anteile ist gerade um die Hälfte gesunken. Willige ein oder lebe mit den Konsequenzen.«

11

Am nächsten Tag konzentrierte sich die Charlotte einmal völlig auf ihre eigentliche Arbeit – nämlich ihren Betrieb. Am Mittag trudelte eine Handvoll Gäste ein, aber das war nichts Aufregendes. Das Wetter war schlicht zu gut. Also, zu heiß für einen Spaziergang durch die Weinberge oberhalb von Perchtoldsdorf, in denen das Nöhrer'sche Weingut lag, und daher gab es kaum Laufkundschaft. Der Großteil der Perchtoldsdorfer schien es sich an diesem Montag im Freibad gut gehen zu lassen. Mit mehr Gästen war wohl erst am Abend zu rechnen.

An die Adefris-Bagage verschwendete die Charlotte kaum mehr einen Gedanken. Wenn sie sich nicht helfen lassen wollten … Wer war sie schon, sich da aufzudrängen? Das war jetzt natürlich ein wenig gelogen, denn im Hinterkopf hatte sie durchaus noch das Geschäft mit dem Gattringer. Ein paar Flaschen Schüttelwein … na gut, ein paar viele Flaschen vom Schüttelwein zu verkaufen, war natürlich nicht nix.

Deshalb rief sie am frühen Nachmittag dann doch mal bei ihrem Cousin an. Der Leo hob gleich nach dem zweiten Klingelton ab.

»Hallo, Lieblingscousin!«

»Bin ja auch dein einziger«, erwiderte der Leo kühl. Er ahnte, dass die Charlotte etwas von ihm wollte, wenn sie ihm schon so aufgesetzt süß daherkam.

»Trotzdem!«

»Jaja, was willst du denn?«

»Ich wollte mich nur mal erkundigen, wie es bei den Ermittlungen im Fall der Adefris-Morde so steht.«

»Noch nicht viel rausgekommen«, antwortete der Leo kurz angebunden.

»Keine Verdächtigen? Gar nix?«

»Nein.«

»Was ist mit den Nachrichten, die man am alten Adefris gefunden hat?«

»Du meinst, die linken Parolen? Die Spur hat sich verlaufen. Wenn es da überhaupt jemals so was wie eine Spur gegeben hat. Die Kollegen aus Wien haben sich das Milieu näher angeschaut, aber da war nix.«

»Haben die Linken nicht einen ordentlichen Hass auf den Adefris gehabt?«

»Wohl, aber da ist trotzdem keiner dabei, der das gemacht haben könnte. Die ganze Szene wird ja ständig überwacht, da wäre es aufgefallen, wenn sich so ein Gewaltbereiter herauskristallisiert hätte.«

»Also war es kein linker Rachemord?«

»Das habe ich nicht gesagt«, antwortete der Leo, »nur, dass es keiner der uns bekannten Problembären war.«

»Du meinst, dass da vielleicht einer aus dem Ausland gekommen ist, um den Adefris abzumurksen?«

»Klingt schon weit hergeholt, oder?«, meinte der Leo. »Wegen eines kleinen Gemeinderats tut sich das doch keiner an. Da gäbe es doch viel lohnendere und spektakulärere Ziele.«

»Na ja, so klein …« Die Charlotte klang zweifelnd. »Durch die Geschichte letztes Jahr war die Familie in ganz Europa in den Schlagzeilen.«

»Und auch gleich wieder weg. Die Hela sitzt im Gefängnis, ihre Kumpanen auch, und dem alten Adefris hat man nichts anhängen können.«

»Scheiße!«

»Ja, scheiße. Wir tappen bisher noch komplett im Dunkeln.«

Die Charlotte bedankte sich, nahm sich einen weißen Spritzer und setzte sich mit ihrem Laptop auf den freien Tisch unter der alten Kastanie. Sie wollte eben die Buchhaltung angehen, als sich ein Gast ungefragt zu ihr setzte. Es war der Graf.

»Ja, Hans, was führt dich denn zu mir?«, fragte sie erfreut, denn eigentlich hatte sie eh keinen Bock auf die Buchhaltung.

»Der leere Magen treibt mich zu euch«, antwortete der Graf

lächelnd. Auf das hatte die Charlotte ganz vergessen. Sie hatte selbst noch kein Mittagessen gehabt. Aber sie war auch zu faul, aufzustehen. Also tippte sie ihre Bestellung ins Handy und schickte der Bahira ihre Wünsche und die vom Grafen. Hatte schon seine Vorteile, wenn man die Chefin des Betriebs war.

Zehn Minuten später standen ein Surschnitzel mit Kartoffelsalat für den Grafen und ein Spinat-Ricotta-Strudel für die Charlotte am Tisch. Als die beiden ihr Essen verputzt hatten, gönnte sich der Graf noch ein Achterl vom richtig guten (und alten) Merlot.

»Wie geht's mit dem Adefris-Fall?«, fragte er schließlich.

Die Charlotte musste schmunzeln. »Witzig, das habe ich vorhin erst den Leo gefragt. Ich habe ehrlich gestanden keine Ahnung, was da abgeht.«

»Und der Leo?«

»Der auch nicht«, gestand die Charlotte. »Linke Aktivisten dürften es laut ihm nicht gewesen sein. Da wollte uns der echte Mörder mit seinen Nachrichten bei der Leiche vom alten Adefris wohl auf eine falsche Fährte führen.«

»Mhm«, meinte der Graf. »Damit hatte ich auch nicht gerechnet. So auffällig? Das stinkt doch zum Himmel.«

Die Charlotte musterte ihr Gegenüber genauer. »Was weißt du?«, fragte sie schließlich geradeheraus. »Haben dir deine alten Geheimdienstkontakte wieder mal was geflüstert?«

Der Graf hob unschuldig die Arme. »Ich? Mir etwas erzählt? Also bitte!«, wehrte er ein ganz klein wenig empört ab. Verschmitzt fuhr er fort: »Aber wenn ich du wäre, würde ich mich ein bisschen genauer um die geschäftlichen Kontakte vom alten Adefris kümmern.«

»Welche geschäftlichen Kontakte? Soweit wir wissen, lebt die ganze Familie doch von dem alten Nazi-Gold, das im Bunker oben in den Weinbergen versteckt war.«

»Und das man ihm nie nachweisen konnte«, ergänzte der Graf. »Na ja, aber von irgendwas muss die Adefris-Familie doch auch offiziell leben. Meinst du nicht?« Er zwinkerte ihr zu, legte fünfzig Euro auf den Tisch (wie üblich viel zu viel für das, was er konsumiert hatte) und stand auf.

»Hans!«

»Was?«, fragte der Angesprochene fröhlich zurück.

»Wenn du was weißt, dann sag es mir doch. Wieso musst du es immer so spannend machen?«

»Erstens weiß ich nichts. Nichts Genaues … Und zweitens musst du dir deinen Deal mit dem Gattringer schon selbst verdienen. Nur so viel: Vielleicht kann deine Freundin über ihre Kanzleikontakte mal abklären, an welchen Firmen der Adefris beteiligt war. Natürlich nicht unter seinem Familiennamen. Aber der Hagen war ja nie ein Subtiler …« Damit machte er sich von dannen und ließ die Charlotte verblüfft zurück.

Bevor sie das alles wieder vergaß, schrieb sie der Andrea eine kurze Nachricht mit der Bitte, mal in dieser Richtung nachzuforschen.

Am Nachmittag begann sich der Heurige langsam zu füllen. Die Menschen kamen gut gelaunt nach einem langen und heißen Badetag und brachten vor allem eines mit: großen Durst und großen Hunger. Weil, von den üblichen Schwimmbad-Pommes konnte man sich halt doch nur bis zu einem gewissen Grad ernähren, und der Rest des Essens im Freibad war … na ja, Schwamm drüber.

Die Flora kam früher als erwartet von ihrem Job bei der »Heimatland« heim. Sie war völlig überdreht, geradezu gaga, als sie sich zur Charlotte hinter die Getränke-Schank stellte.

»Was ist denn mit dir los?«

»Der Juniorchef feiert heute im Milton Regency Hotel seinen dreißigsten Geburtstag«, erzählte die Flora in einem Tempo, bei dem man nur jedes zweite Wort verstand.

»Und? So was kommt bei vielen Leuten vor.«

»Ja, aber ich bin eingeladen.«

»Du?«, fragte die Charlotte erstaunt.

»Na ja, die ganze Marketing- und Societyabteilung, aber der

Manfred hat mir extra noch ein Mail geschrieben, dass ich doch auf jeden Fall kommen soll, obwohl ich ja erst seit ein paar Tagen dabei bin.«

»Der Manfred?« Die Charlotte kam nicht mehr ganz mit.

»Na, der Seniorchef«, ereiferte sich die Flora, so als ob man den Vornamen vom alten Lanner unbedingt kennen müsste.

»Manfred? Seit wann seid ihr per du?«

»Wieso denn nicht?« Die Stimmung bei der Flora war nahe am Kippen. Das ging ja bekanntlich schnell bei der Kleinen.

»Wieso schon? Sei mir nicht böse, aber du bist eine kleine Ferialpraktikantin, die in ein paar Wochen wieder weg ist von dort. Wieso sollte sich der alte Lanner überhaupt deinen Namen merken?«

»Vielleicht, weil er Potenzial in mir sieht?« Jetzt war die Stimme der Flora schon knapp vorm Überschnappen. Die Charlotte packte sie an der Schulter und zog sie in die Küche, wo nicht so viele Gäste zuhören konnten.

»Pass mal auf, meine Liebe«, meinte die Charlotte ernst. Dabei sah sie ihrer kleinen Schwester streng in die Augen. »Ich weiß nicht viel vom alten Lanner. Aber ich weiß, dass er ein ungutes Arschloch ist …«

»… und einer, der sich gerne mal an seinen Mitarbeiterinnen vergreift«, mischte sich die Alia ein. »Natürlich immer nur ›freiwillig‹, wie man so hört«, ergänzte sie.

Sowohl die Charlotte als auch die Flora sahen sie erstaunt an. Entschuldigend hob die junge syrische Kellnerin die Arme. »Eine Freundin von mir hat bei der ›Heimatland‹ als Empfangsdame gearbeitet. Und selbst die ist der alte Lanner schon angegangen. Er hat ihr einen Job in der Society-Redaktion angeboten. Verkanntes Potenzial und so.«

»Siehst du«, meinte die Flora, »der erkennt so was eben.«

»Halt, halt«, sagte die Alia, »er wollte sie nur ins Bett bekommen. Meine Freundin kann viel, aber keine Artikel schreiben. Das weiß sie auch selbst. Als sie ablehnte, hat er sie einfach rausgeschmissen.«

Strenger Blick der Charlotte. Empörtes Prusten bei der Flora. Die Kleine drehte am Absatz um und stapfte angefressen davon. Eine halbe Stunde später sah die Charlotte trotzdem, wie sich die Flora im kleinen Schwarzen davonschlich. Die Charlotte ging ihr bis auf den Parkplatz nach, wo bereits ein Taxi wartete. Am Ende ließ sie ihre Schwester fahren. Sie hoffte nur, dass die Kleine keinen Blödsinn machte.
Sicherheitshalber rief sie die Andrea an. Die arbeitete quasi ums Eck von dem Hotel, in dem die Geburtstagsfeier stattfand. Vielleicht konnte sie ja ein Auge auf die Flora werfen.

Der Nöhrer-Heurige füllte sich leidlich gut für einen Montagabend. Und wieder rauschte der Major Keiffer ein, dicht gefolgt vom Grafen, der somit zum zweiten Mal an diesem Tag bei den Nöhrers aufschlug, und dem Leo. Wirklich verwunderlich war vor allem die (Ver-)Kleidung der drei. Jeder von ihnen war nämlich in einer Art Blaumann angerauscht. Wobei die vom Keiffer und vom Leo leidlich gebraucht aussahen, während der vom Grafen nagelneu war. An dem war noch kein Tröpfchen Öl oder sonst was zu sehen. Die Charlotte glaubte sogar, eine Art Bügelfalte in den Hosenbeinen zu sehen. Die stammte aber garantiert nicht von der Julijana. Als dann auch noch der Herr Papa im Arbeitskittel in den Hof schritt, war ihr alles klar. Wie die kurioseste Motorradgang der Welt marschierten die vier eigentlich so unterschiedlichen Männer mit stolzgeschwellter Brust durch den Hof an den Gästen vorbei zur Lagerhalle. War schon klar, worum es da wohl ging.

Schmunzelnd folgte die Charlotte den vier Mannsbildern hinein in die Halle. Dort hatte der Herr Papa den Bereich um seinen alten Traktor wohl im Lauf des Tages freigeräumt, denn auf der freien Fläche thronte jetzt erhaben und stolz eine mobile Hebebühne. Der Leo hatte sein Versprechen gehalten und den Transport dieses Dings organisiert – natürlich alles hinter dem Rücken der Charlotte. Ein orangefarbenes Eisengestänge hielt den Oldtimer in etwa einem Meter Höhe, wo das alte Teil nun darauf wartete, von den vier »Spezialisten« genauer unter die Lupe genommen zu werden.

»Wenn ihr mir anfangt, hier herinnen zu lackieren, dann gibt's aber Rambazamba«, kommentierte die Charlotte trocken. Die vier Männer, allesamt gebannt vor dem Traktor stehend wie kleine Kinder vor ihrem ersten Christbaum, fuhren erschrocken herum. Sie waren so in ihr neues Hobby versunken gewesen, dass sie gar nicht gemerkt hatten, wie ihnen die Charlotte gefolgt war. Im nächsten Moment fuhr aber auch die Charlotte erschrocken zusammen. Sie war um nichts aufmerksamer gewesen und hatte nicht gemerkt, dass hinter ihr noch ein paar weitere Männer eingetroffen waren. Einer von ihnen hatte mit der Faust an das Metalltor der Lagerhalle geklopft.

Die Charlotte drehte sich um. Im Tor standen noch vier Männer, ebenfalls im Blaumann. Und ihnen sah man an, dass sie den Arbeitsanzug nicht nur zum Spaß anhatten.

»Ah, da ist ja mein Mechanikertrupp«, frohlockte der Graf aus dem Hintergrund. »Kommts rüber!«, lud er sie ein. Sofort trabten die vier zu ihrem Chef, und im nächsten Moment war es für die verblüffte Charlotte schon zu spät, um noch mehr Einwände vorzubringen. Die Neuankömmlinge musterten den freigemachten Platz, zuckten mit den Schultern und machten wieder kehrt.

Gott sei Dank, dachte die Charlotte, hatte sich aber zu früh gefreut. Ein paar Minuten später kamen die vier nämlich mit einem kleinen Anhänger zurück, auf dem sich jede Menge Werkzeug stapelte und andere Sachen, die der Charlotte überhaupt nichts sagten. Beim Leo und beim Keiffer leuchteten jedoch die Augen, als sie das Sortiment sahen. Es war wirklich fast wie ein vorgezogenes Weihnachtsfest.

Während die Hobbymechaniker sich in der Lagerhalle der Charlotte einrichteten, machten es sich der Herr Papa und der Graf an einem alten, knorrigen Holztisch in einer Ecke hinter dem Traktor mit einer Flasche Grünem Veltliner gemütlich. Die Charlotte hatte den schweren Verdacht, dass der Blaumann vom Grafen den Abend genauso jungfräulich beenden würde, wie er ihn begonnen hatte. Offenbar hatten die beiden Älteren vor, den ersten Akt der Restaurierung wie Waldorf und Statler von den Muppets von der Seitenlinie her zu beobachten und vor allem zu kommentieren.

Der Aufruhr war natürlich auch an den Gästen im Hof nicht spurlos vorbeigegangen. Ein paar ältere Semester, Spezis vom Herrn Papa, hatten da auch keinen Genierer und kamen ebenfalls ungefragt in die Lagerhalle. Ein paar Minuten später war der alte Holztisch vom Herrn Papa durch einen normalen Heurigentisch und zwei Heurigenbänke ersetzt worden, und statt Waldorf und Statler saß da auf einmal eine ganze Partie pensionsreifer Muppets in den Zuschauerrängen und kommentierten jeden Handgriff der Mechaniker.

Die Charlotte gab auf und ließ die Männer in der Lagerhalle allein, hoffend, dass sie keinen allzu großen Blödsinn anstellten. Zwei WhatsApp-Nachrichten und fünfzehn Minuten später saß sie zusammen mit der Elena und der Julijana in der Turmbar bei einem Cuba Libre. Dann eben Mädelsabend.

12

Zur selben Zeit, als sich die Charlotte mit ihren Freundinnen in der Turmbar traf, eilte die Andrea von der Anwaltskanzlei in das noble Innenstadthotel, in dessen Räumlichkeiten die Geburtstagsfeier für den jungen Lanner stattfand. Es hatte etwas länger gedauert, bis sie sich von ihrer Arbeit loseisen konnte, woran aber – eh klar – die Charlotte schuld war. Die hatte ja gewollt, dass sie sich die Firmenkonstruktionen vom alten Adefris mal genauer anschauen sollte. Und dafür hatte sie ihren Chef gebraucht. Der Dr. Mühlberger hatte aber natürlich zuerst wissen wollen, wieso die Andrea an diese Informationen ranwollte. Und so hatte eines das andere ergeben, man hatte noch eine Flasche Sekt getrunken, und irgendwie war es dann doch schon fast zehn Uhr abends gewesen, als die Andrea endlich aus der Kanzlei herauskam. Natürlich noch ohne irgendeinen Ermittlungserfolg, aber dafür bereits leicht illuminiert.

Zum Glück waren es bis zum Ort der Geburtstagsfeier vom jungen Lanner nur ein paar Gehminuten. Aber was war in Wiens Innerer Stadt nicht bloß ein paar Gehminuten entfernt? So groß war der erste Bezirk ja wirklich nicht. Es war reiner Zufall, dass der Weg der Andrea von der Anwaltskanzlei zum Nobelhotel hinter dem Stephansdom und damit mehr oder weniger direkt am protzigen »Heimatland«-Redaktionsgebäude vorbeiführte. Im Erdgeschoss leuchtete um diese Uhrzeit nur mehr Notbeleuchtung, der Nachwuchs-Vorzimmerdrache war durch die Glaswände auch nicht mehr zu sehen. War wohl entweder schon daheim oder ebenfalls zur Juniorchefparty eingeladen. Von wegen verkanntes Potenzial und so. Weiter oben, im zweiten und dritten Stock, war das Gebäude noch hell erleuchtet. Dort schufteten die Spätschicht-Redakteure in ihrem Bergwerk, um für die Familie Lanner Clicks, Auflagenzahlen und Einschaltquoten zu produzieren.

Die Andrea schüttelte den Kopf und spazierte weiter. Rechter Hand den Dom zurücklassend ging es geradeaus hinauf in den Graben und von dort in die enge Naglergasse, wo es sich im Schwarzen Kameel noble Innenstadt-Damen im Pensionsalter ebenso gut gehen ließen wie die junge Schickeria. Zweihundert Meter später machte die Naglergasse einen kurzen, leicht abfallenden Rechtsbogen, hinter dem die Passantinnen auf der riesigen Betonwüste namens Am Hof ausgespuckt wurden.

Die Andrea war so in Gedanken verloren gewesen, dass sie sich erst neu orientieren musste. Verdammt, sie war zu weit gegangen. Also zurück über den zubetonierten Prunkplatz, und da erstrahlte das momentan wohl teuerste Hotel der Stadt in all seiner dekadenten Pracht. Von außen war von der Geburtstagsfeier nichts zu sehen. Gut, das machte es für sie natürlich einfacher, sich unter die Partyleute zu schmeißen. Hätten die Lanners für die private Veranstaltung gleich alles angemietet, wäre es wesentlich schwieriger gewesen, sich Zutritt zu verschaffen, wenn man nicht beweisen konnte, dass man selbst im Hotel wohnte.

Selbstbewusst schritt sie drei Stiegen hinauf, zwischen zwei steinernen Säulen hindurch, und schon stand sie im Foyer des klassizistischen Prunkbaus, das trotz seiner Größe nur so von Besuchern wimmelte. Aber alles nur Amerikaner, Japaner und andere Touristen aus aller Herren Länder. Die Andrea schaute sich um. Weit und breit keine Spur von einer Geburtstagsparty. Sie hatte eigentlich damit gerechnet, dass die Lanners es sich nicht nehmen ließen, für ihre Gäste wenigstens etwas im Foyer anzuschreiben. Protzen war in dieser Familie ja gang und gäbe, da hielt man sich für gewöhnlich nicht so gern zurück. Wenn man etwas zu zeigen hatte, dann zeigte man es auch. So wie eben eine Geburtstagsfeier im besten Hotel der Stadt.

Nun gut, das Hotel war ja groß, und nur weil man nicht in der Lobby gleich mit der Nase auf das Gesuchte stieß, musste das noch lange nichts heißen.

Zehn Minuten später war die Andrea aber noch immer um keinen Deut klüger. Sie hatte die verschiedenen Restaurant- und Barbereiche abgesucht. Alle gut besucht, überhaupt keine Frage, aber weder von den Lanners noch von der Flora war weit und breit etwas zu sehen. Hatte sich die Charlotte verhört? Vielleicht fand die Feier ja doch in einem anderen Hotel statt? Ein weiteres dieser Luxushotels der Inneren Stadt war ja gleich ums Eck der »Heimatland«-Redaktion, wäre also naheliegend gewesen, dort zu feiern. Was also tun?

In diesem Moment machte ihr Handy »pling«. Sie schaute drauf. Es war eine Nachricht von der Charlotte. Die Andrea öffnete die App. Sofort sprang ein Bild auf, das die Charlotte eingezwängt zwischen der Elena und der Julijana in der Turmbar zeigte. Und wenn sie sich nicht ganz irrte, dann stand dahinter auch noch die Renate. Was dafür sprach, dass der Mario das Foto gemacht hatte. Na super, und ich hänge hier herum und suche nach meiner Beinahe-Schwägerin, schäumte die Andrea. Also, nicht so sehr wie ein richtig guter Champagner, mehr so wie ein billiger Lambrusco. Bis sie jetzt draußen in Perchtoldsdorf wäre, war die Party vielleicht auch schon wieder vorbei.

Angepisst nahm sie an der Hotelbar Platz. Das war nur ein schwacher Ersatz, aber besser als gar nix. Ja, eh. Natürlich war das hier viel feiner (und vor allem teurer), aber – ganz ehrlich – der Cuba schmeckte hier auch nicht besser als in der Turmbar. Eher sogar schlechter und schwächer. Der Drink kostete zwar ein paar Euro mehr als »daheim«, dafür war deutlich weniger Alkohol drinnen. Der Barkeeper merkte den säuerlichen Blick der Andrea.

»Passt etwas nicht, meine Dame? Fehlt etwas?«, fragte er fast schon unterwürfig. Die Andrea musste ob dieser Unterwürfigkeit lachen. So etwas war sie nicht gewöhnt.

»Ja«, antwortete sie, nicht unfreundlich. Der arme Hund konnte ja wahrscheinlich nichts dafür, das waren schlicht die Vorgaben vom Hotel. »Es fehlt der Alkohol. Ich finde es ja entzückend, dass Sie mich noch nicht für volljährig halten, aber glauben Sie mir – ich darf schon Alkohol konsumieren.«

Der Barkeeper, offenbar noch in Ausbildung, denn eigentlich sah er so aus, als wäre er noch zu jung, um selbst schon Alkohol zu trinken, lief im Gesicht hochrot an. Er fummelte mit seinen Fingern herum, während die Andrea ihn erwartungsvoll anschaute. Irgendwie hatte sie ja Mitleid mit dem Burschen, aber andererseits hatte sie gerade Lust, jemanden ein wenig zu quälen. Wenn sie von ihren Freundinnen schon mit solchen Fotos aufgezogen wurde.

»Äh, ich, hm ...« Irgendwie brachte der Bursche keinen geraden Satz heraus. Was vielleicht auch daran liegen konnte, dass die Andrea näher an die Bar herangerückt war, ihr Dekolleté darauf geparkt hatte, lasziv am Strohhalm ihres alkoholbefreiten Cuba Libre nuckelte und ihn von unten hinauf erwartungsvoll anstarrte. Hilfe kam schließlich in Form des Chef-Barkeepers, der seinen Lehrling mit einer Husch-husch-Bewegung fortscheuchte, eine Flasche vom siebenjährigen Havanna Club aus dem Glasregal nahm und der Andrea formlos, aber ordentlich nachgoss.

»Danke schön«, meinte die Andrea etwas getröstet. Sie nahm den Strohhalm aus dem Glas und leerte die Hälfte in einem Zug.

»Besser?«, fragte der Barkeeper grinsend.

»Besser!«

»Langen Arbeitstag gehabt?« Das war jetzt nicht so schwer zu erraten, denn die Andrea war natürlich noch in ihrem Arbeitskostümchen unterwegs, die LV-Notebooktasche lag neben ihr am Tresen. Natürlich war es ein Imitat (das Wort Fälschung wollen wir jetzt nicht in den Mund nehmen), aber als Anwaltsanwärterin musste man natürlich schon einen gewissen Schein wahren. Auch wenn es noch am notwendigen Einkommen haperte, um sich tatsächlich in den Nobelboutiquen der Innenstadt einzudecken.

Witzigerweise lagen die keine fünfzig Meter von ihrem jetzigen Aufenthaltsort entfernt. Luis Vuitton, Valentino, Armani und wie sie alle heißen, bildeten im sogenannten Goldenen Quartier im Herzen Wiens einen Luxus-Cluster, der in erster Linie auf zahlungskräftige russische TouristInnen abzielte, aber auch die eine oder andere Trophy Wife aus heimischen Gefilden anzog.

Die Andrea nickte. »Und meine Freundinnen sitzen daheim in der Bar und saufen sich an, während ich Kindermädchen für die kleine Schwester meiner Freundin spielen soll.«

Der Barkeeper sah die Andrea verwirrt an. In seinem Job war er es zwar gewöhnt, dass der eine oder andere Gast bei ihm sein Herz ausschüttete, aber dann meistens doch mit etwas mehr Kontext. Wie die Andrea da jetzt von einem langen Arbeitstag auf einmal auf Babysitten kam, war ihm völlig schleierhaft. Und das sah ihm die Andrea auch an.

Also zeigte sie ihm das Foto von der Charlotte, der Elena und der Julijana und erklärte ihm kurz die Situation. Der Barkeeper war aber zuerst mehr an der Bar auf dem Foto interessiert. Also erklärte ihm die Andrea auch das und – Bingo! »Ist das nicht die neue Bar vom Mario?«, fragte der Barkeeper.

»Keine Ahnung, welchen Mario du meinst, aber der Besitzer der Turmbar heißt auch Mario, das stimmt.«

»Das wird der schon sein. Ist jetzt mit einer scharfen Witwe zusammen, oder? Die sieht man doch auf dem Foto auch, irgendwo da im Hintergrund.«

Erstaunt sah ihn die Andrea an. »Ja, dann reden wir wohl vom selben Mario. Woher kennst du ihn?«

»Also wenn wir eh schon beim Du sind – ich bin der Wolfi. Und bei Mario habe ich damals gelernt.«

»Damals?«, fragte die Andrea grinsend und hielt dem Wolfi dabei ihr leeres Glas hin, das dieser auch prompt wieder füllte.

»Ja, ist sicher schon gut zehn Jahre her. Wir waren damals beide noch in einer anderen Innenstadt-Bar. Aber so ein Kontakt reißt ja nie wirklich ab. Ich habe es nur leider noch nie zu euch raus geschafft, dabei wollte ich mir immer schon mal anschauen, was sich der Mario da draußen aufgebaut hat.«

Inzwischen war ihr zweiter Cuba fertig gemischt. Die Andrea klopfte mit den Fingern auf die Theke und stierte Löcher in die Luft – in etwa auf Schulterhöhe vom Wolfi. Die Sache mit der Flora wollte ihr nicht aus dem Kopf gehen.

»Also, wie ist das jetzt mit der Schwester der Freundin der Bekannten der Nachbarin der was-weiß-ich …«, meinte der Wolfi augenzwinkernd. Er hatte durchaus Charme und sah gut aus, wäre der Andrea aber selbst im Fall des Falles zu alt gewesen. Er musste so um die Mitte vierzig sein, also gute zwanzig Jahre älter als sie.

»Meine Quasi-Schwägerin«, antwortete sie lächelnd. »Ja, die sollte eigentlich hier auf einer großen Geburtstagsparty sein. Aber ich habe in keinem der Restaurants oder Bars hier im Hotel eine Feier gesehen. Dabei sind da ein paar Dutzend Leute eingeladen. Sollte also eigentlich nicht zu übersehen sein.«

Der Wolfi gab seinem Lehrling ein Zeichen, kam um die Bar herum, setzte sich mit einem Pfiff Bier neben die Andrea und meinte verschwörerisch: »Wir haben hier heute schon eine große Feier, allerdings geschlossene Gesellschaft.«

»Wo denn? Die werden doch nicht in einer Suite oder so feiern?«

Der Wolfi lehnte sich zurück. »Nein, natürlich nicht. Da gibt es etwas Ausgefalleneres. Aber ich weiß nicht, ob ich dir das wirklich erzählen kann. Wieso willst du das noch mal wissen?«

»Wegen meiner Quasi-Schwägerin.«

»Wo ist da das Problem?«

»Das Problem ist, dass sie gerade mal sechzehn ist, und sich ihre große Schwester Sorgen macht, was da auf so einer Party abgehen könnte.«

Der Wolfi überlegte kurz. Schließlich meinte er: »Okay, nachdem ihr offenbar gute Freunde vom Mario seid und ich die Geburtstagsgesellschaft eh nicht ausstehen kann – die Familie hat unseren kompletten Spa-Bereich gemietet.«

Die Andrea machte große Augen. Den Spa-Bereich? Für

eine Geburtstagsfeier? Was sollte das denn bitte? Zuvor hatte sie innerlich vielleicht noch über die Charlotte und ihre überbordende Fürsorglichkeit für die kleine Schwester gelacht, aber jetzt wurde ihr doch ein bisschen anders. Ein Gefühl, das durch die nächste Bemerkung vom Wolfi nicht gerade besser wurde.

»Zutritt nur mit Einladung und in Badebekleidung.« Er beobachtete die Reaktion der Andrea ganz genau. Die sackte ein wenig in sich zusammen. Die Einladung, das würde sich wohl irgendwie noch deichseln lassen, aber die Badekleidung?

»Ich helfe dir«, bot ihr der Wolf schließlich an. »Ist nicht die erste Party, die da bei uns im Spa-Bereich abgeht, und ich weiß, wie es sich dort abspielt. Das ist wirklich kein Ort für eine Sechzehnjährige.«

»Aber ich habe keine Badesachen mit«, protestierte die Andrea. Geschäfte hatten um diese Uhrzeit natürlich auch keine mehr offen. Das war hier schließlich Wien und nicht irgendeine andere Metropole. In Wien galt noch Zucht und Ordnung – was die Ladenschlusszeiten betraf. Und der Sonntag war sowieso heilig. Aber das war ein ganz anderes Thema.

»Macht nichts«, meinte der Wolfi gut aufgelegt. Ihm schien die ganze Sache Spaß zu machen. »Wir haben für Gäste Ersatz-Badesachen, kommt ja nicht jeder voll ausgerüstet zu uns ins Hotel. Und wegen der Einladung mach dir mal keine Sorgen. Es gibt ja genug Wege in unseren Spa-Bereich. Ich schleuse dich dort schon ein.«

Die Andrea goss sich den Rest ihres zweiten Cuba auf ex hinter die Binde und ließ sich dann vom Wolfi an der Hand hinter die Bar führen. Der Barkeeper verstaute ihre gefälschte LV-Notebooktasche unter der Buddel und scheuchte die Andrea durch eine Tür, die in die dunkle Mahagoni-Wandvertäfelung mit den Hunderten Alkoholflaschen eingelassen war.

Jetzt standen sie in einer anderen Welt. Weg war der koloniale Charme der Bar, hier waren weiße Fliesen und Edelstahlarmaturen angesagt. Ein Koch war an einem Gasherd beschäftigt, ein anderer Weißgewandeter schnippelte Gemüse in handliche Portionen. »Wir bereiten hier auch kleine Snacks zu«, erklärte der Wolfi und führte die Andrea weiter ins öffentlich eigentlich nicht zugängliche Innenleben des Hotels. Am anderen Ende der Küche führte eine Doppelschwingtür in einen weiteren Gang. Nach zwei weiteren Türen und ein paar Abbiegungen hatte die Andrea völlig die Orientierung verloren. Schließlich standen sie in einer Art Garderobe. Da war alles sehr nüchtern. Ein paar Spinde, eine Damen- und eine Herrendusche, Waschbecken, zwei Föhns und jede Menge Personal, das sich gerade umzog.

»Bin gleich wieder da«, sagte der Wolfi und ließ die Andrea in der fremden Umgebung allein. Das sie umgebende Personal war entweder so geschlaucht vom langen Arbeitstag oder von der Aussicht auf die ebenso lange Nachtschicht so abgelenkt, dass man von der Andrea kaum Notiz nahm. Nach ein paar Minuten war der Wolfi wieder zurück, in der Hand ein Päckchen aus Frottee, das mit einem Seidenband zusammengeschnürt war. Das Frotteepäckchen entpuppte sich natürlich als weißer Flauschi-Bademantel des Hotels, in den ein Badeanzug und ein Bikini eingewickelt waren. Die Andrea hatte zwar keine Ahnung, was sie im Spa-Bereich erwartete, aber sie entschied sich für den Bikini. Der Badeanzug schien ihr vom Schnitt her doch zu sehr Modell »Fünfzig plus«.

Auf einen fragenden Blick der Andrea konnte der Wolfi nur mit den Schultern zucken. »Sorry, wir haben hier keine Umkleidekabinen.«

Die Andrea verdrehte die Augen, machte mit den Händen eine Husch-husch-Bewegung, auf die sich der Wolfi wenigstens umdrehte. Dann wurde es kompliziert. Vor lauter wildfremden Leuten wollte sie sich dann doch nicht nackt präsentieren – obwohl das jetzt ja auch nix anderes war, als sich im Freibad umzuziehen. Aber irgendwie halt doch dings, anders halt. Also Strümpfe aus, Höschen aus, aber Rock noch an. Bikinihöschen rauf und dann erst Rock runter. Obenrum wurde es etwas komplizierter, aber mit jahrelanger Übung meisterte sie auch diese Hürde. Hinein in den Bademantel, die Füße in die ebenfalls geliehenen Badeschlapfen …

»Halt!«, rief da der Wolfi lachend. »Deine Stöckelschuhe kannst anlassen!«

»Häh?«

»Das ist der Dresscode der Party, hatten wir auch schon öfters …«, erklärte er mit einem vielsagenden Blick. Und spätestens jetzt war der Andrea klar, dass die Charlotte mit ihren Befürchtungen wohl ziemlich richtiggelegen hatte.

13

Als der Wolfi die Andrea durch eine Servicetür am hinteren Ende des Spa-Bereichs führte, blieb ihr für einen Moment die Luft weg. In den verborgenen Personalgängen war es vergleichsweise eiskalt gewesen. Hier im Spa-Bereich dampfte es, die Luftfeuchtigkeit betrug gefühlte hundert Prozent, und das Licht war so sehr gedämpft, dass ihre Augen ein paar Sekunden benötigten, um sich an die Düsternis zu gewöhnen. Dafür wummerte die Musik für ein Nobel-Spa ungewöhnlich laut aus den verbauten Lautsprechern. Aus jedem Eck und jeder Nische schien ihr eine Zimmerpalme zuzuwinken, Gäste lümmelten mit oder ohne Flauschi-Bademantel auf edlen Leder-Lounges, und aus schmalen Lüftungsschlitzen in der Decke wurden Aromadämpfe in den Spa-Bereich gepumpt.

»Willkommen in der Welt der Schönen und Reichen«, flüsterte der Wolfi ihr noch ins Ohr, dann schloss er hinter der Andrea die Tür und machte sich auf den Weg zurück zur Bar. Die Andrea war jetzt auf sich allein gestellt.

Als Erstes versuchte sie, sich einen Überblick zu verschaffen. Das Spa war vom Boden bis zur Decke mit teurem hellen Marmor ausgelegt. Dazu viel Gold und mit Perlmutt besetzte Einlässe. Die Andrea schlüpfte aus einem ihrer Stöckelschuhe und testete mit einer Zehe vorsichtig den Marmor. Angenehm warm – klar, hier musste eine Bodenheizung sein. Sie liebte Bodenheizungen. Am liebsten wäre sie barfuß durchs Spa gelaufen, aber ein Blick auf die anderen Gäste zeigte ihr, dass der Wolfi vorhin recht gehabt hatte. Hier trugen die Damen zum Bikini tatsächlich alle ihre Stöckelschuhe. Was vielen der anwesenden Männer als Wohlstandsspeck über den Bund ihrer Badehosen hing, wurde von einer erstaunlich großen Anzahl der weiblichen Gäste ein paar Handbreit höher als nur knapp verhülltes Silikon stolz der anwesenden Gästeschar präsentiert.

Flauschi-Bademantel anlassen oder ausziehen? Das war jetzt die Frage, die sich die Andrea stellte. Eine strikte Regel schien es in der Hinsicht nicht zu geben. Die Tendenz schien aber eher zu sein, dass die jüngeren Semester ihre Fitnessstudio-gestählten und plastisch-chirurgisch feingetunten Körper lieber im Bikini präsentierten, während die älteren Semester sich doch wenigstens einen Bademantel umgehängt hatten. Die Andrea beschloss, ihren Bademantel vorerst anzulassen. Sie wollte nicht noch mehr Aufsehen erregen und wusste – bei aller Bescheidenheit –, dass sie optisch selbst die aufgetuntesten Haserln hier locker in den Schatten stellte. Das Letzte, was sie jetzt gebrauchen konnte, war, dass sie auch noch von irgendeinem Typen angebaggert wurde. Am Ende wurde es ein Kompromiss: Mit offenem Bademantel stolzierte sie über den spiegelblanken Marmor. Ganz so, als würde ihr das hier alles gehören. Besser ein bisschen zu dick auftragen, als heimlich herumzuschleichen. In diesem Fall war Offensive wohl die angesagte Devise, einfach so tun, als gehörte man dazu. War ja eigentlich unmöglich, dass sich alle Gäste untereinander kannten.

Vorbei an verschiedenen Massagesuiten, Saunen und Dampfbädern stolzierte die Andrea, bis sie endlich einen Kellner fand, der die Gäste mit Flüssigem versorgte. Sie nahm sich, ohne zu fragen, ein Glas Champagner vom Tablett, schlürfte einmal daran und ging weiter. Der Spa-Bereich war riesig, und im Zentrum befand sich ein fünfzehn Meter langer Swimmingpool. Von hier gingen sternförmig fünf breite, großzügig angelegte Gänge in die verschiedensten Himmelsrichtungen ab. Durch einen dieser Gänge war die Andrea gekommen.

Bislang hatte sie die Flora noch nicht entdeckt, das Gewusel war aber auch groß. Von wegen ein paar Dutzend Gäste. Der junge Lanner musste weit über hundert Leute eingeladen haben. Was andererseits aber wieder gut für ihre Deckung war. Sie nahm einen der anderen Gänge. Aber weit und breit war nichts von der Flora zu sehen. Allerdings auch nichts vom Geburtstagskind, dem jungen Lanner. Gut, der interessierte sie ja eh nicht.

Die Andrea nahm sich die Zeit, einmal kurz durchzuschnaufen. Bislang machte die Party eigentlich einen ganz gesitteten Eindruck. Keine Alkoholleichen, keine komplett Nackten, keine orgienähnlichen Zustände. Da schien sich die Charlotte doch unnötige Sorgen gemacht, und der Wolfi es mit seinen Andeutungen übertrieben zu haben. Blieb trotzdem die Frage, wo die Flora war. Die Andrea würde sich wohl auch die einzelnen Nebenräume anschauen müssen, die durch Milchglastüren vom Haupt-Spa-Bereich abgetrennt waren.

Sie war inzwischen beim Eingang des Spas angekommen und machte rasch wieder kehrt. Dort stand nämlich ein Gorilla im schwarzen, viel zu engen Anzug. Das Sakko drohte an den Oberarmen zu platzen, zwischen Brust und Kopf fehlte dem Mann noch dazu etwas ganz Essenzielles – nämlich ein Hals. Dafür hatte er einen kleinen Knopf im Ohr, und ein ebenso kleines Mikro klebte an seiner Wange. Dem wollte sie besser nicht über den Weg laufen. Wenn der draufkam, dass sie hier eigentlich nichts zu suchen hatte!

Glücklicherweise war hier vorne aber auch die Bar für die Geburtstagsfeier aufgebaut. Sie schnappte sich ein bereits eingeschenktes Glas Champagner von der Theke und stöckelte flott, aber nicht zu auffällig wieder in die Gegenrichtung. Nach zwei großen Schlucken Champagner hatte sich ihr Herzrasen wieder gelegt. Noch ein Schluck, und das Champagnerglas war leer. Das musste man dem Lanner schon lassen, hier wurde nicht am guten Zeug gespart. Der Champagner floss ihr feinperlig durch die Kehle hinunter in den Magen, und ohne es zu merken, hatte sie sich inzwischen ein richtig feines, kleines Damenspitzerl angetrunken. Zuerst die zwei Cuba oben an der Bar, jetzt zwei Gläser Champagner, dazu vorher noch die Flasche Sekt mit ihrem Chef, und das alles, ohne seit dem Mittag auch nur einen einzigen Bissen zu sich genommen zu haben. Halleluja! Sie parkte ihr leeres Glas im Topf einer deckenhohen Palme. Jetzt aber wirklich, sie wollte doch die Flora suchen!

Musste sie das tatsächlich? War doch alles paletti hier! Die Andrea kicherte. Aber eigentlich ging das doch sicher viel besser, wenn man dabei noch ein Glas Champagner trank? Also stakste sie wieder retour zur Bar und schnappte sich noch ein Glas. »Hallo? Das können Sie nicht …«, protestierte die Barkeeperin, die das Glas eben eingeschenkt hatte. Aber die Andrea drehte sich mit einer wegwerfenden Handbewegung um, kippte das Glas in einem Zug hinunter und knallte es leer wieder auf die Theke. »Das … das …«, empörte sich die Barkeeperin erneut.

Die Andrea ließ das kalt. Sie stakste davon und bemerkte nicht, wie sich die Barkeeperin an den Security-Gorilla wandte. Jetzt war sie so richtig gut und unternehmenslustig drauf. Sie stöckelte zur ersten Milchglastür. Verschwommen nahm sie das Schild »Kosmetik« darauf wahr und stieß die Tür auf. Es war fast finster hier drin. Keiner da? Doch! Schemenhaft konnte sie zwei Personen erkennen. Ob da die Flora dabei war? Sie tastete an der Wand und fand einen Lichtschalter. Warmes orangegelbes Licht durchflutete den Raum.

Die Andrea kippte vor Lachen fast um. Vor ihr auf dem Kosmetikstuhl saß der alte Lanner, auf ihm der junge Vorzimmerdrache von neulich – beide völlig nackt, und beiden quollen fast die Augen aus den Höhlen. Die Andrea musste laut losprusten. Ihr schwirrte der Kopf vom vielen Champagner, was aber irgendwie schon auch ungewöhnlich war, denn eigentlich vertrug sie ja einiges.

»Ent… Ent… Entschuldigung«, prustete sie wieder, »bin schon wieder weg.« Sie zog die Tür hinter sich zu und öffnete sie dann doch nochmals. »Ich mach euch auch das Licht wieder aus. Nettes Arschgeweih übrigens!« Damit knallte sie die Tür zu.

Verdammt, wieso war sie knapp davor, einen Lachanfall zu bekommen? Okay, den alten Sack so nackt zu sehen, war schon ganz witzig. Andererseits aber auch echt abartig, was ein hübsches junges Ding wie der Nachwuchs-Vorzimmerdrache alles zu tun bereit war für einen Karrieresprung. Und vor allem: Was bedeutete das für die Flora? Nachdem sie sie noch immer nicht gefunden hatte ... Glücklicherweise schwebte gerade wieder ein Tablett mit Champagnergläsern in Griffhöhe an ihr vorbei. Sie hielt sich an einem fest und ließ den Rest des Tabletts weiterziehen.

Also nächste Tür. Schnell aufgerissen und ... da saß eine Gruppe von Gästen rund um einen Tisch, auf dem ein kleiner Berg weißes Pulver gehäuft war, an dem sich von allen Seiten kichernd und schniefend mittels Röhrchen bedient wurde. Und war das nicht der Vize...? Ach, auch schon wurscht. Die Andrea wusste natürlich, was das weiße Pulver war, aber darauf hatte sie nun wirklich keine Lust. Sie ließ die Tür wieder zufallen und drehte sich zur nächsten hin. Ein bisschen zu schnell, denn ihr wurde leicht schwindlig. Kam es ihr nur so vor, oder wurde das Licht noch eine Spur schummriger? Sie kicherte wieder leise vor sich hin und verschüttete die Hälfte vom Glas, als ihr Kichern durch heftigen Schluckauf unterbrochen wurde.

»Darf ich dir helfen?«, fragte ein Model-ähnlicher Typ in einer eng anliegenden Badehose, die sein bestes Stück kaum in Zaum halten konnte. Er stützte die Andrea am Ellbogen und nahm ihr das Champagnerglas aus der Hand.

»He!«, protestierte die Andrea und merkte dabei selbst, dass sie inzwischen einen lallenden Unterton hatte. Nur ganz leicht, natürlich, aber doch schon merkbar. Sie schluckte. Dann sah sie dem Typen in die Augen und schluckte gleich noch mal. Das war nicht irgendein heimisches Möchtegern-Model, sondern einer der angesagtesten Typen im deutschsprachigen Raum. Lief auf Laufstegen und spielte in einer deutschen Soap Opera den Mädchenschwarm. Ja, eh. Spielen musste er da nicht viel, der Fabian Malkovits war der wohl begehrteste Junggeselle des Landes. Zumindest, wenn man den verschiedenen Klatschblättern vertraute. Das tat die Andrea zwar nur bedingt, aber im Gegensatz zur Charlotte war sie sich nicht zu gut, auch in dieser

Hinsicht up to date zu bleiben und in die bunten Blättchen bei Gelegenheit auch mal reinzulesen. Okay, die Bilder anzuschauen – viel zu lesen gab es außer ein paar Bildunterschriften ja ohnehin nicht.

Auf jeden Fall versank die Andrea in den braunen Rehaugen des Fabian. Ihre Knie begannen leicht zu zittern, und sie bekam kein Wort heraus. Aber das war ganz sicher nur der Alkohol. Ehrlich! Oder wieso fühlte sich ihre Zunge sonst so an, als würde sie am Gaumen kleben? Und ihre Beine, als wären sie aus Wackelpudding? Und wieso raste ihr Puls plötzlich, als wäre sie vom Büro bis hierher gesprintet? Und wieso, verdammt noch mal, wurde ihr plötzlich schwarz vor Augen? Shit – das konnten nicht nur der Alkohol und der Anblick des Mädchenschwarms sein. Sie riss sich los und suchte panisch nach einer Toilette. Aber der Fabian ließ nicht locker und fasste wieder nach ihrem Ellbogen. Eine Art von Hysterie stieg in der Andrea auf, das konnte sie sich jetzt echt nicht leisten. Wenigstens klärte die Wut ihren Kopf ein bisschen.

»Toilette?«, bekam sie fragend in Richtung vom Fabian heraus. Der grinste dreckig und zog sie um eine Ecke, wo sich die Toiletten befanden, drängte sie in die Damentoilette.

Die Andrea nahm ihre Umgebung kaum mehr wahr. Nur dass sie mit ihrem Hintern plötzlich an ein Marmorwaschbecken gepresst und das Bikinihöschen runtergezogen wurde, das bekam sie mit. Scheiße, dachte die Andrea, gerade jetzt? Sie versuchte, den Fabian von sich wegzustoßen, aber der hatte sie fest an den Oberarmen gepackt und war drauf und dran, ihr auch noch die Zunge in den Mund zu schieben. Genug! Ihr Knie schnellte hoch. Volltreffer. Dem Fabian ging die Luft aus wie einem Luftballon. Zum Drüberstreuen trat sie ihm noch in den Bauch. Sie konnte jetzt keine Ablenkung brauchen.

Während der Fabian wimmernd am Boden lag und sich mit den Händen schützend die Eier hielt, drehte sich die Andrea zum Waschbecken. Dabei sah sie sich selbst im Spiegel, der die ganze Wand einnahm. Auch die indirekte Beleuchtung machte den Anblick nicht besser. Ohne es zu bemerken, hatte sie zu schwitzen begonnen, ihr Make-up war völlig zerronnen, die Augen blutunterlaufen.

Oh Gott, wie ich Kotzen hasse, dachte sie noch, ehe sie sich einen Zeigefinger tief in den Rachen schob und das sündteure Marmorwaschbecken vollkotzte. Mit einer Hand hielt sie sich die Haare aus dem Gesicht, mit der anderen stützte sie sich an der edlen italienischen Goldarmatur ab.

Fünf Minuten später war ihr Magen endlich leer. Sie spritzte sich eiskaltes Wasser ins Gesicht, dann hängte sie sich mit dem Mund direkt an den Wasserhahn. Als sie gefühlt die halbe Wasserleitung ausgetrunken hatte, sank sie auf die Knie und atmete bewusst und tief durch. Der Fabian hatte sich in der Zwischenzeit vertschüsst, was ihr nur recht war. In einem der Champagnergläser musste etwas drinnen gewesen sein. Drogen? Ein Mittel, um die anwesenden Damen gefügiger zu machen? Auf jeden Fall hatte sie gerade noch rechtzeitig gemerkt, dass da etwas faul war. Und Rauskotzen war die einzige Möglichkeit, um den bereits entstandenen Schaden in Grenzen zu halten. Immerhin konnte sie sich jetzt sicher sein, dass das hier wirklich kein geeigneter Ort für eine Sechzehnjährige war.

Langsam zog sie sich am Waschbecken hoch – ganz war ihr Kreislauf noch nicht wiederhergestellt. Dann trank sie nochmals aus dem Wasserhahn und wusch sich die letzten Reste des Erbrochenen aus den Haarspitzen. Wie es sich für ein Luxus-Spa gehörte, war das hier nicht einfach nur eine Toilette. Nein, da gab es natürlich auch gleich jede Menge Düfte und Cremes, an denen sich die Andrea großzügig bediente. Erst danach fühlte sie sich wieder halbwegs wie ein Mensch. Sie sammelte ihre High Heels ein, die sie irgendwann zuvor weggekickt haben musste, schlüpfte hinein und trat mit erhobenem Haupt aus dem Waschraum. Nur den Bademantel konnte sie vergessen, auf dem waren zu viele Spuren von Erbrochenem.

Der stank wie Sau und sah auch nicht wahnsinnig appetitlich aus. Es blieb ihr nichts anderes übrig, als einfach nur im Bikini herumzulaufen.

Draußen herrschte nach wie vor ein Gewusel wie beim H&M-Schlussverkauf. Ganz so, als ob es hier etwas gratis ... aber halt! Natürlich gab es hier etwas gratis. Nämlich jede Menge Schampus, Marschierpulver und, da war sie sich ganz sicher, zum Drüberstreuen auch noch eine Gratisportion Tripper. Die Andrea sah sich die Gäste jetzt etwas genauer an. Fast nur bekannte Gesichter. Aus Film und Fernsehen, Politik und Kultur und, und, und. Das war wohl die viel zitierte Schickeria, und sie war mitten auf einer der geheimnisumwitterten Partys gelandet, auf denen gemauschelt, gehandelt und auch die Zukunft des Landes verhandelt wurde. Und wie einst in Sodom und Gomorrha gevögelt und gefeiert wurde. Dort hinten verschwand ein Minister mit einem kaum volljährigen Burschen an der Hand in einem Massageraum. Gleich daneben erkannte die Andrea einen anderen Politiker, der sich gemeinsam mit der Kollegin einer anderen Partei an seiner eigenen Frau zu schaffen machte. Da drüben ergötzte sich ein halbes Dutzend Wirtschaftsmagnaten an einem Pokerspiel mit scheinbar unbegrenztem Einsatz, wenn die Andrea die Fünfhunderter-Bündel am Tisch richtig deutete. Gleich dahinter hatte sich eine Partie Musikstars – oder eher Sternchen – mit ein paar Models vermischt und zog auf einer Massageliege völlig ungeniert eine Linie nach der anderen in die Nase. Das alles fiel der Andrea erst jetzt auf, nachdem sie das Gift halbwegs aus ihrem Körper gespült hatte.

Und noch immer fehlte von der Flora jegliche Spur. Anrufen war sinnlos, weil die Andrea einerseits ihr Handy selbst in der Garderobe liegen hatte lassen und es andererseits auf der Party sowieso ein Handy- und Fotografierverbot gab. Verständlich, wenn man sich ansah, was hier so abging. Keiner der hier Anwesenden wollte damit groß auf einer Titelseite erscheinen. Schön langsam wurde der Andrea aber auch klar, wieso es in der Republik so viele Skandale ohne wirkliche Folgen für die Verantwortlichen geben konnte. Hier kannte jeder jeden, und es hatte jeder gegen jeden etwas in der Hand. Auf der Lanner-Party waren Politiker aller Couleurs vertreten. Mauschelten und trieben es miteinander.

Trotzdem musste sie weitersuchen. Oder konnte es sein, dass die Flora gar nicht mehr da war? Nein, so schätzte sie die Kleine auch wieder nicht ein. Sie hoffte nur, dass sie vernünftig genug war, dem Gröbsten hier aus dem Weg zu gehen. Also schaute die Andrea weiter hinter jede Tür, an der sie vorbeikam.

Wie bei einem Adventkalender öffnete sich dahinter jedes Mal eine neue, überraschende Welt. Im Gegensatz zu einem Adventkalender waren diese Überraschungen aber in der Regel abscheulich und abstoßend, wenn man nicht gerade einen Fetisch für solche Sachen hatte. Eigentlich hatte sich die Andrea immer für sehr aufgeschlossen und experimentierfreudig gehalten, aber bei dieser Orgie hier verging sogar ihr die Lust. Sie hatte auch keine Lust mehr auf Alkohol, aber Durst hatte sie schon. Nach den Erfahrungen von vorhin wollte sie es aber nicht riskieren, sich etwas von der Bar zu holen – auch kein antialkoholisches Getränk.

Die Andrea schaute sich um, sie hatte inzwischen fast den gesamten Spa-Bereich abgesucht. Nur dort hinten, ganz im Eck versteckt, sah sie noch mal die Zeichen für Toiletten. Was soll's?, dachte sie. Dann halt wieder Wasser direkt aus der Leitung. Sie stieß die Tür auf und musterte sich im großen Spiegel über dem Waschbecken gleich gegenüber vom Eingang. Inzwischen sah sie wenigstens nicht mehr komplett wie eine Leiche aus, ihr Gesicht hatte wieder ein bisschen Farbe angenommen. Eiskalt kam das Wasser aus der Leitung, aber als sie eben die Lippen in den Wasserstrahl hängte, meinte sie, aus einer der Toilettenkabinen etwas zu hören. »Geh bitte!«, fluchte sie leise. »Hat man da nirgends seine Ruhe?« Und dann lauter: »Rent a flat!« Sie hatte schon die Tür zurück ins Spa aufgezogen, als sie ein halb abgewürgtes »Andre…« hörte. War das …?

Sie drehte sich um. Ein paar Schritte nur, und sie stand vor der Tür, hinter der, wie sie vermutete, der Ruf ausgestoßen worden war. Schade, dass das hier keine amerikanischen Toiletten waren, bei denen man leicht obendrüber oder untendrunter reinschauen konnte. Aber da achtete man in diesem Luxus-Spa schon darauf, dass die feinen Damen und Herren beim Gang auf den Thron ihre Ruhe hatten. Nicht einmal einen Spalt gab es, um zu sehen, was hinter der Tür vorging.

Die Andrea legte ein Ohr an die Tür. Sie konnte kaum etwas hören, lediglich das Rauschen ihres Bluts in den eigenen Ohren. Wie wenn man sich eine Muschel ans Ohr hielt. Sie schloss die Augen und konzentrierte sich noch mehr. Und da – da war doch etwas! Ein leises Murmeln, die einzelnen Worte unverständlich.

Was tun? Sie klopfte an die Tür. Keine Reaktion. Noch mal. Fester, heftiger. Und dazu: »Aufmachen! Was ist da los?« Irgendwie kam sie sich doof vor. Was, wenn das dadrinnen gar nicht die Flora war und sie sich gerade bis auf die Knochen blamierte?

»Schleich dich!«, kam es jetzt von innen. Und die Stimme … War das nicht der Fabian von vorhin? Was machte der auf der Damentoilette? Blöde Frage eigentlich. Was sollte er hier schon groß tun? Wohl dasselbe, was er vorhin mit ihr probiert hatte. Aber mit wem?

»Flora?«, rief die Andrea. Panik stieg in ihr auf. Was, wenn es wirklich die Flora war? Wie sollte sie da reinkommen?

Keine Antwort. Dann: »Aaaahhhh! Scheiße! Du verfluchtes kleines Mistst… Ahhhh!« Im nächsten Moment machte es »klick«, die Anzeige der Tür sprang von Rot auf Grün und ging einen Spalt breit auf. Die Andrea zögerte keinen Moment und riss sie ganz auf. Und tatsächlich: Da stand die Flora. Sie sah verschwitzt aus, die Augen gerötet, das Bikini-Oberteil hing ihr um den Bauch statt um die Brust. Am Boden lag der Fabian, wieder zusammengekrümmt, und hielt sich seine Eier. An einem Handgelenk blutete er, was wiederum zu den Blutspuren rund um den Mund der Flora passte. Die Kleine war wie paralysiert, nachdem sie die Ablenkung durch die Andrea genützt und sich von dem Typen befreit hatte.

Die Andrea fackelte nicht lange. Sie packte die Flora an der Hand und zog sie aus der Toilette. Zum Abschied verpasste sie dem am Boden liegenden Fabian noch einen Tritt, als Strafe und um sicherzugehen, dass er ihnen nicht nachkommen würde. Dann stieß sie die Tür zu.

Am Waschbecken richtete sie der Flora zunächst den Bikini und wusch ihr dann das Gesicht. Die Kleine hatte glasige Augen. Auch ihr schien man etwas ins Getränk gegeben zu haben. Nach ein paar Schluck Wasser ging es der Kleinen eine Spur besser. Ohne jeden Protest ließ sie sich abführen.

Sie zog die Flora zum Spa-Eingang, erst dort zeigte die Kleine erstmals eine Spur von Gegenwehr. »Brauche mein Gewand«, flüsterte sie schwach und deutete mit dem Kopf in Richtung Garderobe. Das kalte Wasser von zuvor hatte bei der Flora nur kurz für Besserung gesorgt, stattdessen schienen die Mittel in den Getränken jetzt erst bei ihr richtig einzufahren.

Die Andrea bekam Panik. Nicht, dass ihr die Kleine hier auf der Stelle umkippte. Aber was tun? In Wirklichkeit blieb ihr nur eine Möglichkeit, auch wenn sie abscheulich war. Sich selbst den Finger bis zum Gaumenzäpfchen in den Rachen zu stecken war eine Sache, das bei jemand anderem zu machen …

Gar nicht erst viel darüber nachdenken, mahnte sie sich selbst und zog ihre Quasi-Schwägerin zu einem Waschbecken neben der Garderobentür. Als die Andrea ihr die Haare aus dem Gesicht strich, dämmerte der Flora langsam, was da gleich passieren würde. Panisch riss sie ihre Augen auf, aber da war es schon zu spät. Die Andrea schob ihr den Zeigefinger in den Mund (und hoffte, dass die Kleine nicht zubiss). Ein paar Sekunden später ging es los. Vorsichtig hielt die Andrea der Flora die Haare nach hinten und streichelte ihr beruhigend über den Rücken. Auf aufmunternde Worte verzichtete sie, die hätte die Flora in ihrem Zustand jetzt sowieso nicht wahrgenommen.

Nach ein paar Minuten war es vorbei. Die Flora ließ sich an der Wand zu Boden sinken und vergrub ihr Gesicht in den angezogenen Knien. Dann heulte sie drauflos. Die Andrea strich ihr weiter zärtlich und beruhigend durchs Haar. Nachdem die Party noch immer in vollem Gang war, hatte sich noch niemand zurück in die Kabine verirrt, die beiden waren allein und hatten ihre Ruhe.

»Was ist passiert?«, fragte die Andrea schließlich. Sie hatte zwar eine ganz gute Vorstellung, wollte es aber doch von der Flora hören.

»Der Fabian hat mir einen Drink gebracht, dann wurde mir schwindlig, und er ist mit mir auf die Toilette. Dort hat er uns dann eingesperrt und …« Sie musste nicht weiterreden.

Die Andrea fragte: »Wie weit ist er gekommen?« Unwillkürlich glitt ihr Blick hinunter zum Bikinihöschen der Flora. Das schien aber mehr oder weniger unversehrt.

»Zum Äußersten ist es nicht gekommen, wenn du das meinst«, schluchzte die Flora, »zum Glück bist ja du aufgetaucht. Das hat ihn abgelenkt.«

»Du hast ihn gebissen?«

»Ja, er hat mir mit der Hand den Mund zugehalten. Der hat ganz schön Kraft, aber er ist ja auch einen Kopf größer als ich. Weil du vor der Tür gestanden bist, ist er ein wenig unvorsichtig geworden, ich habe den Kopf drehen und ihn ins Handgelenk beißen können. Danach noch der klassische Tritt in die Mitte, und gut war's.«

»Fein gemacht«, lobte die Andrea die Kleine. »Wollen wir?«

Die Flora nickte.

Langsam schob sie sich mit dem Rücken an der Wand entlang wieder hoch. Die Andrea spritzte ihr noch ein paar Tropfen kaltes Wasser ins Gesicht, danach musste sie der Kleinen ins Gewand helfen. Sie war noch zu schwach auf den Beinen. Entweder hatte die Flora eine stärkere Menge von den K.o.-Tropfen (oder was auch immer in den Drinks war) abbekommen, oder ihr zierlicher Körper verkraftete das Zeug einfach nicht so gut wie der von der Andrea. Dann ging es endlich raus aus diesem Alptraum.

Der Weg retour in die Empfangshalle war für die Andrea wie ein Spießrutenlauf. Sie war ja noch immer im Bikini unterwegs und wurde natürlich von den – um diese Uhrzeit glücklicherweise nur mehr wenigen – noch munteren Hotelgästen angeschaut wie ein bunter Hund. Weil, Bikini und Stöckelschuhe und dazu der Körper von der Andrea. Da konnte man schon durchaus auf falsche Ideen kommen, was sie da jetzt gerade zu suchen hatte. Sie wischte diese Gedanken weg und konzentrierte sich stattdessen auf die Flora, die nach wie vor gestützt werden musste. Der Weg kam ihr vor wie einer dieser endlos langen Wandertage früher in der Schule. Das Spa war im untersten Kellergeschoss untergebracht, und die blöden Lifte, die direkt in die Lobby führten, ließen sich nur mit Zimmerkarten oder eigenen Gästekarten bedienen. Sie selbst hatte keins von beiden und auch die Flora nicht. Die war bei ihrer Ankunft mit einigen Kolleginnen gemeinsam zum Spa hinuntergefahren und hatte keine eigene Karte gebraucht. Also japsten die beiden jetzt eine Prunkstiege nach der anderen nach oben. Fast wie in einem alten kaiserlichen Palais.

In der großen Lobby angekommen, musste sich die Andrea erst einmal neu orientieren. Sie brauchte noch ihre Sachen. Also zurück an die Hotelbar, wo der Wolfi gerade mit einem Hotelgast schäkerte. Als die Andrea sich völlig geschafft an die Theke lehnte und sich daneben die Flora ebenso erledigt auf einen Barhocker sinken ließ, fielen ihm beinahe die Augen aus dem Kopf.

»Was ist denn mit dir los? Und wo ist dein Bademantel?«, fragte er verdutzt. Die restlichen Gäste der Bar, rund zwei Dutzend, bestaunten das Schauspiel an der Theke. Mit einer Bikinishow hatte niemand gerechnet.

»Später«, murmelte die Andrea schläfrig. Ihr Adrenalinspiegel sank langsam, und die Nachwirkungen ihrer vergifteten Drinks wurden spürbar. Der Flora ging es nicht viel besser.

»Party … K.o.-Tropfen … arge Sachen …«, stammelte die Andrea weiter und hatte Mühe, überhaupt noch die Augen offen zu halten. Die Flora neben ihr hatte bereits den Kopf auf die Theke gelegt.

»Mein Gewand …«, flüsterte die Andrea noch, dann wurde ihr schwarz vor Augen, und sie kippte um.

14

Sonnenstrahlen weckten die Andrea am nächsten Morgen. Sanft kitzelten sie in der Nase, das Schwarz vor den geschlossenen Augen wurde zu einem zarten Rosa, dann zu einem strahlenden Rot. Schließlich riss sie die Augen auf.

Und machte sie gleich wieder zu. Fuck! Wo war sie denn da gelandet? Sie öffnete die Augen wieder vorsichtig. Und kannte sich noch immer nicht aus.

Nein, das war eindeutig nicht ihr Schlafzimmer. Oder hatte die Charlotte über Nacht um- und ausbauen lassen? Gegenüber an der Wand war ein Perlmutt-Mosaik eingelassen, die Bettwäsche war auf einmal aus feinstem Damast statt aus einfacher Baumwolle. Und an der Decke hing ein Kristalllüster, der garantiert nicht nach dem Geschmack der Charlotte war. Der Blick der Andrea wanderte hinunter auf den Boden. Dort lagen schwere Perserteppiche auf einem imperialen Fischgrätparkettboden. Sie machte kurz die Augen zu.

Erst jetzt merkte sie, dass sie nicht allein im Bett lag. Ganz und gar nicht. Da war jemand an sie angelöffelt, eine Hand umfasste ungeniert ihre linke Brust. Verdammte Scheiße, wo war sie da hineingeraten? Wo war sie überhaupt? Ihre letzte Erinnerung war, dass sie mit der Flora gerade noch in die Bar des Hotels gekommen war, dann verschwammen die Erinnerungen. Ach ja, da war doch was mit K.o.-Tropfen oder so? Oder war das nur ein Traum gewesen?

Plötzlich war sie hellwach. Natürlich! Der eine Typ hatte versucht, zuerst sie und dann die Flora zu vergewaltigen. Aber das beantwortete noch immer nicht die Frage, wie sie in ein fremdes Bett gekommen war. Und wo war die Flora?

Ein verschlafenes »Pscht!« drang in ihr Ohr. Was heißt da »Pscht!«, dachte die Andrea empört, nahm die fremde Hand von ihrer Brust und rollte aus dem Bett. Verschämt sammelte sie ihre Wäsche vom Boden auf. Irgendjemand schien sie ihr in der Nacht noch geholt zu haben. Immerhin etwas. Sie hatte wirklich keine Lust, jetzt auch noch im Bikini durch die Stadt zu laufen. Apropos Stadt – wo war sie überhaupt? Auf Zehenspitzen ging sie zum nächsten Fenster und sah hinaus. Vor und unter ihr erstreckte sich »Am Hof«, einer der größeren Plätze der Wiener Innenstadt. Touristen wuselten über die Betonwüste, die den Anfang des Goldenen Quartiers markierte.

Die Andrea atmete einmal tief durch. Immerhin wusste sie jetzt, wo sie war. Nämlich noch immer im Hotel. Sie blickte sich um und – ja, es sprach alles für diese Annahme. Irgendjemand hatte sie in ein Hotelzimmer gebracht. Wobei, »Hotelzimmer« war eine Untertreibung, es war eine richtige Suite. Hinter ihr im Bett rührte sich noch immer nichts. Sie konnte aber auch nicht erkennen, mit wem sie da die Nacht verbracht hatte, ihr Beischläfer hatte nämlich die Decke über den Kopf gezogen. Auch gut, dachte sie und sah sich die Suite genauer an. Eigentlich ganz schön hier. Nicht ihr Geschmack, dieses ganze imperiale und überkandidelte Interieur, aber für ein paar Nächte ... Egal, sie hatte jetzt andere Sorgen. Also zog sie sich fertig an. Doch bevor sie aus dem Zimmer flüchtete, machte sie noch einmal kehrt. Es interessierte sie jetzt halt doch, mit wem sie da ungewollt die Nacht verbracht hatte.

Leise ging sie zurück zu dem riesigen Bett und zog entschlossen die Decke weg. Und da lag ... die Charlotte! Rücken an Rücken mit der Flora. Jetzt kannte sich die Andrea überhaupt nicht mehr aus. Erleichtert ließ sie sich wieder aufs Bett sinken. Nach ein paar Sekunden und einigen zärtlichen Streicheleinheiten über die Wange erwachte die Charlotte. »Hallo«, hauchte sie verträumt lächelnd.

Bei der Andrea brachen jetzt alle Dämme. Sie sprang mit einem Satz zurück ins Bett, umarmte die Charlotte und rollte mit ihr herum. Was nur dazu führte, dass nun endlich auch die Flora erwachte. Und sah, wie die Andrea auf ihrer nackten Schwester saß. »Bäh! Könnt ihr nicht woanders herumferkeln?«, raunzte sie genervt und zog sich die Decke wieder über den Kopf.

Bevor die Andrea und die Charlotte ihr irgendwelche Gemeinheiten an den Kopf werfen konnten, klopfte es an der Tür. Ein gedämpftes »Zimmerservice!« drang ins Zimmer. Verwundert sahen sich die Andrea und die Charlotte an. Keine hatte etwas bestellt. Gut, wie hätte die Andrea das auch tun sollen? Sie hatte ja noch nicht mal gewusst, wo sie war. Auch die Charlotte zuckte nur ahnungslos mit den Schultern.

Die Entscheidung wurde ihnen letztlich eh abgenommen, denn der Zimmerservice öffnete einfach die Tür. Ein silbernes Servierwagerl erschien, geschoben von niemand Geringerem als dem Leo! Als er die Andrea – verhältnismäßig – putzmunter erblickte, hellte sich seine ernste Miene auf. Er schob das Wagerl zum Bett und herzte seine Schwägerin in spe herzhaft. Erst da fiel ihm auf, dass seine Cousine splitterfasernackt unter der Andrea lag. Aber bevor sich die Charlotte beschweren konnte, hatte der Leo schon eine der dicken Stoffservietten vom Servierwagerl genommen und damit ihre Brüste bedeckt. »Ich verziehe mich für ein paar Minuten da rüber«, dabei zeigte er auf den »Wohnraum« der Suite, »dann können wir beim Frühstück in Ruhe alles besprechen, was hier gestern abgegangen ist.«

Ein paar Minuten später saßen alle – auch die Flora hatte sich inzwischen aus dem Bett gemüht – rund um den großen Mahagoni-Esstisch im Wohnraum der Suite. Vor allem die Andrea und die Flora benötigten zuerst einmal zwei Häferl Kaffee, bis sie wieder einigermaßen auf der Höhe waren. Nach einem goldbraun-knusprigen Toastbrot mit Lachs und Kaviar und einem Glas frisch gepresstem Orangensaft – das sie in einem Zug geleert hatte – lehnte sich die Andrea zurück, hielt sich mit beiden Händen den Bauch und rülpste laut. Das sorgte für erlösendes Gelächter von allen Seiten. Bisher hatten sie noch nicht über den vergangenen Abend gesprochen, aber die Anspannung war in jedem Moment zu spüren gewesen.

»Zigarette?«, fragte die Andrea.

Der Leo schob ihr sein Päckchen über den Tisch. »Nach dem, was sich hier gestern abgespielt hat, wird sich schon niemand vom Hotel aufregen«, meinte der Leo gelassen.

»Genau, pfeif aufs Rauchverbot«, meinte auch die Charlotte. Als Aschenbecher verwendeten sie eines der Orangensaftgläser.

»Also, was ist denn gestern Nacht noch passiert, und wieso sind wir hier in so einer Suite?«, brachte die Andrea das Gespräch endlich auf den Punkt.

»Das hast du deinem neuen Spezi zu verdanken«, meinte die Charlotte verschwörerisch.

»Welchem neuen Spezi?«

»Na, dem Wolfi«, gab die Charlotte die gewünschte Auskunft. »Er hat mich verständigt.«

»Woher kennst du den Wolfi?«

»Tue ich ja nicht, aber er kennt den Mario, und anscheinend hast du ihm gestern Abend ein Foto von uns gezeigt.«

»Ich kenn mich noch immer nicht aus«, sagte die Andrea verdutzt.

»Das sind wohl noch die Auswirkungen von dem Zeug, das man dir und der Flora gestern in die Getränke gemischt hat. Aber keine Angst, ihr wart nicht die Einzigen.« Völliges Unverständnis im Gesicht der Andrea. Ein Blick auf die Flora zeigte, dass es der Kleinen nicht viel anders ging.

Die Charlotte schwang sich zu einer Erklärung auf. »Also, nachdem ihr, du und mein Schwesterherz, gestern Abend in der Bar umgekippt seid, hat der Wolfi zuerst einmal die Rettung verständigt und dann beim Mario in der Bar angerufen. Wie gesagt, du hattest ihm ja ein Foto von uns gezeigt und ihr habt euch über den Mario unterhalten, darum hat der Wolfi zum Glück schnell geschaltet. Ich bin dann mit dem Leo sofort hereingefahren. Weißt du, das ist eines der wenigen Dinge, die mir am Polizistendasein abgehen: mit Blaulicht in der Gegend herumzudüsen.« Dabei blinzelte sie dem Leo verschwörerisch zu. »Der Leo wollte die Bude hier sofort auseinandernehmen, aber da hat ihm der Major Keiffer einen Strich durch die Rechnung gemacht.«

»Ja«, mischte sich jetzt auch der Leo wieder ein. »Aufgrund der Prominenzdichte sollte es natürlich kein Aufsehen geben. Also durften wir die Veranstaltung unten im Spa nicht stören …«

»Wir?«, fragte die Andrea.

»Okay«, musste der Leo zugeben, »das ist ja sowieso nicht mein Zuständigkeitsbereich. Aber sagen wir mal so: Der Major Keiffer hat mir durch die Blume gesagt, dass er mit seinen Leuten da auch nicht eingreifen kann.«

»Oida!«, schnauften die Andrea und die Flora unisono.

»Was sollte ich tun?«, fragte der Leo betrübt. »Natürlich hätte es mir auch unter den Fingernägeln gebrannt, ein paar von den Großkopferten ein bisschen zu blamieren. Aber so ist es bei uns nun mal.«

»Egal«, unterbrach ihn die Charlotte. »Am wichtigsten war uns sowieso, wie es dir und der Flora geht. Als wir ankamen, war die Rettung natürlich schon da und konnte zum Glück einigermaßen Entwarnung geben. Sie haben euch beide an eine Infusion angehängt.«

»Und das hat nicht für Aufsehen in der Bar gesorgt?«, fragte die Andrea.

»Ursprünglich schon, aber … wieder der Wolfi. Den solltet ihr euch echt warmhalten«, antwortete der Leo. »Er hat mir erzählt, dass natürlich sofort der Nachtmanager bei ihm auf der Tacke gestanden ist. Weil, respektables Haus und so, und das geht natürlich nicht, dass da eine halb nackte Frau am Boden liegt. Und daneben auch noch eine Jugendliche. Der Wolfi, der schon ein bisschen länger hier arbeitet, hat ihn zur Seite genommen und die Sache erklärt. Und ihm sicherheitshalber auch erklärt, dass die Polizei bereits auf dem Weg sei. Er hat ihm natürlich verschwiegen, dass er damit mich gemeint hat und ich da eigentlich nix zu sagen habe, aber wurscht. Es hat geholfen. Weil, der Nachtmanager hat die Sanitäter dann sofort angewiesen, euch beide in eine der Suiten hinaufzubringen. Dort, also eigentlich hier, habt ihr dann die Infusionen bekommen. Als ich mit der Charlotte angerauscht kam, war unten in der Lobby und der Bar von dem Aufruhr nix mehr zu bemerken. Business as usual quasi. Nur der Wolfi hat mich zur Seite genommen und mir das alles erzählt. Ich bin dann mit der Charlotte zu euch rauf, wir haben gewartet, bis die Sanitäter weg waren, und die Charlotte ist bei euch geblieben.«

»Und du?«, wollte die Flora wissen, die ihrem Cousin mit großen Augen zugehört hatte.

»Ich wollte gerade runter ins Spa, um dort aufzuräumen, aber der Nachtmanager hat mich abgepasst.«

»Und das hast du dir gefallen lassen?«

»Was sollte ich sonst tun? Er hat mir sein Handy hingehalten, und da war der Major Keiffer dran. Er hat mich, hm, sagen wir ›gebeten‹, da nichts weiter zu machen. Seine Abteilung sei informiert, aber die ganze Situation sei eben sehr delikat, wie er sich ausdrückte. Und, wie ich schon vorhin sagte: Ich habe hier herinnen ja nichts zu sagen. Wenn ich da nicht jemanden auf frischer Tat ertappe, kann ich genau nix machen. Und wenn die Kollegen nicht wollen oder können, dann sind mir eben die Hände gebunden.«

»Wahnsinn!«, fluchte die Flora.

»Absolut«, gab ihr der Leo recht, »aber so ist es nun mal. Hauptsache, ihr beiden seid wieder auf den Beinen. Aber immerhin habe ich dem Nachtmanager ein schlechtes Gewissen einreden können.« Der Leo schmunzelte ein ganz klein wenig selbstzufrieden. »Es hatte ihn doch beeindruckt, dass ich durch den Keiffer im Ministerium so hoch vernetzt bin. Er ist dann ganz schnell sehr handzahm gewesen und hat sich einverstanden erklärt, uns – also euch – die Suite für heute Nacht gratis zu überlassen. Selbstverständlich inklusive des ›President's Breakfast‹, das ich euch vorhin raufgebracht habe. Er wollte eben so wenig Aufsehen wie möglich haben.«

»Und das war's?«, fragte nun auch die Charlotte. Aber natürlich wusste sie die Antwort schon, sie war ja selbst lange genug Polizistin in Wien gewesen. Zwar war sie nie über eine derart degoutante Promiparty gestolpert, wie sie ihr der Wolfi am Vorabend, also eigentlich schon in der Nacht, beschrieben hatte, aber im Großen und Ganzen wusste sie schon, wie solche Sachen in Österreich gehandhabt wurden: Hände falten, Goschn halten. Wurscht, welche Regeln für die Bevölkerung galten, es gab immer Leute, die gleicher als die anderen waren. Und für die jegliche Regeln nur beschränkt galten. Oder auch überhaupt nicht.

Wenn sich die Andrea oder die Flora jetzt also erwarteten, dass sie in ein paar Minuten auf eine Horde Polizisten stoßen würden, die das Hotel auf den Kopf stellten, um der degoutanten Bagage ordentlich auf den Zahn zu fühlen, und versuchten, jetzt noch Beweise sicherzustellen, dann täuschten sich die beiden Mädels aber sehr gründlich.

Und so stiegen sie eine halbe Stunde später zu viert im Foyer aus dem Aufzug und landeten mittendrin in einem Großeinsatz der Polizei …

3. Satz

15

Als die Charlotte den Massenauflauf an uniformierten Beamten in der Hotellobby sah, stellte sie ernsthaft ihr eigenes Urteilsvermögen in Frage. Gerade noch hatte sie den anderen versichert, dass sich die Polizei einen Scheißdreck um das Geschehen von gestern Nacht kümmern würde, und nun standen sie mittendrin in einem Großaufgebot ebenjener Polizei.

»Ah, Leo – auch schon da? Wer hat dich denn verständigt?« Die Augen von der Charlotte wurden noch größer. Das war doch glatt der Major Keiffer höchstselbst. Und wenn der mal persönlich irgendwo antanzte, dann war die Kacke so richtig am Dampfen. Der grobschlächtige Mann klatschte dem konsternierten Leo mit seiner Pranke auf die Schultern. Und seit wann waren die beiden überhaupt per Du?, wunderte sich die Charlotte weiter. Wobei, seitdem sie die gemeinsame Liebe für Oldtimer-Traktoren entdeckt hatten …

»Äh …«, dem Leo fehlten die Worte. Auch er wunderte sich über den Auflauf an Polizisten. Der Hoteleingang war abgesperrt, das anwesende Personal wurde gerade vernommen. Aber zu welchem Thema? Die Charlotte wollte nicht daran glauben, dass es sich da jetzt um die K.o.-Tropfen von letzter Nacht handelte. Dafür würde der Major Keiffer nicht extra einrauschen.

Der Leo fand als Erster seine Fassung wieder. »Was ist denn hier los? Vor ein paar Stunden haben Sie mir doch noch gesagt, dass wir uns hier nicht einmischen sollen.« Ah, stellte die Charlotte fest, also doch noch nicht per Du. Nur der ranghöhere Keiffer nahm sich diese Freiheit dem Leo gegenüber heraus.

»Tja«, meinte der Keiffer bedeutungsschwanger, »da hatten wir aber auch noch keine Leiche!«

»Wie bitte?«, fuhr es der Flora heraus. Sie hatte sich bisher im Hintergrund gehalten. Jetzt ging aber doch die Neugier mit ihr durch.

»Ja, den Clemens Lanner hat es erwischt. Warst du nicht bei der Party dabei?«, fragte der Keiffer. Seine zusammengekniffenen Augen ließen nichts Gutes ahnen.

»Doch, aber …«

»Dann muss ich dich auch noch vernehmen. Und das Fräulein Andrea ebenfalls. Wenn ich mich recht entsinne, waren Sie ja auch anwesend?«

Die Andrea nickte geschockt.

»Langsam, langsam, Herr Major«, bremste ihn die Charlotte. »Was genau ist denn mit dem jungen Lanner passiert?«

Der Major schnaufte tief durch. Er hatte so sehr gehofft, dass sich die Charlotte da jetzt nicht einmischen würde, aber in Wirklichkeit (und ganz, ganz tief drinnen) hatte er eh gewusst, dass es so kommen würde, sobald er etwas von einer Leiche erwähnte. Schließlich gab er sich einen Ruck. »Der junge Herr Lanner ist wahrscheinlich an einer Überdosis gestorben.«

»Und deshalb rückt ihr hier mit Mann und Maus an?«, bohrte die Charlotte nach. »Mein lieber Herr Major, Sie kennen mich, also verkaufen Sie mich bitte nicht für blöd. Wegen einer Überdosis kommt nicht die Truppe aus dem Innenministerium angelaufen.«

»Fräulein Charlotte«, setzte der Keiffer an. Fräulein Charlotte? Was war das denn jetzt für eine altbackene Anrede? Egal, der Keiffer fuhr fort: »Nach allem, was sich da gestern Nacht abgespielt haben dürfte, fand ich es am Ende doch besser, wenn wir uns da persönlich drum kümmern. Die Geschichte mit Ihrer Schwester, der Tod vom jungen Lanner. Außerdem weist die Leiche auch Verletzungsspuren auf.«

»Fremdeinwirkung also nicht ausgeschlossen?«

Der Keiffer hob ratlos die Schultern. »Vielleicht. Die Leiche hat eine tiefe Wunde an der Stirn.«

»Irgendeine Ahnung, woher die stammen könnte?«

»Natürlich, wir wissen es sogar ganz genau. Er hat sich am

Waschbecken den Schädel angeschlagen. Vermutlich, als er sich den letzten Schuss gesetzt hat.«

Das kam der Charlotte komisch vor. Also, die ganze Geschichte. Was ihr kurz darauf auch der Keiffer bestätigte. »Unter uns: Der junge Lanner war schon deppert, aber *so* deppert? Irgendwas stinkt da.«

»Wo habt ihr die Leiche überhaupt gefunden?«, hakte der Leo nach. Er wollte nicht neben seiner Cousine stehen und ihr die ganze Ermittlungsarbeit überlassen. Am Ende des Tages war immerhin er hier der Polizist. Offiziell wenigstens.

»Auf einer Toilette im Spa-Bereich. Das Reinigungspersonal hat ihn heute früh entdeckt.«

»Der ist niemandem abgegangen?«

»Ist ja ein erwachsener Mann, und Freundin oder Frau hat er laut einigen Zeugen nicht. Auch keine Kinder. Und der Vater macht nicht den Eindruck, als ob er sich wahnsinnig darum kümmern würde, was seine Kinder so treiben.«

»Dürfen wir mal den Tatort sehen?«, fragte die Charlotte vorsichtig. Der Keiffer überlegte einige Momente, zuckte dann die Achseln und führte die Familie Nöhrer schließlich hinunter ins Spa. Der Andrea und der Flora war dabei ein klein wenig mulmig zumute, aber immerhin waren sie diesmal ja nicht allein, und die Party war ja sowieso schon vorbei.

Im Spa-Bereich wuselte es noch immer von Polizisten. Gut zwei Dutzend waren dabei, Spuren zu sichern und jeden Winkel des Luxus-Spas zu untersuchen.

»Rübezahl!«, rief der Keiffer in den Raum. Einen Moment später wurde ein Polizist beim Keiffer vorstellig, der sogar den Leo noch um einen guten Kopf überragte. Sein Gesicht war von einem struppigen Vollbart eingerahmt, fast schwarze Augen lugten unter buschigen Augenbrauen hervor. Die Uniform schien an verschiedensten Stellen fast zu platzen, weil der Beamte gar so grobschlächtig war.

»Ja, Chef?«, meinte der Rübezahl in einem Bass, dass die Charlotte ihren Magen mit jeder Silbe mitschwingen spürte.

»Das hier sind noch zwei Zeugen von gestern Nacht. Die jungen Damen waren auch bei der Party eingeladen. Sei so gut und nimm bitte ihre Aussagen auf.«

»Hey, aber …!«, protestierten die Andrea und die Flora, als der Keiffer sie mit dem riesigen Polizisten allein ließ. Aber der Major winkte die Beschwerden der beiden einfach weg. Ohne sich umzublicken, führte er die Charlotte und den Leo tiefer ins Spa hinein. Für die Charlotte war das alles neu, sie hatte ja in der letzten Nacht nur die Lobby und das Hotelzimmer kennengelernt. Trotzdem hatte sie eine brennende Frage an den Keiffer: »Jetzt ganz im Ernst: Rübezahl?«

Der Keiffer lachte laut auf. »Nein, natürlich nicht. Das ist nur unser Spitzname für ihn – ist doch passend, oder? Eigentlich heißt er Frank. Da haben sich die Eltern einen Spaß gemacht. Mit vollem Namen heißt er nämlich Frank Frank. Wie das jemals durchgegangen ist …« Der Keiffer schüttelte den Kopf.

Schließlich erreichten sie den (stillen) Ort, an dem der junge Lanner sein Leben gelassen hatte. Oder lassen hatte müssen, das wusste man ja noch nicht so genau. In ebendiesem Moment wurde die Leiche in einem anonymen grauen Sarg abtransportiert.

»Können wir …?«, fragte die Charlotte vorsichtig. Der Keiffer nickte und hielt die beiden Sargträger auf. Der Sarg wurde abgestellt und geöffnet.

Eigentlich sah der junge Lanner noch recht frisch aus. Ein bisschen bleich und die Lippen bläulich, aber sonst … Die Charlotte und der Leo konnten die Wunde auf der Stirn vom Lanner erkennen. Sie hatte eigentlich mit einer halbwegs geraden, schnittartigen Wunde gerechnet, aber tatsächlich war die Stirn vom Lanner mehr oder weniger direkt zwischen den Augen und über der Nase stark eingedellt. Wenn ihn das Gift nicht umgebracht hatte, so hätte diese Wunde es wohl erledigt. So eine Wunde konnte doch nicht von einem Sturz auf den Waschbeckenrand stammen!

»Danke«, beendete der Keiffer die Leichenschau. Er schloss

den Sargdeckel, und endlich konnte die Leiche des Jungverlegers abtransportiert werden.

»Ist die Familie schon verständigt worden?«, fragte die Charlotte.

Der Keiffer nickte. »Ja, aber es ist noch keiner gekommen. Der Vater ist angeblich heute Morgen für einen Kurztrip in sein Haus am Attersee gefahren.«

»Mutter?«

»Geschieden und derzeit nicht greifbar. Angeblich irgendwo im Ausland unterwegs.«

»Und die Geschwister?«

Der Keiffer zuckte mit den Achseln. Was ging es ihn schon an, ob sich vielleicht irgendwann wer dazu herablassen würde, nach dem verstorbenen Verwandten zu schauen?

»Arge Bagage«, meinte der Leo kopfschüttelnd.

»Ja, aber kann uns auch wurscht sein«, erwiderte die Charlotte. »Dürfen wir jetzt sehen, wo genau man die Leiche gefunden hat?«

Der Keiffer führte die beiden in eine Damentoilette. Hier sah es ganz ähnlich aus wie in der Toilette, in der die Andrea beinahe dem Fabian zum Opfer gefallen war. Große Spiegel, viel Marmor und Gold, gedämpftes Licht, jede Menge Toilettenartikel und so groß, dass eine kleine Familie darin ihr komplettes Auslangen gefunden hätte.

»Die Leiche wurde hier vor dem Waschbecken gefunden. Den Schuss dürfte er sich aber dort hinten in der ersten Toilette gesetzt haben. Zumindest haben wir dort die Spritze gefunden.« Der Keiffer zeigte auf eine Reihe von Mahagonitüren, hinter denen sich die edlen Erleichterungsanlagen befanden. Die vorderste Tür stand offen. Die Charlotte lugte hinein. Hier hatte die Spurensicherung schon ganze Arbeit geleistet – es gab nichts mehr zu finden.

»Wieso hat sich der Lanner eigentlich den Schuss auf der Damentoilette gesetzt?«, stellte die Charlotte eine Frage in den Raum.

Der Keiffer antwortete: »Vielleicht hat er es vorher mit einer der Gäste getrieben? Oder es war einfach ruhiger hier?«

Das waren natürlich Möglichkeiten. Erstere würde man bei den Zeugenbefragungen abtesten müssen. Die Charlotte bezweifelte jedoch, dass sie in dieser Hinsicht eine ehrliche Antwort erhalten würden.

»Womit soll sich der Lanner eigentlich aus dem Leben geschossen haben?«, wollte die Charlotte als Nächstes wissen.

»Mit Heroin«, gab der Keiffer die gewünschte Auskunft.

»Weiß man in der Beziehung irgendwas über seine Vorgeschichte?«

»Nur das Übliche – Kokain, wie es in der Schickeria halt gängig ist. Von Heroin haben die befragten Zeugen nichts gesagt. Wir haben uns da in erster Linie an die Freunde vom jungen Lanner gewandt. Die haben ihn schließlich am besten gekannt. Unter Schock haben sie uns hoffentlich die Wahrheit erzählt. Wie gesagt, mit Heroin soll er nichts am Hut gehabt haben. Deshalb habe ich ja auch so meine Zweifel«, antwortete der Keiffer.

Die Charlotte sah sich gründlicher um. »Und wo genau soll der Lanner auf das Waschbecken geknallt sein?«

»Genau hier.« Der Keiffer zeigte auf das erste von drei Waschbecken.

»Da stimmt doch was nicht«, meinte die Charlotte. Ihre Zweifel an der Kopfwunde schienen durch das Waschbecken bestätigt. Sie sah den Leo auffordernd an.

»Woran denkst du?«, fragte der zurück.

»Na, wo haut man sich normalerweise an einem Waschbecken, von mir aus auch an einem Tisch, den Schädel so an, dass eine sichtbare Wunde zurückbleibt? An der Kante! Aber dann hätte er doch eine längliche Wunde haben müssen. Kannst du dich noch erinnern, wie die Wunde beim Lanner ausgeschaut hat?«

Der Leo nickte. »Ja, wie eine tiefe Delle.«

»Eben, das heißt, es kommt hier eigentlich nur der Wasserhahn in Frage.« Dieser war genau in der Mitte am hinteren Rand des Waschbeckens. Die Charlotte beugte sich probehalber über das Waschbecken. Es war so ausladend gestaltet, dass sie sich weit darüberbeugen musste, um ihre Stirn auf den Wasserhahn zu legen. »Probier du mal«, forderte sie den Leo auf, »du bist doch um einiges größer.«

Der Leo folgte der Aufforderung. Bei ihm ging es sich leichter aus.

»Wie groß war der Lanner denn?«, wandte sich die Charlotte an den Keiffer.

»Einen Moment.« Der Major zog – echt oldschool – ein kleines Notizbuch aus der Tasche und blätterte darin herum. »Er war circa einen Meter fünfundsiebzig und wog sechzig Kilogramm. Ein echter Hungerhaken.«

»Gut, das ist von der Größe näher an mir als am Leo. Meiner Meinung nach ist es unmöglich, dass er selbst mit so einer Wucht auf den Wasserregler gefallen ist. Hat man Blutspuren darauf gefunden?«

Wieder konsultierte der Keiffer sein Notizbuch. »Nein, keine Blutspuren. Weder am Knauf noch an der Kante des Waschbeckens. Nur rundherum und am Boden.« Er schlug das Heftchen zu und kniff grantig die Augen zusammen. »Ich glaube, ich muss mit meinen Leuten mal ein ernstes Wort sprechen. Wieso ist das denen nicht aufgefallen?«

Im Stillen dachte sich die Charlotte, dass ihm das als Chef auch hätte auffallen können, aber natürlich hatte er so viele Sachen um die Ohren und für genau so etwas eigentlich sein Team. Egal, wieder ein Stein im Brett bei dem mächtigen Polizisten, der früher oder später mal gelegen kommen könnte.

»Es wird also Mord gewesen sein«, durchbrach der Leo die Stille. »Irgendjemand hat den jungen Lanner hier den Schädel eingeschlagen und ihm, damit es nicht auffällt, drüben am Häusl den goldenen Schuss gesetzt.«

»Sehe ich auch so«, bestätigte die Charlotte. »Wer auch immer das war, ist dabei aber sehr patschert vorgegangen.« Sie wandte sich wieder an den Keiffer. »Hier sind ja überall Sicherheitskameras. Wurden die schon ausgewertet?«

Der Keiffer schüttelte den Kopf. »Ist nichts drauf. Die Kameras waren aufgrund der delikaten Gästeliste ausgeschaltet. Diese Leute sehen sich nicht so gerne auf Kamera – also eigentlich schon, aber halt nur, wenn es sich um die ›Seitenblicke‹ handelt. Bei ihrem echten privaten Treiben bleiben sie dann doch lieber unter sich.«

»Und die Gästeliste?«

»Die konnten wir noch sicherstellen. Das physische Exemplar am Eingang ist zwar geschreddert worden, aber wir konnten auf dem Rezeptionslaptop noch eine digitale Version beschlagnahmen.«

»Und?«

»So weit keine Auffälligkeiten. Viele Promis und Politiker. Alles bekannte Namen. Kaum vorstellbar, dass da jemand den Lanner umgebracht haben könnte.«

»Vielleicht war der Mörder gar nicht auf der Gästeliste?«, warf die Charlotte eine Vermutung in den Raum.

»Wie wäre er dann reingekommen?«, wollte der Keiffer wissen.

»Die Andrea hat es auch geschafft«, sagte die Charlotte.

»Dann werden wir uns wohl mal mit Ihrer Freundin unterhalten müssen.«

Der Rübezahl war inzwischen mit der Aufnahme der Aussagen von der Andrea und der Flora fertig. Beiden war natürlich nichts aufgefallen. Die Andrea erklärte dem staunenden Keiffer, wie einfach sie als ungebetener Gast die Party hatte entern können. Natürlich mit Hilfe des Hotelpersonals, aber dennoch. Der Keiffer schlug die Hände vors Gesicht. Jetzt musste er auch noch diese ganzen Personalgänge und -wege kontrollieren lassen.

»Können wir die Gästeliste trotzdem mal sehen?«, fragte die Charlotte den Keiffer. Und weil es jetzt eh schon egal war und die Andrea und die Flora die Gäste sowieso voll in Action gesehen hatten, ließ er die Charlotte und den Leo die Liste auf seinem Handy durchlesen.

Von den meisten hatte die Charlotte ohnehin schon von der Andrea gehört. Trotzdem war es faszinierend, so ein – wenn auch nur virtuelles – Dokument der Dekadenz in Händen zu halten. Da hatte sich gestern Abend tatsächlich das Who's who der Republik ein Stelldichein gegeben und abgefeiert wie früher die alten Römer. Knapp hundert Namen standen auf dieser Liste, fein säuberlich nach dem Alphabet sortiert. Aber sie musste nicht wirklich weit hinunterscrollen, denn schon der dritte Name stach ihr ins Auge: Thorsten Adefris – eines der unzähligen Kinder der Adefris-Brut …

»Und schon wieder ein Adefris«, stellte die Charlotte fest, inzwischen gar nicht mehr verwundert. Letztens erst die Adefris-Matriarchin gemeinsam mit dem alten Lanner. Jetzt zwei von den Stammhaltern dieser beiden Familien, die eigentlich so ganz und gar verschieden waren. Das Einzige, was sie nach außen hin verband, waren die im einstelligen Prozentbereich angesiedelten Sympathiewerte, die sowohl den Lanners als auch den Adefris entgegenschlugen.

»Ja«, bestätigte der Leo, »das ist jetzt unser dritter Toter innerhalb weniger Tage. Zweimal hat es die Familie Adefris erwischt, einmal die Lanners.«

»Und ihr glaubt, das hängt zusammen?«, mischte sich nun der Keiffer ein.

Die Charlotte nickte. »Ja, ich werde das ungute Gefühl nicht los, dass da viel mehr dahintersteckt, als wir bisher auch nur ahnen. Für einen Zufall kreuzen sich nach meinem Geschmack die Wege dieser Familien in letzter Zeit zu häufig. Was mich vor allem stutzig macht: Was hat denn die alte Adefris mit dem alten Lanner zu tun?«

»Eine Affäre?«, warf die Flora ein.

»Nein, glaube ich nicht. Dafür ist sie nicht der Typ, wenn du mich fragst. Was du natürlich nicht tust, ich weiß eh, aber trotzdem. Die ist noch so richtig Gebärmaschine, vom alten deutschen Schlag. Bei der stehen die Blutsbande über allem anderen. Wie viele Kinder haben die Adefris eigentlich? Sechs? Sieben?«

»Mittlerweile auf jeden Fall eines weniger – so wie auch die Familie Lanner. Was der alte Lanner jetzt wohl macht, wo ihm sein ›Thronfolger‹ abhandengekommen ist?«, meinte der Leo.

Die Charlotte zuckte mit den Achseln. Es gab nur wenige Sachen, die ihr wurschtiger waren, als wem der alte Lanner jetzt sein Medienimperium vermachen würde. Außerdem waren da ja auch noch ein paar andere Kinder, die erben konnten, wenn es einmal so weit war. Wobei die Charlotte bezweifelte, dass der alte Lanner die Macht abgeben würde, solange er auch nur einen Fuß vor den anderen setzen konnte. Die altersbedingte Senilität war bei ihm schon noch ein paar Jährchen entfernt, und in Wirklichkeit machte das bei dem Alten sowieso keinen Unterschied. Leute erniedrigen und beschimpfen konnte er sicherlich auch im fortgeschrittenen Alter noch sehr gut. Und soweit die Charlotte das bisher mitbekommen hatte, war genau das der Führungsstil vom alten Lanner.

Der Keiffer kratzte sich am Kopf. »Was ist hier nur los? Eine Familienfehde?«

Daraufhin erzählte die Charlotte ihm von den Andeutungen, die der Graf bezüglich der Familie Adefris gemacht hatte. Aber in welchem Zusammenhang die mit den Lanners stehen sollten? »Vielleicht wissen wir mehr, wenn die Andrea endlich etwas über die geschäftlichen Verbindungen der beiden Familien herausgefunden hat.«

»Was heißt da ›endlich‹?«, empörte sich die Andrea. »Wenn du mich nicht zum Babysitten geschickt hättest, wäre ich jetzt schon weiter.«

»Eh, weil du die ganze Nacht durchgearbeitet hättest. Nein, das war auch keine Kritik. Mir ist schon klar, dass so etwas durchaus länger dauern kann.«

Der Keiffer verstand nur Bahnhof, und dabei beließ es die Charlotte auch. Wer war denn hier der Kieberer mit dem ganzen Beamtenapparat eines Ministeriums im Rücken? Dann würde er ja wohl auch früher oder später auf die richtige Fährte kommen. Blieb nur die Frage, wie viele Leichen es bis dorthin noch gab.

16

Am selben Tag in einer noblen Villa im Perchtoldsdorfer Sonnbergviertel

»Und du bist sicher, dass dich niemand dabei beobachtet hat?«

»Ja, Mutter, ganz sicher«, antwortete Thorsten Adefris. »Ich habe die Tropfen wie besprochen in die Getränke gegeben. Die ganze Gesellschaft war auf rosaroten Wölkchen unterwegs. Einige sogar drüber.« Blödes Gekicher von allen Seiten des Tisches.

Der noch verbliebene Adefris-Clan hatte sich im Esszimmer der Villa rund um den prunkvollen Tisch aus dem 17. Jahrhundert versammelt. Helgrid, die Mutter, saß am einen Kopfende. Auf der linken und rechten Seite hockten wie aufgefädelt Thorsten, Siegfried, Gernot und Gunther. Am Schoß der Matriarchin schlief die dreijährige Kriemhild, den Daumen im Mund, sanft am Busen ihrer Mutter. Die Gnade der späten Mutterschaft. Nach insgesamt fünf Brüdern hatte Hela spät, aber doch noch eine kleine Schwester bekommen. Da hatte Hagen noch einmal seine ganze Männlichkeit unter Beweis gestellt, und Helgrid hatte mit über fünfzig bewiesen, wozu das deutsche Blut in ihren Adern noch imstande war. Melancholisch blickte sie auf das Gemälde des Führers, das über dem Kamin an der Wand hing. Es zeigte Hitler in einer seiner Lieblingsposen, die linke Hand in die Hüfte gestemmt, den Blick mutig und stark in die Ferne gerichtet. Das Gemälde war seit Kriegsende im Besitz der Familie. Es war der Teil eines viel größeren Vermächtnisses, das aber leider vor einigen Monaten von der Zaitler'schen Saujüdin im geheimen Bunker in den Weinbergen verbrannt worden war.

Sie hatten noch Glück gehabt, dass Hagen rechtzeitig einen Teil des Goldes in Sicherheit gebracht hatte – bevor der Bunker gefunden und das restliche Gold vom »Staat« abtransportiert worden war –, ehe der Bunker dann in Flammen aufging. Aber sie arbeitete ja längst daran, dass dieses verlorene – »gestohlene«, wie sie es innerlich nannte – Gold wieder seinen letzten Besitzern zugeführt wurde. Nicht umsonst hatten sie und Hagen über Jahre – ach was, über Jahrzehnte! – Kontakte und Netzwerke bis hinauf in die höchsten Stellen verschiedener Ministerien kultiviert, und aus kleinen Knospen waren mittlerweile große Blüten geworden. Es war in Wirklichkeit nur einer kleinen Zelle resistenter »Gutmenschen« zu verdanken gewesen, dass sie den Bombenanschlag im letzten Dezember nicht bis zum Ende hatten durchziehen können. So gut, so detailliert und ausgefuchst war der Plan gewesen! Und dann musste sich dieses Nöhrer-Gör einmischen …

Der Sessel am anderen Kopfende war verwaist. Helgrid wischte sich eine kleine Träne aus dem Auge. Dort war bis vor Kurzem der Platz von Hagen gewesen. Ihr guter Mann. Ihr einziger Mann. Ihr ganzes Leben lang hatte sie keinen anderen Mann in ihrem Bett empfangen, und sie war sich sicher, dass ihr stolzer Hagen es ebenso gehandhabt hatte. Treue war ihre Ehre. So hatten es ihr die Eltern beigebracht, und niemals hatte sie daran gezweifelt. Auch wenn es in der heutigen Zeit schwer war, diesem Credo immer bedingungslos zu folgen. Das linke Gesindel johlte ja schon auf, wenn man zu dem Asylantenpack Kameltreiber, Teppichknüpfer oder – wo es passend war – Neger sagte. Dabei war das nun mal die Ordnung der Welt. Der Begriff »Herrenrasse« kam ja nicht von irgendwoher, ihnen hatte Gott die Welt untertan gemacht! Ihr größter Wunsch war es, noch einmal so eine ordentliche Welt zu erleben wie unter dem seligen Adolf. Daran hatte sie in den letzten Jahrzehnten mit Hochdruck gearbeitet. Natürlich immer im Hintergrund, wie es sich für eine Frau gehörte. Den Platz im Rampenlicht hatte sie ihrem Hagen gegönnt. Wie sie selbst war er von edlem deutschen Blut. Gewesen. Gewesen! Denn diese Lanner-Sippe hatte ja gemeint, an ihm ein Exempel statuieren zu müssen. Nur weil sie gierig wurden. Undank ist aller Welten Lohn.

Und noch zwei weitere Plätze waren leer: jener des in die Luft gesprengten Wulfibald und jener von Hela, die ihre ungerechte Strafe im Gefängnis absaß. Woran natürlich ebenfalls dieses liederliche Nöhrer-Flitscherl schuld war. Aber auch die würde noch in ihre Gasse kommen. Sie seufzte tief.

»Erzähl weiter«, forderte sie ihren Sohn auf.

Thorsten goss sich genüsslich ein Glas Rotwein ein und nippte daran. Dann begann er: »Also, die Tropfen habe ich natürlich nicht selbst in die Getränke geschüttet. Das hat die Marlies gemacht.«

»Gutes Mädchen«, lobte Helgrid.

»Ja, hab ich dir doch gesagt. Ich such mir schon die richtige Freundin aus.« Wohlwollendes Nicken der Mutter. Thorsten konnte ja nicht wissen, dass die Begegnung mit Marlies von seiner Mutter eingefädelt worden war. Ihre Kinder waren zwar im rechten Geiste erzogen worden, aber sie wollte nichts dem Zufall überlassen. Deshalb mussten die potenziellen Partner der Kinder sorgsam ausgesucht werden. Nur bei der Hela musste sie sich da keine Gedanken machen. Also, wenn sie dann in ein paar Monaten wieder aus dem Gefängnis kam. Die frühzeitige Haftentlassung war im Hintergrund bereits angeleiert. Aber davon musste vorerst noch niemand etwas wissen.

»Also, die Marlies hat absolut kein Getränk ausgelassen. Da ist kein Glas rausgegangen, das nicht mit unseren Tropfen aufgemotzt war. Weil sie mit der Abwicklung des Getränkeausschanks bei der Party beauftragt war, war das auch kein großes Problem. Ich habe mich erst später blicken lassen. So eine affige Feier. Nur in Badehose oder Bikini.«

»Du musst dich nicht für deinen Körper genieren«, meinte die Mutter.

»Nein, das nicht, aber ich habe sowieso einen Bademantel getragen. Irgendwo musste ich die ›Utensilien‹ ja transportieren. Mir ist so etwas einfach zu … dekadent. Es war unanständig, was dort vor sich gegangen ist. Unsere Tropfen haben die Leute eigentlich gar nicht gebraucht. Niemand hat den Minister gezwungen, Koks zu schnupfen. Niemand hat den Pfarrer gezwungen, in einer der Kabinen die Fernsehmoderatorin zu vögeln. Unsere Tropfen haben die Leute vielleicht etwas, hm, hemmungsloser gemacht, aber sie waren ja keine Marionetten. Egal, ich bin spät hin, erst lange nach Mitternacht, und habe mich bemüht, dass mich niemand sieht. Da waren die meisten schon so hinüber, dass ihnen nichts mehr aufgefallen ist. Die waren alle miteinander beschäftigt. Oder mit sich selbst. Ein paar sind auf den Badeliegen am Pool gelegen und haben geschlafen. Die Marlies hat wie besprochen dem Clemens ausgerichtet, dass er auf die Damentoilette kommen soll, weil dort jemand auf ihn warten würde.«

»Was ja nicht einmal gelogen war!« Siegfried lachte laut auf.

»Genau. Aber der Clemens hat schön blöd geschaut, wie er mich auf der Damentoilette gesehen hat.«

»Hat er sich gewehrt?«, wollte die Mutter wissen.

»Natürlich. Probiert hat er es schon, aber der wiegt ja nicht einmal die Hälfte von mir. Ich habe ihn am Nacken gepackt und ihm den Schädel aufs Waschbecken geschlagen. Dann habe ich ihm am Klo den Schuss gesetzt. Die Menge hätte für zwei ausgewachsene Männer gereicht. Bei dem hageren Clemens hat man selbst in seinem bewusstlosen Zustand gemerkt, wie das Zeug eingefahren ist. Er ist sogar noch einmal hochgeschossen, hat die Augen weit aufgerissen und nach Luft geschnappt.« Thorstens Stimme war während der Erzählung kühl, um nicht zu sagen eiskalt geblieben. »Und dann ist ihm das Blut in die Augen gestiegen. Er hat noch einmal gehechelt und dann ist er endlich krepiert.«

»Und dann?«

»Dann habe ich mich aus dem Staub gemacht.«

»Und du bist ganz sicher, dass dich keiner gesehen hat?«

»Ganz sicher, Mutter. Die Marlies hat mich dann über diverse

Personalgänge rausgeleitet. Dort war um die Uhrzeit nichts mehr los.«

»Es ist ja auch nicht so, dass dein Gesicht jeden Tag von irgendeinem Revolverblatt runterlacht«, warf Gernot ein.

»Noch nicht«, bekräftigte Thorsten, der als ältester Sohn des Adefris-Clans das neue rechtmäßige Oberhaupt war.

»Wir gehen jetzt also in die Offensive?«, hakte Gunther nach.

Die Mutter nickte. »Ja, es ist an der Zeit. Mit dem Tod des Sohnes haben wir Herrn Lanner klargemacht, dass wir es ernst meinen. Wenn er nicht will, dass seine gesamte Familie ausgelöscht wird, muss er uns die Mehrheit der Anteile an seinem Medienbetrieb überschreiben.«

»Verkaufen«, korrigierte Thorsten.

»Ja, aber natürlich zu einem vernünftigen Preis.«

»Hast du schon mit ihm geredet?«, wollte Gunther wissen.

»Vor zwei Tagen. Er hat um ein Treffen am Tennisplatz gebeten. Dem bin ich nachgekommen, und deshalb sitzen wir ja jetzt hier zusammen. Er hat nämlich versucht, mich unter Druck zu setzen, hat mich nochmals gedrängt, ihm unsere Anteile an ›Heimatland‹ zu verkaufen. Und ich habe ihm klargemacht, dass das nicht in Frage kommt.«

»Und?«

»Und? Er hat mir natürlich gedroht, dass er uns einen nach dem anderen umbringen lässt. So lange, bis ich ›vernünftig‹ werde und verkaufe. Was natürlich nicht in Frage kommt. ›Heimatland‹ ist mit unserem Kapital gegründet worden, als der Lanner noch ein kleiner Scheißer aus Oberösterreich war. Euer Vater hat damals schnell gemerkt, dass man ihn sich gut zunutze machen kann. Bei unserer Familiengeschichte wäre das leider nicht so leicht gegangen, aber die Lanners waren in dieser Hinsicht unbedarfter. Bis heute weiß ja niemand, dass wir mit fünfzig Prozent in diesem Firmenkonstrukt drinnenstecken. Die Berichterstattung der ›Heimatland‹ hat uns und unseren Gesinnungsfreunden in den letzten Jahren viel geholfen. Das dürfen wir uns für die Zukunft nicht nehmen lassen, und leider,

leider …«, an dieser Stelle machte Helgrid eine bedeutungsschwangere Pause, »hat sich der alte Lanner in den letzten Jahren immer mehr und mehr von Inseratengeldern leiten lassen. In Wien hat er letztens sogar den Sozialisten unterstützt.«

»Das war der Tropfen, der für Vater das Fass zum Überlaufen brachte«, ergänzte Thorsten. »Er hat sich daraufhin mit dem alten Lanner getroffen und ihm das Messer an die Kehle gesetzt. Und das meine ich wörtlich.« Thorsten legte einen alten Nazidolch auf den Tisch. »Nämlich genau dieses Messer.«

»Ist das nicht …?«, fragte Siegfried.

»Ja, das ist genau der Dolch, mit dem der dämliche Robert Zaitler letztes Jahr die Gurte der Pritsche angeschnitten hat. Den hatte die Marianne Zaitler aus dem Bunker geklaut und ihm geschenkt.«

»Aber hat den nicht die Polizei beschlagnahmt?«

»Doch, aber wie Mutter vorhin gesagt hat – wir haben überall unsere Kontakte. Auch wenn wir nach der Geschichte mit unserer lieben Schwester derzeit etwas leisetreten müssen. Aber wir waren nie ganz weg und werden es nie sein. Den Leuten reicht es doch! Diese ganze Gutmenschelei. Asylantenpack ungebremst ins Land hereinlassen. Die Tachinierer mit großzügigem Steuergeld in ihrer Faulheit unterstützen. Wenn wir erst dran sind, wird es das alles nicht mehr geben. Und das ist nur noch eine Frage der Zeit. Auf dem Weg ganz nach oben gibt es eben immer wieder auch mal Rückschläge.«

Gernots Augen glänzten in Vorfreude. »Und was war die Reaktion von dem alten Sack?«

»Vater hat erzählt, dass er bleich geworden ist. Zur Sicherheit hat er ihm noch einen leichten Schnitt in den Hals versetzt. Gerade so stark, dass er ein wenig geblutet hat, damit der Alte wusste, Vater meint es ernst.«

»Was im Nachhinein vielleicht ein Fehler war«, gestand die Mutter gefasst ein. »Ein paar Tage später hat der Lanner euren Vater am Hochberg massakrieren lassen. Aber da ahnte er nicht, worauf er sich eingelassen hat. Der Tod eures Vaters und eures

Bruders wird nicht umsonst gewesen sein. Aug um Aug, Zahn um Zahn. Einen Sohn haben wir schon beseitigt.«

»Und als Nächstes kommt der Vater«, schloss Thorsten die Ausführungen seiner Mutter.

»Auch wenn der Alte sich in der Zwischenzeit bereit erklärt, seine Anteile an uns zu überschreiben?«, wollte Gunther wissen.

»Dann«, so Helgrid, »erkauft er sich damit ein paar Wochen seines Lebens. Eines ist klar: Der Tod eures Vaters kann nur durch den Tod des alten Lanner gesühnt werden.«

17

Der Leo warf die Charlotte, die Andrea und die Flora am frühen Nachmittag beim Weingut raus. Die Flora hatte nach den ersten Aufregungen des Morgens bei der »Heimatland« angerufen und sich für den Tag krankgemeldet. Sie war sich nicht sicher, ob die Sekretärin, die ihren Anruf entgegennahm, von ihrer müden Entschuldigung überhaupt irgendetwas mitbekam. Im Hintergrund herrschte helles Chaos – die Nachricht vom Tod des Juniorchefs begann sich langsam in der Redaktion herumzusprechen. Da hatte man andere Sorgen als die ohnehin entbehrliche Anwesenheit einer jungen Redaktionshilfe. Die Andrea hatte ebenfalls bei ihrem Chef angerufen, kam allerdings nicht so billig davon wie die Flora. Der Dr. Mühlberger war auf seine alten Anwaltstage noch so richtig neugierig geworden, und es blieb der Andrea nichts anderes übrig, als ihm in – fast – allen Details zu schildern, was in der vergangenen Nacht passiert war. Auf der anderen Seite hatte ihnen der Dr. Mühlberger in den letzten Monaten bei einigen Fällen hilfreich unter die Arme gegriffen, es war also nicht so, dass er sich diesen ehrlichen Bericht nicht redlich verdient hätte. Noch dazu, wo sie auf ihn angewiesen waren, um das Firmenkonstrukt der Lanners rechtlich zu entflechten und nach Verbindungen zur Familie Adefris zu suchen.

Eigentlich wollten die drei den Rest des Tages mit Chillen verbringen, nach dieser Nacht hatten die Andrea und die Flora das wirklich nötig. Kam ja nicht alle Tage vor, dass man was in seinen Drink gemischt bekam. Die Andrea hatte da völlig richtig reagiert und sich selbst zum Kotzen gezwungen. Und die Flora hatte das Glück gehabt, dass sie weniger als die Andrea getrunken und damit auch weniger von dem Gift abbekommen hatte. Sie wussten bis jetzt nicht, was ihnen da in die Drinks geschüttet worden war. Und eigentlich war das ja auch egal. Hauptsache, gut überstanden. Ein verbleibendes Maß an Müdigkeit war aber nicht zu verleugnen.

Aus der Ruhe wurde jedoch nichts, denn just, als es sich die drei hinter dem Weingut auf der Wiese mit dem herrlichen Blick auf Wien gemütlich gemacht hatten (sogar ganz ohne Alkohol), wurden sie auch schon wieder gestört. Der Gattringer kam um eine Ecke des Weinguts gehechelt. Vor den drei in der Wiese liegenden Frauen blieb er schnaufend stehen.

»Sie sind gar nicht so einfach zu finden«, meinte er ein wenig eingeschnappt.

»Wieso? Wir sind doch hier. Und Sie auch – wo also ist das Problem?«, antwortete die Charlotte genervt.

»Ich habe gut zwanzig Mal versucht, Sie anzurufen«, beschwerte sich der Gattringer, »aber nie hat jemand abgehoben.«

Ups, die Charlotte hatte ihr Handy tatsächlich noch nicht wieder aufgedreht. Nach den Aufregungen der letzten Nacht hatte sie aber auch wirklich andere Sorgen gehabt. Statt etwas zu sagen, rauchte sie sich eine Zigarette an, blies den Rauch in die Luft und machte die Augen wieder zu.

»Frau Nöhrer!«

»Was?«

»Letzte Nacht hat es schon wieder einen Toten gegeben!«

»Ach?«

»Was, ach?«

»Sie meinen doch sicher den jungen Herrn Lanner, oder?«

»Ja, genau!«

»Und?«

»Was und? Mir sterben gerade die Stakeholder am Tennisturnier der Reihe nach weg. Und was tun Sie? Liegen hier in der Wiese und frönen dem Dolce Vita.«

»Nicht«, flüsterte die Andrea, die merkte, dass der gute Herr Gattringer soeben den völlig falschen Ton angeschlagen hatte.

Die Charlotte dämpfte ihre Zigarette in der Wiese aus und setzte sich langsam auf. »Herr Gattringer, Sie haben mich eigentlich damit beauftragt, mich um die Familie Adefris zu kümmern.

Was die Lanners machen, geht mich überhaupt nichts an. Und auch was die Adefris angeht, muss ich Ihnen leider sagen, dass das nix wird. Die wollen mich nicht einmal von Weitem sehen.«

»Aber, aber …«

»Nix aber, Herr Gattringer. Ich habe Ihnen das schon bei unserem letzten Gespräch gesagt: Die Familie Adefris und wir – das passt einfach nicht.«

Enttäuscht sackte der Gattringer zusammen, und die Charlotte bekam fast ein bisschen Mitleid mit dem Eventmanager. Deshalb sagte sie: »Aber noch ist nicht aller Tage Abend. Legen Sie sich zu uns, schnaufen Sie ein bisschen durch. Ich bestelle uns was zu trinken, dann sieht vielleicht alles wieder freundlicher aus.« Sie war zu faul, jetzt ins Haus zurückzugehen. Stattdessen rief sie beim Noah an, und der kam Minuten später mit zwei Flaschen Schüttelwein, jeder Menge Gläsern und der Inaaya im Schlepptau angedackelt. Das Haar der Inaaya sah verdächtig zerwuselt aus, und ihr Blick war … Ja, was war er? Freundlich würde man es als verträumt beschreiben, tatsächlich war er aber leer. Erschöpft. Erledigt.

Der Noah und die Flora begrüßten sich kurz und distanziert, nachdem die Flora bemerkt hatte, was der Noah und die Inaaya gerade getrieben haben mussten. Die Charlotte nahm dem Noah die Flaschen und Gläser ab und schenkte allen ein. Wann hatte Alkohol jemals eine Situation nicht gleich entspannt? Ja gut, da gab es natürlich etliche Beispiele, in denen es sogar zu einer Eskalation gekommen war, aber sie waren hier doch alle vernünftige Erwachsene! Oder?

Nachdem die Flora ihr Glas auf einen Zug geleert und sich auf die Seite gedreht hatte, war das allgemeine Durchatmen bis hinunter in den Ort zu hören. Ihr Bock auf eine Konfrontation mit dem Noah und der Inaaya hielt sich nach der letzten Nacht in sehr engen Grenzen. Lieber Augen zu und durch. Also schloss sie die Augen. Es fühlte sich fast ein bisschen wie im Freibad an: die Sonne auf der Haut, eine ganz leichte Brise, die ihre Nase umspielte, und dazu eine Geräuschkulisse aus Gemurmel, Vogelgezwitscher und weit, weit entfernt das Rauschen der Autos auf der Autobahn … Mit einem sanften Lächeln auf den Lippen schlief die Flora ein.

Der Gattringer beruhigte sich nach dem ersten Glas Schüttelwein ebenfalls. Nicht zuletzt auch deshalb, weil die Charlotte ihm versprach, an der Sache dranzubleiben. Auch ohne das Einverständnis der Familie Adefris. Von ihrem Verdacht, dass die Adefris am Tod des jungen Lanner schuld waren, erzählte sie dem Gattringer aber nichts. Der Arme war ohnehin schon fertig genug. Ihm da jetzt auch noch von einer potenziell mörderischen Privatfehde zwischen zweien seiner »Stakeholder« zu erzählen, brachte sie einfach nicht übers Herz. Außerdem wusste sie nicht, wie weit sie ihm wirklich trauen konnte. Also nicht, dass er auch irgendwie da hineinverwickelt wäre, aber ob der gute Mann ein Geheimnis für sich behalten konnte? Nein, mit solchen Sachen musste man den viel beschäftigten Sportmanager nicht belasten.

Eine Stunde später machte sich der Gattringer – endlich – wieder auf den Weg, wurde aber umgehend vom Herrn Papa abgelöst. Die Charlotte musste auch ihm noch mal erzählen, was in der Nacht vorgefallen war. Am Ende der Erzählung war der Herr Papa auf hundertfünfzig. Wäre der junge Lanner nicht schon tot und aus irgendeinem unerklärlichen Zufall gerade hier gewesen, hätte ihn der Herr Papa wahrscheinlich eigenhändig ins Jenseits befördert. Dass die Flora am nächsten Tag wieder zur »Heimatland« arbeiten gehen würde, hätte er ihr sowieso am liebsten verboten.

Da musste die Charlotte, sosehr das auch schmerzte, eingreifen. »Aber Papa, wir wissen ja gar nicht, wer der Flora und der Andrea die Sachen in die Drinks geschüttet hat. Ich glaube eigentlich nicht, dass der Lanner was damit zu tun hatte. Er ist ja am Ende selbst das Opfer gewesen.«

»Na und? Aber so eine dekadente Feier? Alle nur im Bikini. Drogen! Alkohol! Sodom und Gomorrha! Wo kommen wir denn da hin? Ich lasse meine Tochter doch nicht bei so einem Verein arbeiten!«

»Jetzt beruhig dich doch wieder, Papa. Das war trotz allem eine Privatfeier. In der Redaktion geht es ganz sicher nicht so zu.«

Der Herr Papa wollte davon aber im Moment nichts hören. »Das besprechen wir morgen in der Früh. Helft mir mal, die Kleine rauf in ihr Zimmer zu bringen.« Die Flora war noch immer komplett ausgeknockt.

Gemeinsam mit dem Noah trug der Herr Papa seine jüngere Tochter auf ihr Zimmer, wo sie von der Charlotte in ihr Nachtgewand gesteckt wurde. Die Omama setzte sich zu ihrer Enkelin ins abgedunkelte Zimmer, um ein bisschen auf die Kleine aufzupassen. Auch wenn die Flora schlicht und ergreifend bloß völlig erledigt war. Alles andere hatten – wie auch bei der Andrea – noch am Vormittag im Hotel die Sanitäter gecheckt. Aber so war die Omama nun mal. Sie ließ sich nicht und nicht ausreden, dass sie das Kind jetzt auf keinen Fall allein lassen konnte.

Wenn die Charlotte geglaubt hatte, dass jetzt endlich Ruhe einkehren würde, dann hatte sie sich getäuscht. Kaum waren sie wieder in den Innenhof getreten, tauchten nämlich der Graf und der Major Keiffer auf. Beide in Arbeitsmontur, sprich in Blaumännern. Das konnte nur bedeuten, dass wieder eine Restaurierungsstunde am alten Traktor vom Herrn Papa anstand. Warum die beiden sich dafür in Blaumänner geschmissen hatten, wollte sich der Charlotte nach wie vor nicht erschließen, denn vor allem der Graf hatte bislang noch nicht ein einziges Mal selbst Hand am Oldie-Traktor angelegt. Auch der Blaumann vom Keiffer sah nur mäßig benutzt aus, aber dem Polizisten traute die Charlotte noch eher zu, dass er sich mit solchen Reparaturen ein wenig auskannte. Wahrscheinlich waren die beiden aber auch nur gekommen, um mit dem Herrn Papa ein bisschen abzuhängen und sich ein gediegenes Damenspitzerl anzutrinken.

»Herr Major«, meinte die Charlotte picksüß. »So schnell sieht man sich wieder. Sollten Sie sich nicht um den toten Lanner kümmern?«

Der Keiffer winkte ab. »Der Junge liegt jetzt beim Gerichtsmediziner, dort wird offiziell festgestellt, woran er gestorben ist. Und für den Rest habe ich ja auch meine Mitarbeiter.«

»Macht das nur den Eindruck, oder geht Ihnen diese Geschichte ein wenig am Arsch vorbei?«

Der Keiffer grinste. »Wie soll ich das diplomatisch formulieren? Natürlich geht mir das Ganze nicht am Arsch vorbei, wie Sie es so vornehm ausgedrückt haben, aber die Familie Lanner ... Na ja, es ist fast ein bisschen so wie bei Ihnen und der Familie Adefris. Der werte Herr Lanner senior ist ja der Meinung, dass er uns, also der Polizei, über Schlagzeilen in seinem Revolverblatt vorgeben kann, worum wir uns kümmern sollen. Oder auch nicht. Wie es ihm halt gerade in den Kram passt. Das kommt immer auf seine jeweilige Stimmung an. Vor nicht einmal einem Jahr hat er der ÖHP noch groß den Hof gemacht. Erst nach dem Fall der Familie Adefris hat er da zurückgerudert, weil dann auch die Inseratengelder nicht mehr so geflossen sind. Beziehungsweise kamen sie eher von anderer Seite. Derzeit wird ja gerade groß unserem jungen Messias an der Staatsspitze gehuldigt. Bei den nächsten Wien-Wahlen werden es wieder die Sozialdemokraten sein ...«

»Wes Brot ich ess, des Lied ich sing ...«, meinte die Charlotte.

»Meistens. Wenn gerade keine Wahlen anstehen, dann fährt der alte Lanner halt sein eigenes Programm. Und das ist meistens schwer vorauszusehen. Wahrscheinlich weiß er selbst nicht, was er am Abend will, wenn er in der Früh aufsteht.«

Die Charlotte staunte. »Herr Major, ich wusste gar nicht, dass Sie sich mit solchen Themen beschäftigen.«

»Meine Liebe, was glauben Sie, womit ich es den ganzen Tag zu tun habe?«, erklärte der Keiffer stoisch. »In meiner Position muss man schon auch ein gewisses Maß an politischem Verständnis mitbringen. Kommt ein neuer Innenminister, wird oft das Personal unter ihm durchgetauscht. Da heißt es aufpassen und sich nichts zuschulden kommen lassen. Glauben Sie mir: Das ist aufreibender und anstrengender, als man es sich vorstellt.

Da bin ich direkt dankbar, wenn ich mal in einem ›normalen‹ Mordfall ermitteln darf.«

»Oder sich einen Abend freinehmen und beim Herumschrauben an alten Traktoren zuschauen können«, erwiderte die Charlotte gut gelaunt.

»Zuschauen?«, meinte der Keiffer mit gespielter Empörung. »Schauen Sie mal!« Stolz zog er einen – einzigen! – Schraubenschlüssel aus einer Tasche seines Blaumanns. Ein breites Grinsen breitete sich über sein Gesicht. »Aber wenn Sie uns ein, zwei Flaschen von Ihrem Schüttelwein nach hinten in die Halle bringen lassen würden, wäre ich natürlich nicht böse.«

Die Charlotte stieß ihm mit der Faust in den Oberarm und gab bei der Bahira die Bestellung auf. Dann schaute sie sich im Hof um. Jetzt, mitten am Nachmittag, hielt sich das Treiben noch in Grenzen. Die Tische im Hof waren vielleicht von einem Dutzend Gäste besetzt. Nichts, womit das vorhandene Personal nicht fertig wurde. Also hirschte die Charlotte hinauf in ihre Wohnung, wo sich auch die Andrea gerade nochmals einen kurzen Schönheitsschlaf gönnte. Beziehungsweise gönnen wollte.

Aber nix da. Die Charlotte kramte in einer Lade herum und warf ihrer Freundin dann einen Bikini zu.

»Hä?« Die Andrea rieb sich verschlafen die Augen.

»Komm, beweg deinen süßen Arsch. Ich möchte runter ins Freibad. Es ist so schön draußen, und hier haben wir eh keine Ruhe. Vielleicht weckt dich das Wasser ja ein bisschen auf.«

»Ach nö …«

Aber die Charlotte blieb unerbittlich. Und so lagen sie eine halbe Stunde später im Freibad. Die Andrea hatte darauf bestanden, dass sie sich vom Bad-Büfett eine Portion Pommes mit einem Riesengupf Ketchup besorgten, sonst wäre sie »zu schwach«, um ins Wasser zu gehen. Da hatte die Charlotte gerne nachgegeben. Es war einfach schön, für wenigstens ein oder zwei Stunden mal alles andere rundherum zu vergessen.

Sie lagen hinter einer Heckenreihe am Ende des weitläufigen

Freibadareals. Hier hinten war außer ihnen niemand. Die jungen Männer wollten alle vorne nahe beim Wasser sein. Ein bisschen vor den Mädels posen, Arschbomben produzieren oder einfach nur mit den Schulfreunden abhängen. Und die Älteren hatten für den sich zum Ende hin neigenden Tag bereits ihre Zelte abgebrochen. So hatten sie diesen Bereich quasi für sich allein.

Wie sexy die Andrea sich die fetten Fritten in den Mund schieben konnte! Wo sie das alles hinaß, fragte sich die Charlotte zum wiederholten Mal. Die Andrea gab nämlich wirklich überhaupt keine acht darauf, was sie so täglich in sich hineinstopfte. Und da war von dem Alkohol, den sich die beiden in einer Woche so gönnten, noch gar nicht die Rede. Meistens natürlich rein geschäftlich, weil, natürlich musste man beim Heurigen auch mit den Gästen trinken. Und wenn man in der Turmbar war, konnte man auch schlecht nur Mineralwasser bestellen. Gell?

»Ich liebe dich«, hauchte die Charlotte verträumt. Die Andrea strahlte, strich der Charlotte eine kastanienrote Locke aus dem Gesicht und … schob ihr ziemlich unsexy zwei Pommes in den Mund.

»Ich dich auch«, lachte sie, sprang auf und lief zum Schwimmbecken.

18

Der Mittwochmorgen war entspannt wie schon lange nicht mehr. Die gesamte Familie hatte sich ausnahmsweise mal ganz friedlich und gut gelaunt am Frühstückstisch versammelt, und die Omama verteilte quietschvergnügt Topfenstrudelstücke.

Die Flora hatte vom Nachmittag bis in der Früh durchgeschlafen und auf diese Weise auch die letzten Reste vom Gift der Nacht davor aus ihrem Kreislauf eliminiert. Die Charlotte und die Andrea waren am Vortag bis zur Sperrstunde im Freibad geblieben und am Ende vom Bademeister praktisch rausgeworfen worden. Die viele Sonne, das kühle Wasser und die nackte Haut hatten dann dafür gesorgt, dass die beiden am Weingut schnurstracks in ihre Wohnung gelaufen waren und ... Also, sie waren den Rest des Abends nicht mehr rausgekommen und dann noch lange vor Mitternacht völlig erschöpft eingeschlafen.

Der Noah saß überraschenderweise neben der Flora am Tisch und hatte ein seliges Lächeln auf den Lippen – obwohl die Inaaya gerade nicht da war. Die junge Syrerin hatte ja inzwischen ihre eigene Wohnung unten im Ort, und ihr Dienstantritt war erst in ein paar Stunden. Die Stimmung von Muttern und dem Herrn Papa fügte sich nahtlos in das allgemeine Wohlbefinden ein. Die Frau Mama hatte sogar deutlich sichtbare Herzerl in den Augen, und es fehlte eigentlich nur noch, dass sie und der Herr Papa unterm Tisch heimlich Händchen hielten. Schon spannend, was für Auswirkungen das Traktorenschrauben auf das Liebesleben der Eltern hatte. Seitdem der Herr Papa dieses Projekt angegangen war, schien auch der Motor im Ehebett wieder auf Hochtouren zu laufen. Super, dachte sich die Charlotte, jetzt habe ich schon wieder Bilder im Kopf.

Die Stimmung war jedenfalls so gut, dass der Herr Papa auch kein Aufsehen machte, als die Flora dann in die Arbeit aufbrach. Die Diskussion vom vorigen Tag war vergessen (die

Flora hatte sie ohnehin nicht mitbekommen, weil sie ja schon geschlafen hatte), die Charlotte wollte das Thema auch nicht mehr aufwärmen. Ihr war es sogar ganz recht, dass die Flora wieder zurück in die »Höhle des Löwen« wollte. Konnte nur ein Vorteil sein, wenn man dort einen »Insider« hatte. Und vielleicht saßen die Zungen gegenüber einer vermeintlich unbedarften Ferialpraktikantin ja lockerer.

In einem Anfall von Ich-muss-dir-jetzt-beweisen-wie-lieb-ich-dich-habe begleitete die Charlotte ihre kleine Schwester noch bis zum Tor und verabschiedete sich sogar mit einem Wangenbussi von der Kleinen. Die Geschichte mit der völlig aus der Bahn geratenen Party war ihr doch näher gegangen, als sie sich zunächst eingestehen wollte. Sie sah der Flora noch kurz nach, wie sie mit dem Fahrrad den Weinberg hinunter über die mittlerweile asphaltierte Straße in Richtung Ortszentrum und dann weiter nach Liesing und zum Bahnhof runterfuhr. Dann nahm sie sich noch ein Häferl Kaffee und machte es sich mit der Andrea und einem Stapel Tageszeitungen an einem Tisch unter der alten Kastanie gemütlich.

Seitdem die Flora bei der »Heimatland« beschäftigt war, bekam man auch dieses Revolverblatt frei Haus geliefert. Normalerweise nahm die Charlotte – im Gegensatz zu ihren Eltern – diese Postille nicht in die Hand, aber heute interessierte sie es schon, was über den Tod des jungen Lanner geschrieben wurde. Und siehe da: Gleich auf der Titelseite war ein Foto vom Clemens Lanner abgedruckt. Formatfüllend. Lächelnd. Gut ausgeleuchtet. Darüber die Headline: »Wir trauern um unseren Verleger!« Etwas kleiner darunter: »Polizei ermittelt wegen Mordverdacht«.

»Interessant, oder?«, meinte die Charlotte zur Andrea. Die nippte an ihrem Kaffee, blickte kurz von ihrer Zeitung auf und sah sich das Titelblatt der »Heimatland« an. Als Antwort hielt sie ihre Zeitung, den »Gradmesser«, hoch, sodass die Charlotte deren Titel lesen konnte: »Rätsel um Tod von Verlegersohn«. Dazu nur ein kleines Bild vom Clemens Lanner. Die Hauptschlagzeile war dem kommenden Adriahoch gewidmet, das dem österreichischen Spätsommer noch eine ordentliche und anhaltende Hitzewelle bis weit in den September hinein bescheren sollte. Immerhin eine Sorge weniger: Bei einem ausgedehnten Adriatief wäre das Tennisturnier vielleicht ins sprichwörtliche Wasser gefallen.

Die Charlotte blätterte die »Heimatland« auf. Natürlich war auch die erste Doppelseite komplett dem Tod des Juniorchefs gewidmet. Neben den vielen kleinen Kästchen mit den »Leistungen« des jungen Lanner verkam die Hauptgeschichte fast zur Randnotiz. Die Charlotte brauchte keine zwei Minuten, um den Artikel zu lesen.

WIR TRAUERN UM UNSEREN CLEMENS LANNER

Völlig unerwartet wurde in der Nacht auf Dienstag Clemens Lanner, der Chefredakteur und Sohn des Herausgebers, tot aufgefunden. Die Tragödie ereignete sich ausgerechnet während der Feier zu seinem dreißigsten Geburtstag. Prominenz aus Politik, Sport, Kultur und Gesellschaft war gekommen, um dem »Heimatland«-Chefredakteur ihre Aufwartung zu machen, gefeiert wurde in einem noblen Innenstadthotel. Partygäste berichten, dass sie Clemens Lanner bis kurz nach Mitternacht noch vergnügt feiern sahen. Umso größer der Schock dann in den frühen Morgenstunden, als Clemens Lanner tot in einer Toilette des Hotels gefunden wurde. Die Leiche wies schwere Kopfwunden auf, die Polizei ermittelt derzeit in alle Richtungen, geht aber von einem Mord am Juniorchef der größten heimischen Tageszeitung aus.
Herausgeber und Vater Manfred Lanner zeigte sich entsetzt über die brutale Tat und zog sich mit dem Rest der Familie für einige Tage in einen Zweitwohnsitz außerhalb von Wien zurück. Zuvor sandte er der Redaktion aber noch folgendes Statement zum Tod seines Sohnes:

»Ich muss mich jetzt erst einmal sammeln«, schreibt Lanner senior, »es ist eine unglaubliche Tragödie. Von einem Moment auf den anderen wird einem das Wichtigste im Leben genommen! Wir müssen diesen schweren Verlust jetzt einmal verarbeiten. Ich kann den geschätzten Lesern aber versichern, dass wir uns von diesem persönlich gemeinten Angriff auf die Arbeit unserer Zeitung nicht von unserem Weg abbringen lassen werden. Wir werden auch weiter unsere Fernseh- und Radiopläne vorantreiben, um unseren Lesern in Zukunft ein Rundum-Service anzubieten, das es so in diesem Land bisher nicht gegeben hat. Ich gehe davon aus, dass der schändliche Mord an meinem Sohn von der Polizei umgehend aufgeklärt und der Schuldige zur Rechenschaft gezogen wird. Wir von ›Heimatland‹ haben uns in den letzten Monaten ganz klar gegen den rechten Rand der heimischen Politikszene positioniert und uns gegen jegliche Einvernahme aus diesen Kreisen zur Wehr gesetzt. Ich bin mir sicher, dass der Schuldige in diesem Milieu zu finden ist. Um unserer lahmen Exekutive ein wenig unter die Arme zu greifen, setze ich hiermit für sachdienliche Hinweise zur Ergreifung des Täters eine Belohnung von 10.000 Euro aus.«

»Na bumm«, meinte die Charlotte, als sie fertig gelesen hatte. »Hör mal zu«, meinte sie dann zur Andrea, »der alte Lanner meint schon zu wissen, dass es sich um Mord handelt. Da haben wohl wieder seine Polizeikontakte gezwitschert. Und schau mal, da!« Sie zeigte der Andrea wieder die Zeitung. Da waren tatsächlich Fotos der Geburtstagsfeier zu sehen, aber niemand trug Bikini, Badeanzug oder Bademantel. Nein, auf diesen Fotos waren die Gäste alle noch sittsam gekleidet, viele hielten ein Glas Sekt in der Hand. Sie mussten vor dem eigentlichen Partystart in einem der Hotelrestaurants gefakt worden sein. Wahrscheinlich hätte man auch ohne den Tod des Juniorchefs von der Party berichtet, und dafür brauchte man natürlich

»ordentliche« Fotos. Die Wahrheit war den Lesern halt nicht immer zuzumuten …

»Arg«, meinte die Andrea in zynischem Tonfall, »und da hab ich mir immer gedacht, dass alles, was in der Zeitung steht, wahr ist.«

»Aber noch viel ärger ist, dass er den vermutlichen Mord an seinem Sohn gleich den Rechten unterschiebt. Und was soll das mit der ›Einvernahme‹ durch rechte Gesinnungsgenossen bedeuten?«

»Na ja, war die ›Heimatland‹ nicht immer eher rechts? Oder sagen wir freundlicherweise ›populistisch‹?«

»Überleg doch, was der Keiffer gestern gesagt hat – das ist doch alles nur eine Geldfrage. Solange sie inserieren … Der Lanner hat doch absolut kein Gewissen. Dem ist es scheißegal, wen er da hoch- oder runterschreibt. Hauptsache, die Marie stimmt. Und seit der Geschichte mit der Hela Adefris stimmt die garantiert nicht mehr.«

»Schade, dass wir das Blattl nicht öfter gelesen haben. Da könnte man vielleicht vergleichen, wie sich die Berichterstattung geändert hat.«

»Wir nicht«, sagte die Charlotte, »aber die Omama liest das Blatt doch täglich.« Wobei, lesen war vielleicht ein zu starker Ausdruck, denn in erster Linie interessierte sich die Omama für den Gesellschaftsklatsch, den man in den Qualitätsblättern nun mal nicht fand. Und natürlich waren auch die täglichen Kreuzworträtsel ein Highlight für sie.

Ein paar Minuten später saß die Omama auch schon bei den beiden unter der Kastanie. Sie musste ein wenig überlegen, konnte der Charlotte dann aber doch die gewünschte Auskunft geben. »Weißt, Mädel, ich hab ja schon so viel gesehen, aber so was Buntes wie die ›Heimatland‹ noch nie. Und auch selten was, das sich so sehr im Wind dreht. Ich les das Blattl ja nicht wegen der Politik, aber wenn man sich die Titel so anschaut, bekommt man schon ein bisschen was mit.«

»Und?«

»Du hast schon recht. Auf jeden Fall ist es so, dass die ›Heimatland‹ in den letzten Monaten ihre Ausrichtung stark geändert hat. Das hat schon knapp vor den Wahlen im Frühjahr begonnen, davor hat man dem Adefris und seinen Kumpanen ja jeden Blödsinn verziehen und entschuldigt. Egal, wie viele Nazi-Liederbücher in irgendwelchen Burschenschaftsbuden gefunden worden sind oder welche rechten Rülpser irgendein ÖHP-Politiker von sich gegeben hat.«

»Erst mit der Hela-Geschichte hat sich das geändert?«

»Ja, kann man wohl so sagen. Da ist es dann auch der ›Heimatland‹ zu heiß geworden, und sie haben gemerkt, mit welchem Feuer sie da gespielt haben. Dem Volk nach dem Maul reden ist eine Sache, sich dabei aber die Goschen zu verbrennen, eine ganz andere.«

»Omama!«, sagte die Charlotte entsetzt.

»Was? Ist ja wahr, die haben doch kein Mundwerk, sondern nur ein Schandmaul.« Die Omama nahm das Häferl von der Charlotte und nahm einen großen Schluck vom Kaffee. Die Charlotte ließ sie gewähren.

Sie blätterte weiter in der Zeitung. Gleich auf der nächsten Seite war schon der erste »Racheartikel« zu finden. Eine halbe Seite war den Morden am alten Adefris und seinem Sohn gewidmet. Dazu die knackige Headline: »Wer Wind sät …« Der Artikel darunter war nur mäßig freundlicher. Tatsächlich hatte die Polizei nach wie vor keine Anhaltspunkte, wer der oder die Täter sein könnten, aber das war dem Autor auch nicht wirklich wichtig. Vielmehr ging es hier um Schuldzuweisungen von fast schon biblischem Ausmaß. Man bezog sich auf das Alte Testament und die »dunkle Geschichte« der Familie Adefris, die sie nun einholte, einen nach dem anderen. Was genau diese »dunkle Geschichte« war, darauf ging der Schreiber nicht ein. Aber immerhin wurde recht unverhohlen mit weiteren »Enthüllungen« in den nächsten Ausgaben gedroht. Gezeichnet war der Artikel nur mit einem Kürzel: »mfg«.

»mfg – so wie in ›mit freundlichen Grüßen‹?«, fragte die

Andrea verdutzt. Die Charlotte wusste es auch nicht. Aber auch hier konnte jemand anderer Abhilfe schaffen. Eine kurze Nachricht über das Handy an die kleine Schwester, die mittlerweile schon in der Redaktion angekommen sein musste, und dann hieß es warten. Ein paar Minuten später kam die Antwort der Flora: »Kein Redakteur mit dem Kürzel ›mfg‹.«

»Vielleicht eine versteckte Botschaft?«, mutmaßte die Andrea.

»Kann schon sein. Ich kenne die Gepflogenheiten im Journalismus leider nicht. Oder Gott sei Dank, wer weiß das schon. Aber könnte schon sein, dass der alte Lanner der Familie Adefris da droht. Die Frage ist nur, warum? Liegen wir richtig mit unserer Vermutung, dass es da eine Fehde zwischen den beiden Familien gibt?«

»Und wenn ja, was ist der Grund dafür? Nur die entzogene Liebe kann es ja nicht sein. Dafür gleich mit gegenseitigem Morden zu beginnen? Wir sind ja nicht bei ›Romeo und Julia‹.«

»Tja, meine Liebe, das herauszufinden, ist eigentlich deine Aufgabe. Apropos: Wieso bist du denn nicht in der Arbeit?«

Die Andrea grinste. »Ich mach mich eh gleich auf den Weg. Aber heute darf ich mich mit meinem Chef beim Grafen drüben im Schloss treffen. Die beiden haben etwas zu bequatschen, und dann muss ich meinen Chef zu einem Gerichtstermin in Wiener Neustadt begleiten. Also kein Grund, zuerst noch in die Stadt reinzufahren. Was hast du heute vor?«

»Ich werde nachher mal zur Turnieranlage runterfahren. Noch mal alles abchecken. Am Samstag geht das Turnier ja mit dieser ominösen Qualifikation schon los. Und vielleicht lässt sich ja auch ein Adefris oder ein Lanner dort sehen. Wäre doch interessant.«

Eine halbe Stunde später verabschiedete sich die Andrea in Richtung Grafenschloss, das am Fuß der Perchtoldsdorfer Heide auf der anderen Seite der Weinberge lag. Die Charlotte checkte ihren Maileingang, in dem sich auch eine neue Bestellung von Emanuele Bianchi fand. Der Vater vom Luca kündigte außerdem an, dass er in den nächsten Wochen einen Besuch beim Herrn Papa in Perchtoldsdorf plante. Ob die Aurora, seine Frau, auch mitkommen würde, sei noch nicht ganz sicher. Sie fürchte sich mittlerweile davor, wieder in einen Mordfall verwickelt zu werden, wenn sie die Leider-doch-nicht-Schwiegerfamilie in Österreich besuchte. Über den Luca verlor der Signore kein Wort, aber die Charlotte ging davon aus, dass wohl auch der ehemalige Bonsai-Lover der Flora in Italien bleiben würde. Wie auch immer, wichtig war für die Charlotte die Bestellung vom Signore, alles andere konnte (und wollte) sie sowieso nicht beeinflussen. Dem Herrn Papa leitete sie das Mail gar nicht erst weiter, denn sie ging (völlig zu Recht) davon aus, dass der Signore dem Herrn Papa seinen Besuch sicher schon persönlich angekündigt hatte.

Eine Stunde später schnappte sie sich den Noah, um den Lieferwagen zu befüllen. Gemeinsam fuhren sie dann hinunter zur Tennisanlage, wo die Sicherheitsmaßnahmen mittlerweile drastisch hochgefahren worden waren. Das Gelände war weitläufig abgesperrt, näher als bis an den Burghof auf der einen Seite des Leonhardibergs und den Gymnasiumsbau auf der anderen Seite kamen normale Besucher jetzt nicht mehr. Der Begrischpark selbst war für Normalmenschen ebenfalls gesperrt. Bloß ganz oben, beim idyllisch gelegenen Minigolfplatz gegenüber dem Sportplatz, konnte man noch ein wenig herumflanieren. Als Standlbetreiberin in der Fan-Zone durfte die Charlotte natürlich schon bis zur Anlage fahren, allerdings nicht, ohne etliche Sicherheitschecks über sich ergehen zu lassen. Wären das die Leute vom Leo gewesen, wäre sie denen einfach mal drübergefahren, und die Sache wäre gut gewesen. Aber es waren Leute von Major Keiffer, die die Charlotte nicht kannten. Da half es auch nichts, dass sie mit ihrem Polizisten-Cousin prahlte und andere »wichtige« Namen fallen ließ. Die in schwarze Kampfanzüge gekleidete Sondereinheit ließ sich davon nicht beeindrucken.

»Ist das nicht ein bisschen übertrieben?«, fragte der Noah,

als sie nach einer Viertelstunde endlich den letzten Sicherheitscheck passiert hatten.

»Na ja, es hat doch ein paar Tote gegeben, die allesamt irgendwie mit dem Turnier in Verbindung stehen. Da will man wohl nichts mehr riskieren.«

Der Noah schob eine Rodel, bepackt mit Kartons voller Nöhrer-Wein. Die Charlotte führte die zweite, ebenso vollgepackte Rodel. Beim Stand wurden sie bereits von der Inaaya empfangen, um deren Hals eine laminierte Plastikkarte mit ihrem Porträtfoto und einer eigenartigen Zahlenkombination baumelte. Das Kärtchen sah aus wie ein Tic-Tac-Toe-Spielfeld, aber eben mit Zahlen statt mit Kreisen und Kreuzen. Die Inaaya hatte auf ihrem Kärtchen die Zahlen 1 und 9 eingetragen.

»Was ist das?«, fragte die Charlotte und zeigte auf das Plastikding.

»Das ist die Akkreditierung für die Veranstaltung. Wird ab heute ausgegeben. Habt ihr eure noch gar nicht abgeholt? Ohne die gibt's ab morgen keinen Zugang mehr, wo auch immer.«

Die Charlotte schüttelte den Kopf. »Wo bekommen wir das Ding?«

»Im Pressezentrum. Ihr müsst dort hinten …«

»Danke, passt. Ich weiß schon, wo das Pressezentrum ist«, unterbrach die Charlotte die Inaaya. Auf dem Weg dorthin in die Turnhalle der Schule drehte sich die Charlotte einmal kurz um und sah, wie die Inaaya dem Noah schmachtende Blicke nachwarf. Wenn das auf Dauer nur mal gut ging!

Im Pressezentrum wurden sie vom Speedy Hartig empfangen. Gut, empfangen war jetzt vielleicht übertrieben, denn der Pressechef saß tief gebeugt über seinem Laptop und tippte mit Hilfe der »Adlertechnik« gerade an einem Text herum. Unglaublich, in welchem Tempo er mit dieser Zwei-Finger-Methode seinen Text in den Computer hineinklopfte. Die Charlotte räusperte sich, dennoch dauerte es ein paar Sekunden, bis der Pressechef ihre Anwesenheit registrierte und von seinem Bildschirm aufblickte.

»Frau Nöhrer«, rief er begeistert, »was für eine Freude! Wie geht es Ihnen?«

»Danke, geht so«, antwortete die Charlotte kurz, aber nicht unfreundlich. »Und selbst?«

»Ach, die Arbeit. Man sollte gar nicht glauben, wie viel Aufwand wegen diesem Pimperlturnier betrieben wird. Durch den Tod des jungen Adefris und die Anwesenheit von unserem Altstar Hirzer hat das Ganze aber eine eigene Dynamik bekommen. Ich weiß gar nicht, was ich als Erstes schreiben soll: über das tolle Teilnehmerfeld oder über die neu implementierten Sicherheitsvorkehrungen. Dazu Presseanfragen aus ganz Europa und …«

»Halt, stopp!«, unterbrach ihn die Charlotte lachend. »So genau wollte ich es dann doch nicht wissen. Ich bin überzeugt, dass Sie hier einen ganz tollen Job machen. Wir sind aber eigentlich wegen unserer Akkreditierungskärtchen da. Meine Mitarbeiterin meinte, dass wir diese Dinger bei Ihnen abholen könnten?«

»Jaja, natürlich. Lassen Sie mich kurz schauen.« Er kramte in einem Haufen bereits ausgedruckter und laminierter Akkreditierungen herum, bis er jene für die Charlotte und den Noah fand. Feierlich überreichte er den beiden ihre Plastikkarten und reichte ihnen auch noch ein Lanyard dazu. »Hier«, sagte er und hielt der Charlotte eine Glasschüssel gefüllt mit bunt verpackten Schokokugeln hin. »Geschenk des Hauses«, erklärte er mit einem fröhlichen Augenzwinkern. »Sponsorware. Aber wir haben so viel, die kann ich nicht alle alleine essen.« Die Charlotte griff erfreut zu, und auch der Noah nahm sich zwei der Kugeln.

»Was bedeutet diese Schlange – oder was auch immer das ist – auf meiner Akkreditierung?«, fragte die Charlotte erstaunt. Auf ihrem Tic-Tac-Toe-Feld standen keine Zahlen, stattdessen schlängelte sich eine Endloslinie durch alle neun Felder und wieder zurück.

»Der Corvin hat darauf bestanden, dass Sie eine ›All Access‹-Akkreditierung bekommen. Diese ›Schlangenlinie‹, wie Sie es nennen, bedeutet einfach nur, dass Ihre Akkreditierung für alle Bereiche gültig ist. Er hat gemeint, dass Sie das brauchen werden.« Den fragenden Blick vom Hartig, der sich auf die Anweisung vom Chef keinen Reim machen konnte, beantwortete die Charlotte nicht.

Neidisch schaute der Noah auf die Charlotte. Seine Akkreditierung hatte dieselben beiden Zahlen wie jene von der Inaaya. Er drehte die Akkreditierung um. Auf der Rückseite war die Aufschlüsselung der Zahlen, die 1 stand für »Fan-Zone«, die 9 für »Backstage«. Das bedeutete im Endeffekt nichts anderes, als dass er und die Inaaya mit ihren Akkreditierungen genau ihre Arbeit verrichten konnten, sonst nichts. Denn »Backstage« bedeutete in diesem Fall nicht Künstlergarderoben, Meets & Greets und so weiter, sondern Lagercontainer und ähnlich unsexy Zeugs. Aber zum Glück war er eh kein großer Tennisfan.

Sein Dackelblick sagte der Charlotte aber etwas anderes. Sie studierte nun ebenfalls die Zahlen und ihre Bedeutungen und meinte schließlich zum Hartig: »Wenn ich dem Herrn Gattringer so wichtig bin, dann sollten es meine Mitarbeiter vielleicht auch sein. Nur 1 und 9 ist ein bisschen wenig, meinen Sie nicht?«

Der Hartig schaute die Charlotte verdattert an. »Aber das ist … das kann ich nicht …«

»Ach, kommen Sie«, meinte die Charlotte. Sie klimperte mit ihren Wimpern. »Ich meine ja nicht gleich All Access für die anderen, aber zumindest auf den Court müssen sie schon kommen können.«

»Das ist schwierig, weil wir ziemlich ausverkauft sind.«

»Ziemlich?«

»Na ja, im VIP-Bereich sind noch ein paar Plätze frei, aber …«

»Perfekt! Dann drucken Sie doch bitte für meine Mitarbeiter noch einmal neue Akkreditierungen aus. Diesmal auch mit dem VIP-Zugang. Sie sind ein Schatz!« Sie drehte sich um und ging. Über die Schulter rief sie ihm noch zu: »Wir sind die nächsten Stunden bei mir am Stand. Bringen Sie die neuen Akkreditierungen dann doch einfach vorbei! Da können Sie sich auch gleich ein Achterl gönnen. Ganz ehrlich, Sie sehen aus, als könnten Sie das brauchen.«

Damit ließ sie den bedropsten Pressechef des Perchtoldsdorfer Tennisturniers endgültig stehen. Oder eigentlich sitzen. Der »Speedy« machte nicht den Eindruck, als würde sein Hintern den Sessel vor seinem Schreibtisch tagsüber öfter mal verlassen. Aber nicht aus Faulheit, sondern weil er einfach so mit Arbeit eingedeckt und ein äußerst penibler Mensch war.

19

Doch schau an, schau an – eine halbe Stunde später kam der Hartig tatsächlich zum Stand von der Charlotte. Unter dem Arm eingeklemmt hatte er neue Akkreditierungen für den Noah, die Inaaya, die Flora und noch zwei weitere Mitarbeiterinnen von der Charlotte, die sich während des Turniers ums Geschäft kümmern würden.

»Geht doch! Hat's sehr wehgetan?«, häkelte die Charlotte den Pressesprecher.

»Mir persönlich ist's ja wurscht«, antwortete der. »Aber wenn der Corvin meint, dass ich Ihnen jede Bevorzugung angedeihen lassen soll, dann interpretiere ich das jetzt einfach mal so, dass sich diese Behandlung auch auf Ihr Personal erstrecken soll.«

Zufrieden kontrollierte die Charlotte die neuen Akkreditierungen. Der Hartig war so nett gewesen und hatte sogar schon die Lanyards angebracht. Mit stolzgeschwellter Brust hängte sie sich das Plastikkärtchen um. »Darf ich Ihnen etwas zu trinken anbieten?« Der Pressechef nickte und wischte sich den Schweiß von der Stirn. »Affenhitze heute«, meinte er, »aber wenigstens schüttet es nicht. Die Wettervorhersage für die nächsten Tage ist auch gut, damit bekommen wir keine Terminprobleme.«

»Was passiert eigentlich, wenn es die ganze Woche durch schütten würde? Weicht man dann in eine Halle aus?«, erkundigte sich der Noah, während er dem Hartig einen weißen Spritzer einschenkte.

»Nein, irgendwie ist es immer noch gegangen. Ich kenne keinen Fall, wo ein Turnier komplett ins Wasser gefallen ist. Der Finaltag – das kann schon mal passieren. Dann wird das eben am Montag nachgeholt. Aber ein ganzes Turnier?« Er leerte sein Glas in zwei großen Schlucken. »Jetzt habe ich mal eine Frage an Sie: Wie steht es eigentlich mit den Morden an der Familie Adefris?«

Die Charlotte schaute ihn überrascht an. »Das müssen Sie die Polizei fragen, was soll ich da schon wissen?«

Der Hartig lächelte. »Ach, kommen Sie schon. Ich habe Ihnen auch Ihre VIP-Zugänge gegeben. Der Corvin hat mir natürlich erzählt, dass er Sie auf diese Sache angesetzt hat.«

»Aha«, meinte die Charlotte kurz angebunden. Es war ihr gar nicht recht, dass ihre Verstrickung in diese Sache publik wurde. Aber warum nicht? Es gab eh nicht viel zu erzählen.

»In Wirklichkeit wissen wir noch nicht viel. Amateure werden es nicht gewesen sein, dafür gibt es viel zu wenig Spuren. Die Art und Weise, wie man die beiden Adefris umgebracht hat, spricht wohl eher dafür, dass hier jemand ein Exempel statuieren wollte. Oder einen unheimlichen Hass auf sie hatte. Der eine wurde gekreuzigt, der andere mit einer Bombe in die Luft gejagt – das ist jetzt nix, was man so im Affekt macht.«

»Ich kannte die Familie bisher ja nur aus der Zeitung, aber sonderlich sympathisch haben sie da nicht gewirkt. Der Eindruck hat sich hier vor Ort nur noch verstärkt.«

»Inwiefern?«, hakte die Charlotte nach.

»Die beiden Söhne hatten lauter Extrawünsche. Haben sich aufgeführt, als wären sie hier die Stars. Und von der Mutter wurde das Ganze noch unterstützt.«

»Und jetzt? Ist ja nur mehr ein Sohn da.«

»Jetzt hat er seine Sonderbehandlung. Eigene Kabine, eigenes Shuttleservice und so weiter. Alles nur, damit man ihn besser beschützen kann.«

»Und die Mutter?«

»Ach, hören Sie mir doch mit der auf. Die ist überhaupt die Ärgste. Ich glaube ja, die hat den Kindern den Floh ins Ohr gesetzt, dass sie etwas Besonderes wären. Die stolziert hier herum, als würde ihr alles gehören. Ah – wenn man vom Teufel spricht ...«

Die Charlotte folgte dem Blick des Pressesprechers und schluckte. Da kam doch tatsächlich der Adefris-Clan in Form von Mutter Helgrid und den Söhnen Siegfried und Thorsten anmarschiert. Ein Kindermädchen – so vermutete die Charlotte – trottete mit der kleinen Kriemhild im Kinderwagen hinterher. Begleitet wurde die Familie von drei Beamten der Sondereinheit, die ausschließlich für die Familie Adefris abgestellt war. Wozu der Gattringer da auch noch die Charlotte auf die Familie ansetzen wollte, war ihr jetzt noch mehr schleierhaft. Gab ja kaum eine Chance, näher als ein paar Meter an die Bagage heranzukommen.

Der Adefris-Clan stolzierte am Stand der Charlotte vorbei, ohne sie auch nur eines einzigen Blickes zu würdigen. Ihnen hinterher trottete mit gesenktem Kopf der Jörg Hirzer, der offenbar wieder für eine Trainingsstunde mit dem letzten im Bewerb verbliebenen Adefris gebucht worden war. Machte der das eigentlich freiwillig? Das wusste vielleicht der Hartig.

»Der Jörg? Nein, freiwillig nicht, aber die Adefris bezahlen gut. Und nach der langen Verletzungspause kann der Jörg das Geld gut gebrauchen. Er hat jetzt wegen seiner Verletzung zwei Jahre lang praktisch nichts verdient. War ja nicht einmal klar, ob er überhaupt wieder zurückkommt, ist ja schon fünfunddreißig. Das gilt in unserem Sport dann schon durchaus als fortgeschrittenes Alter. Die Sponsoren sind damals schnell abgesprungen, und bei allem Respekt, aber der Jörg war nie in den Top 20 der Welt.«

»Er muss ja trotzdem genug verdient haben.«

»Überschätzen Sie das mal nicht. Ein Spieler hat ziemlich hohe laufende Kosten. Das ganze Herumreisen, Trainer und so weiter. Das geht ganz schön ins Geld. Und die richtig großen Summen werden halt auch nur bei den ganz großen Turnieren ausgespielt. Insofern fällt ihm wohl keine Perle aus der Krone, wenn er für gute Bezahlung ein bisschen mit dem jungen Adefris spielt.«

»Was ist eigentlich mit dem Trainer von den Adefris-Zwillingen?« Den hatte die Charlotte nach dem Bombenanschlag und ihrem kurzen Verhör völlig aus den Augen verloren.

»Dem Pfeffer? Der hat den Hut draufgehaut. Verständlich.

Nach dem toten Vater und einem toten Zwilling hat es ihm gereicht. Er wollte bei einem möglichen dritten Mord nicht auch noch in der Schusslinie stehen.«

»Nachvollziehbar.« Die Charlotte nickte. Vor allem, weil die Polizei bei den beiden Adefris-Morden noch nicht entscheidend weitergekommen war. Der Leo und sein Team waren ja vom Major Keiffer von dem Fall abgezogen worden, aber wenn der Keiffer abends beim Heurigen aufschlug, um mit dem Herrn Papa und dem Grafen am Oldie-Traktor zu basteln und ein oder zwei Achterl zu trinken, plauderte er doch über seine Ermittlungserfolge. Beziehungsweise das Ausbleiben derselben. Die Polizei war sich lediglich sicher, dass es sich bei den beiden Morden um Profis gehandelt haben musste. Wahrscheinlich aus dem Osten engagiert. Die Nebelgranate mit den linken Botschaften auf der Leiche vom alten Adefris wollte der Keiffer nicht glauben. Die Zettel waren einfach zu auffällig gewesen. Natürlich hatte man auch in diese Richtung die Fühler ausgestreckt, aber diese Ermittlungen waren relativ schnell im Sand verlaufen. Die Handvoll radikaler Linker, denen man so eine Tat zutraute, hatten alle wasserdichte Alibis. Was sie bei den Einvernahmen nicht gehabt hatten, war Mitleid. Irgendwie auch verständlich. Die Familie Adefris, gerne auch »Adegfris« genannt, war eines der Hauptfeindbilder der Linken. Ja, und beim gewaltsamen Tod des jungen Lanner war schlicht und ergreifend die Zeit bisher noch zu knapp gewesen, um schon auf einen Ermittlungserfolg zu hoffen.

Wenn die Charlotte genauer darüber nachdachte, dann müsste es inzwischen aber vielleicht schon die Ergebnisse der Untersuchung durch den Gerichtsmediziner geben. Wäre doch interessant, woran der junge Lanner wirklich krepiert war. Gestorben!, besserte sich die Charlotte gedanklich aus. Mit den Lanners hatte sie selbst ja bislang kein Problem gehabt. Wahrscheinlich aber auch nur deshalb, weil sich der Kontakt bis auf die paar kurzen Begegnungen hier bei den Turniervorbereitungen und ihrem Besuch in der Redaktion in Grenzen gehalten hatte.

Die Todesursache vom jungen Lanner erfuhr die Charlotte dann am Abend. Sie hatte den Hartig am späten Nachmittag mit aufs Weingut genommen, um ihn aus seinem Arbeitsalltag ein wenig rauszureißen. Der Arme saß gefühlt jeden Tag bis zweiundzwanzig Uhr – noch – allein in seinem Pressezentrum, klopfte Meldungen in den Laptop, die keinen Menschen interessierten, und musste sich mit Akkreditierungsanfragen von Medien herumschlagen, die mit Tennis sonst eigentlich nichts am Hut hatten. Da hatten die Morde rund um das Turnier doch wirklich für mächtig Publicity gesorgt. Der Hartig wusste gar nicht, wo er all die Journalistenanfragen unterbringen sollte. Normalerweise herrschte nicht so ein Run auf ein Turnier der zweiten Leistungsebene, dementsprechend waren auch die Medienkapazitäten nicht so groß. Dabei hatte man in Perchtoldsdorf ohnehin schon das Glück, einen Teil der Turnhalle als Pressezentrum nutzen zu können. Auf den Rängen würde es aber bei den weit über hundert Anfragen eng werden.

Wie auch immer, der Hartig ließ sich von der Charlotte breitschlagen, sich wenigstens diesen Abend »freizunehmen«. Je näher der Turnierstart rückte, umso dichter wurde auch sein Terminkalender: Pressekonferenzen, Spieler zu TV-Terminen begleiten, Organisationsbesprechungen. Von außen klang der Job eines Pressechefs ja ganz cool, aber die wenigsten Leute hatten eine Ahnung, wie viel Arbeit tatsächlich dahintersteckte.

Die Charlotte saß also mit dem Hartig und der Andrea bei einem Glas Schüttelwein am Tisch unter der Kastanie. Rundherum war der Hof voll mit Gästen, das Geschäft brummte. Die Inaaya, der Noah und die Flora hechelten von Tisch zu Tisch, um Getränkebestellungen aufzunehmen. Verdächtigerweise alle drei in ihrem Band-Outfit. Die Charlotte vermutete, dass sie heute noch eine ihrer Bandproben hatten. Eine Vermutung, die durch das baldige Erscheinen der Renate bestätigt wurde.

Überraschenderweise hatte sie den Mario im Schlepptau. Der Chef der Turmbar sah beim Heurigen irgendwie ein bisschen verloren aus. Wenn die Charlotte genauer überlegte, dann hatte sie den Mario eigentlich noch nie woanders als hinter einer Bar gesehen, sei es in seiner Turmbar oder im Frühling hinter der mobilen Bar beim Perchtoldsdorfer »Zombieball«.

Die Renate stöckelte mit ihren hochhackigen Louboutin-Tretern und im knöchellangen, hauchdünnen Leopardenmantel durch den Innenhof, was wie üblich dazu führte, dass sich alle Köpfe nach ihr umdrehten. Man konnte fast spüren, wie die Renate die Aufmerksamkeit inhalierte. Ganz im Gegensatz zum Mario, den die Renate an der Hand hinter sich herzog. Die beiden setzten sich zur Charlotte an den Tisch. »Sind meine drei Jungstars ready to go?«, fragte die Renate nach einer schnellen Begrüßung.

»Wenn du meine drei Schankmopeds meinst – die sind noch voll im Einsatz. Und sollten es heute Abend eigentlich auch bleiben«, fügte sie hinzu. Da war anscheinend schon wieder an ihr vorbeigeplant worden, und das ging ihr gewaltig gegen den Strich. Freundin und Familie hin oder her, aber ein bisschen Verlässlichkeit war schon noch nötig!

In ihrer unnachahmlichen Art winkte die Renate einfach ab. »Hat die Flora schon alles erledigt. Keine Sorge deswegen.«

Aha. Jetzt wurden anscheinend auch schon Dienstpläne ohne ihr Zutun umgestellt. Wurde echt Zeit, dass sich die Charlotte wieder ein bisschen mehr einbrachte. Aber Morde, das Tennisturnier, der Umbau – was sollte sie denn noch alles schupfen? Bevor sie eine schnippische Bemerkung machen konnte, kamen schon die nächsten Gäste: der Leo, und diesmal nicht allein, sondern mit seiner Elena im Schlepptau. Schön langsam wurde es eng am Tisch. Als eine halbe Stunde später auch noch der Graf und der Keiffer eintrudelten, musste man tatsächlich einen zweiten Tisch dazuschieben, um genug Platz zu haben.

Im Gegensatz zur Renate hatte der Keiffer aber wenigstens etwas Konstruktives mitgebracht. Nachdem sich die Renate mit der Flora, dem Noah und der Inaaya aus dem Staub gemacht hatte – die Bandproben fanden wieder im Burghof statt, nur der Mario war dageblieben, weil er sich den »Lärm« der Jungen nicht freiwillig anhören wollte –, knallte der Keiffer einen Ausdruck auf den Tisch. So fest, dass ein Weinglas umfiel und sich über den Ultra-Minirock der Elena ergoss. Der Leo bekam gleich einen ganz glasigen Blick. »Soll ich dich trockenlegen?« Die Elena lächelte ein ganz klein wenig verschämt.

»Leo!«, fuhr die Charlotte dazwischen, ehe es da am Tisch noch zu unschönen Szenen kam.

»Was?«, erwiderte der Leo mürrisch. »Wenn sie schon mal freihat!«

»Jo mei, dann gehts halt nach Hause«, entgegnete die Charlotte. »Oder nehmts euch eines unserer Zimmer. Geht aufs Haus.« So viel Großzügigkeit? »Aber nur wenn ihr in einer Stunde fertig seids«, fügte sie feixend dazu. So verlockend das Angebot auch war, der Leo und die Elena blieben am Tisch sitzen. Mit ein paar Servietten war das kleine Stückchen Stoff auch schnell getrocknet. Viel war es ja nicht …

Außerdem war es viel interessanter, sich anzusehen, was der Keiffer da auf den Tisch gelegt hatte. Es war nämlich eine Vorabmeldung der morgigen »Heimatland«.

»Ist uns heute vom Manfred Lanner persönlich zugemailt worden. Er hat gemeint, er wolle uns vorwarnen, damit wir vielleicht endlich unsere Ärsche in Bewegung setzen und den Mord an seinem Sohn aufklären würden.«

»Das hat er so geschrieben?«, fragte die Charlotte erstaunt.

»Nein, das hat er mir direkt ins Telefon gebrüllt. Nachdem wir ihm auf sein Mail keine Lesebestätigung geschickt haben, war er sich nicht zu blöd, umgehend bei uns anzurufen.«

»Was steht denn in der Vorabmeldung?«

»Ach, in etwa dasselbe wie das, was er uns am Telefon gesagt hat. Nämlich, dass die Polizei nichts weiterbekommt, dabei wäre doch eh alles klar. Man wolle da jetzt nur das rechte Pack schützen, und so weiter und so fort …«

Die Charlotte las sich das Faksimile der Zeitungsseite sicherheitshalber einmal selbst durch. Von Rauschgift stand da nichts, oder dass sich der junge Lanner möglicherweise doch selbst aus dem Leben geschossen haben könnte. Stattdessen war von brutaler Gewalteinwirkung in Verbindung mit einer Giftattacke auf den Juniorchef die Rede. Und passenderweise war gleich daneben wieder ein Kasten der Familie Adefris gewidmet. Dessen Inhalt war alles andere als freundlich. Diesmal wollte die »Heimatland« aufgedeckt haben, dass die Familie Adefris seit Jahrzehnten von gestohlenem Nazi-Gold und von Wäldern, die bei Enteignungen vor und während des Zweiten Weltkriegs gestohlen worden waren, lebte.

»Ist das eigentlich öffentliches Wissen? Also, das mit den Finanzen der Familie Adefris?«

Der Keiffer schüttelte den Kopf. »Nein, offiziell gibt es da ja auch nichts. Alles, was wir damals gefunden haben, war ja streng inoffiziell, und dann sind diese Akten auch noch vernichtet worden. Was das Gold betrifft, dafür haben wir überhaupt nur die Aussage von der Marianne Zaitler.«

»Woher weiß dann der alte Lanner davon?«

Tja, darauf gab es wohl nur eine Antwort. Blieb nur noch die Frage: Wieso auf einmal diese Eskalation?

»Ist die Autopsie vom jungen Lanner inzwischen eigentlich schon fertig?«, fragte die Charlotte den Keiffer. Der nickte. »Ja, schweres Schädel-Hirn-Trauma – wohl durch den ›Sturz‹ auf das Waschbecken. Das war aber nicht die Todesursache. Die war wie vermutet eine Überdosis Heroin.«

»Lässt sich feststellen, was zuerst passiert ist?«

»Nein, leider nicht. Die beiden Vorfälle lagen zeitlich zu knapp beieinander.«

»Wollen Sie mir vielleicht noch ein paar andere Ergebnisse Ihrer Untersuchung erzählen?«, flötete die Charlotte.

»Nein, eigentlich nicht«, antwortete der Keiffer lachend.

Die Charlotte winkte der Bahira zu, die gerade mit einem Tablett vorbeilief. Sie nahm sich die Flasche vom 2010er Merlot vom Tablett. »Aber Chefin! Die ist doch für Tisch …«

»Schh!«, zischte die Charlotte, wobei sie den Zeigefinger

auf ihre Lippen legte und mit einem Augenzwinkern flüsterte: »Hol einfach eine neue Flasche.«

Sie knallte die sündteure Rotweinflasche vor dem Keiffer auf den Tisch, entkorkte sie professionell und ließ das rubinrote Traubenblut langsam in das Glas des Polizisten fließen. »Und jetzt?«, fragte sie.

Der Keiffer kniff die Augen zusammen. »Wird das jetzt eine versuchte Bestechung eines offiziellen Staatsorgans?«

»›Versucht‹ nur, wenn Sie nicht drauf einsteigen.«

Der Keiffer lachte laut auf. »Na gut, ich denke, ich kann mich Ihnen anvertrauen. Also, viel haben wir nicht gefunden. Von Heroin sonst keine Spur, wenn Sie darauf hinauswollen. Eine Menge Koksspuren, ein bisschen Gras, Sperma und andere Körperflüssigkeiten. Ganz ehrlich, ich hoffe, dass Ihre Freundin und Ihre Schwester dort nicht barfuß herumgelaufen sind. Mir graust allein schon bei dem Gedanken, wo man da überall hätte reintreten können. Nur die Toilette, auf der wir den Lanner gefunden haben, war klinisch sauber.«

»Auffällig, oder?«

»Ja, da hat jemand seine Spuren sehr ordentlich beseitigt. In gewisser Weise war das der einzige Ort, an dem man getrost sogar vom Boden hätte essen können. Wenn einen vor der Leiche daneben nicht grausen würde, natürlich.«

»Und die Zeugenaussagen?«

»Nichts Auffälliges. Das Problem ist ja auch, dass das alles Politiker und Prominente sind. Da muss man schon sehr vorsichtig und sich seiner Sache sehr sicher sein, wenn man jemanden verdächtigt.«

20

Wie angedroht brachte die »Heimatland« am nächsten Tag den Artikel über die »Unfähigkeit« der Polizei, verändert hatte sich jedoch die Geschichte über die Familie Adefris. Die war über Nacht von einem kleinen Kasten zu einer seitenfüllenden Hauptgeschichte geworden. Krönend saß wieder das Foto des gekreuzigten Adefris senior über dem Text. Und wie schon beim ersten Mal wollte der Charlotte etwas an diesem Foto nicht gefallen. Klar, die Leiche, könnte man jetzt sagen, aber es war etwas anderes. Irgendetwas passte nicht. Es war frustrierend. Die Charlotte schlug mit der Faust auf den Tisch, weil ihr einfach nicht einfallen wollte, was an dem Foto nicht stimmte. Aber sie war sich sicher, dass die Lösung für den Mord genau vor ihr lag.

Der Frust wollte sie den ganzen Tag nicht loslassen. Dann musste die Andrea auch noch länger im Büro bleiben, also pfiff sie drauf und fuhr allein hinunter in die Turmbar. War ja eh schon viel zu lange her, dass sie dort gewesen war.

Als sie in der Bar eintraf, war sie mehr oder weniger allein. Der Mario war da, zwei oder drei andere Stammgäste ebenfalls, aber die hatten sich in den hinteren Teil des Lokals verzogen, um dort in Ruhe etwas zu besprechen. Oder rumzuschmusen. Oder weiß der Teufel was!

Die Charlotte war noch immer so richtig heiß. Das depperte Bild in der Zeitung wollte ihr einfach nicht aus dem Kopf gehen. Was, verdammt noch mal, passte daran nicht? Aber sosehr sie sich auch abmühte, es wollte ihr einfach nicht einfallen. Wenigstens bekam sie nach dem ersten Cuba Libre Gesellschaft in Form der Elena, die ihre Abendschicht im »Pleasure Island« mit einer Kollegin getauscht hatte, um ausnahmsweise dem Mario zur Hand zu gehen. Also, natürlich nur bildlich gesprochen. Aber die Elena hatte schon letzten Winter als Kellnerin beim Mario ausgeholfen, um die Zeit bis zur Eröffnung des »Pleasure

Island« zu überbrücken. Und wenn es die Zeit zuließ und Not am Mann war, dann half sie nach wie vor aus.

Die Charlotte schaute sich um. »Die paar Maxln schaffst nicht alleine?«, fragte sie den Mario.

»Die paar schon, aber in einer halben Stunde tanzt hier die ganze Mannschaft vom Tennisturnier ein, um gemeinsam anzustoßen. Teambuilding oder so ähnlich. Das sind dann doch gut fünfzig Leute, und da brauche ich jede Hilfe.«

Kurz nach zehn Uhr kam das Tennisrudel dann auch tatsächlich in die Bar. Der Corvin Gattringer machte auf spendabel und ließ eine Lokalrunde springen. Die Handvoll anderer Gäste, die damit zu einem unerwarteten Gratisdrink kamen, spielten dabei keine Rolle. Der Gattringer fiel der Charlotte fast um den Hals, als er sie an der Bar erblickte. »Heute ganz alleine?«, fragte er. Ja, damit hatte er recht, und es war auch eigenartig, dass die Andrea überhaupt kein Lebenszeichen von sich gegeben hatte.

Einen Drink später war alles wieder gut. Die Andrea war nämlich endlich eingetroffen. Noch in ihrem Business-Kostümchen und mit einem ganzen Packen Akten unterm Arm. »Dachte ich mir doch, dass du hier bist«, sagte sie übers ganze Gesicht lachend und küsste die Charlotte lang, fest und feucht auf die Lippen.

»Schön, dass wenigstens du gut aufgelegt bist.«

»Och, haben wir schlechte Laune?«, neckte sie die Andrea, die sich von der – ja, natürlich – schlechten Laune der Charlotte partout nicht anstecken lassen wollte.

»Ach, trink einfach was.«

»Was ist denn los?« In die Stimme der Andrea mischte sich nun doch ein wenig Sorge.

»Nix«, log die Charlotte, die sich nicht mehr mit den Gedanken an das mysteriöse Foto belasten wollte. War ja auch unfair der Andrea gegenüber, schließlich hatte sie nix verbrochen. Also setzte die Charlotte ein gezwungenes Lächeln auf, zog die Andrea in eine Umarmung und steckte ihr dann recht unromantisch die Zunge in den Hals. Kein Problem für die

Andrea, die von soft-romantisch bis zu quick and dirty für so gut wie alles zu haben war. Nach der mehrminütigen und äußerst gründlichen Mund-Rachen-Untersuchung bestellte die Andrea zwei Gläser Champagner.

»Hä?«, fragte die Charlotte. Champagner tranken sie hier eigentlich nie. Kostete ja auch ein Schweinegeld. Und ihr Schüttelwein war ihr sowieso lieber. Bekam man kein Sodbrennen davon, und da wusste sie wenigstens auch, was drinnen war.

»Es gibt was zu feiern«, antwortete die Andrea enigmatisch. »Und bezahlen darf es der gute Herr Gattringer.«

»Wieso das?«

»Weil es etwas mit seinem Auftrag zu tun hat.« Sie deutete dem Mario, dass er den Champagner auf die Rechnung vom Gattringer setzen sollte.

»Also, rück schon raus!«

Die Andrea klopfte auf den Stapel mit Akten neben ihr am Barhocker. »Das hier sind die Beweise, dass die Familien Adefris und Lanner geschäftlich verbandelt sind. Und zwar nicht nur mit ein paar Prozenten hier oder da, sondern so richtig eng. Ohne das Geld – oder Gold – der Familie Adefris würde es die ›Heimatland‹ gar nicht geben.«

»Wo steht das?«, fragte die Charlotte verblüfft.

»Na, hier drin!« Die Andrea zeigte stolz auf den Aktenberg. Die Charlotte warf einen flüchtigen Blick über den Inhalt der Akten, aber bei den vielen Zahlen, Paragrafen und völlig verschwurbelten Formulierungen begann sich ihr der Kopf zu drehen. »Okay«, meinte sie schließlich, »bitte die Erklärung für Dummies.«

»Okay. Um es ganz kurz zu machen: Der alte Adefris hat den alten Lanner vor ein paar Jahrzehnten beim Einstieg ins Mediengeschäft unterstützt. Eigentlich hat er die ersten Projekte vom Lanner fast voll finanziert. Allerdings immer unter der Voraussetzung, dass es offiziell keine Verbindung zwischen den beiden geben darf. Der Lanner musste zu Beginn nur wenig Geld reinstecken. Hätte er auch nicht können, weil er keines hatte. Aber er hatte immer schon einen guten Riecher für Geschichten. Und so taten sich die beiden zusammen. Der eine lieferte das Geld, der andere das Know-how. Über die Jahrzehnte ist das alles natürlich immer komplizierter geworden, es sind ja auch ganz neue Finanzierungsformen aufgekommen. Inzwischen sind die Firmenverhältnisse bei der ›Heimatland‹ so dermaßen verschachtelt, dass sich kaum mehr jemand auskennt. Teile des Konzerns sind auf Steuerparadies-Inseln beheimatet, andere als LLC-Firmen in Delaware registriert. Genauso wie die Immobilien der beiden Familien. Alles so, dass es kaum nachverfolgbar ist. Der Dr. Mühlberger hat da schon ganz tief in seinen Kontakten graben müssen, um das alles rauszufinden. Am Ende ist er aber auf den Anwalt gestoßen, der den ersten Vertrag zwischen dem Lanner und dem Adefris aufgesetzt hat. Also – das Ganze hier ist nur für uns und unter dem Mantel der Verschwiegenheit.«

»Aber sagt uns das auch, ob sich die beiden Familien jetzt wirklich gegenseitig an die Gurgel gehen, oder sind wir da völlig auf der falschen Fährte?«

»Nein, da liegen wir schon richtig, vermute ich mal. Es geht wohl darum, dass sich der Lanner in den letzten Monaten vom Adefris und seiner Familie distanzieren wollte. Er steht kurz davor, einen eigenen Fernseh- und Radiosender on air zu bringen, und da will er keine negative Presse über das Blutgold, das ihm der Adefris damals zur Verfügung gestellt hat. Oder er ist einfach nur zu gierig und will nicht mehr teilen. Finanziell hat er den Adefris schon lange nicht mehr nötig. Aber die Firmenanteile sind nach wie vor so, wie sie vor ein paar Jahrzehnten ausgehandelt wurden.«

»Immerhin wissen wir jetzt auch endlich, woher das Geld der Familie kommt.«

»Ja, der Adefris hat wohl wenigstens einen Teil des Nazi-Golds in den Lanner investiert und schneidet bei den Gewinnen des Lanner'schen Medienimperiums ordentlich mit.«

»Und zusätzlich hat die ›Heimatland‹ über Jahre die ÖHP

hochschreiben können, ohne dass jemand Verdacht geschöpft hat«, folgerte die Charlotte.

»Genau, das wurde ja immer nur auf die Inseratengelder und die Auflagensteigerung geschoben, weil Geschichten über die Rechten immer schon gezogen haben. Muss wohl die angeborene Angstlust der Menschen oder so sein. Aber tatsächlich war vermutlich der Adefris die treibende Kraft dahinter. Das muss der Hauptgrund gewesen sein, wieso er von Anfang an nicht im Vordergrund stehen wollte. Die ›Heimatland‹ war immer schon als ein verkapptes PR-Vehikel für die Rechten geplant.«

»Aber nach dem letzten Winter …«

»… ist das sogar einem gewissenlosen Arsch wie dem Lanner zu heiß geworden«, vollendete die Andrea den Satz.

»Aber deswegen gleich morden?«

Die Andrea zuckte mit den Schultern. »Da geht es um Millionen und – noch viel wichtiger – Einfluss und Macht. Stell dir vor, dieser TV-Sender geht in Kürze on air, und statt versteckter ÖHP-Propaganda weht da auf einmal ein ganz anderer Wind! Gerade nach dem letzten Desaster benötigen der Adefris und die ÖHP jede brauchbare Presse, die sie bekommen können.«

»Trotzdem! Was soll diese ganze Scharade? Wenn der Lanner weiß, dass die Adefris seinen Sohn auf dem Gewissen haben, dann soll er damit doch zur Polizei gehen. Und die Adefris dito. Also falls der Lanner den alten Adefris und seinen Sohn umgebracht hat …«

»Stopp!«, fuhr die Andrea dazwischen. »Der Lanner hat das sicher nicht selbst gemacht. Wenn – und ich verwende jetzt ganz absichtlich den Konjunktiv, weil, Beweise haben wir ja überhaupt keine – der Lanner etwas mit den Adefris-Morden zu tun hat, dann hat er sie in Auftrag gegeben. Der Lanner ist nicht der Typ, der sich mit so etwas selbst die Finger schmutzig macht. Ich bezweifle auch, ob er dafür wirklich den Magen hätte. Ich bin mir auch sicher, in Wirklichkeit will er gar nicht, dass die Polizei den Fall löst. Damit würde er ja erst recht in der Bredouille sitzen, wenn die ganzen Verbindungen herauskommen.

Nein, er will die Familie Adefris unter Druck setzen, dass sie ihm die Anteile am Medienkonzern überschreiben. Ich gehe davon aus, dass es sich hier schlicht und ergreifend um einen Machtkampf zwischen den beiden Familien handelt. Wer von den beiden angefangen hat, weiß nur der liebe Gott.«

»Bei der Familie Adefris müssen wir uns wegen fehlender Gewaltbereitschaft jedenfalls keine Gedanken machen«, bemerkte die Charlotte. »Den jungen Lanner hat sicherlich einer von denen persönlich auf dem Gewissen. Weißt du noch, wer von denen auf der Gästeliste gestanden ist?«

Die Andrea konnte sich noch erinnern. »Ja, das war der Thorsten«, sagte sie. Aber hatte sie ihn dort auch wirklich gesehen? »Da war ich wohl schon zu benommen von den Mitteln, die man uns in die Drinks geschüttet hat. Ist ja auch nicht so, dass dieser Thorsten so ein Promi wäre, der einem sofort auffällt.«

Die Charlotte wandte sich an die Elena. Ob der Leo heute auch noch in der Bar vorbeischauen würde? Ja, natürlich. Er sollte eigentlich demnächst kommen.

Die Stimmung der Charlotte hatte sich nach dem Bericht der Andrea sprunghaft verbessert. Weil es eh schon wurscht war, bestellten sie auf Rechnung vom Gattringer noch jeweils ein Glas Schampus. Die Elena hängte sich da gleich an. Die langbeinige Tschechin hatte eine Vorliebe für den »Nuttensprudel«, wie er im »Pleasure Island« selbstironisch auf der Karte zu finden war. »Aber so was Gutes bekomme ich dort selten«, gurrte sie mit ihrer rauchigen Stimme.

Die Charlotte verstand schon, wieso ihr Cousin der platinblonden Ex-Nutte und aktuellen Empfangsdame und Teilzeit-Stripperin im Perchtoldsdorfer Edelpuff so verfallen war. Wenn man die Stimme der Elena hörte, konnte man leicht auf ganz komische Gedanken kommen. Die Charlotte überlegte, ob sie den Mario um die Schlüssel für seine kleine Notwohnung über der Bar bitten sollte, um die Zeit bis zur Ankunft vom Leo konstruktiv mit der Andrea zu verbringen, aber da rauschte der Leo auch schon ein.

»Sag mal, Leo«, empfing die Charlotte ihren Cousin, »ist die Gästeliste von der Lanner-Party eigentlich überprüft worden?«

»Lass mich doch erst mal ankommen«, meinte der Leo mürrisch, weil er eigentlich gerade dabei war, die Elena ein wenig intensiver zu begrüßen. Also musste sich die Charlotte ein bisschen gedulden.

»So, jetzt geht's«, sagte der Leo schließlich und nahm einen Schluck von seinem Krügel. »Woher soll ich das wissen? Mit der Geschichte habe ich ja nichts mehr zu tun.«

Mist, da hatte der Leo natürlich recht. Aber inzwischen verschwammen bei ihr die vielen Mordfälle schon.

»Aber«, fuhr der Leo fort, und die Ohren der Charlotte spitzten sich hoffnungsvoll, »der Keiffer ist meines Wissens schon wieder oben bei euch am Weingut. Und wenn ich so auf die Uhr schaue, dann wird er um diese Zeit wohl für ein kleines Hilfegesuch durchaus empfänglich sein.« Der Leo rief beim Keiffer an, der auch sofort abhob. Die Musik im Hintergrund der Bar verriet dem Major sofort, wo der Leo sich aufhielt, der wiederum mit seiner Annahme, dass der Keiffer durchaus schon ein wenig illuminiert war, richtiggelegen hatte.

»Um was geht's?«, brüllte der Keiffer ins Telefon. »Party? Wo? In der Bar seid ihr? Na, da kommen wir doch auch gleich vorbei!« Und er legte auf. Ja, so hatte sich der Leo das Telefonat jetzt eigentlich nicht vorgestellt. Aber der Lärmpegel hier in der Bar und die mangelnde Aufmerksamkeit am anderen Ende der Leitung hatten dafür gesorgt, dass der Keiffer nun persönlich aufschlagen würde. Auch schon wurscht.

Natürlich kam der Keiffer ein paar Minuten später nicht allein. Nein, er hatte den Grafen und auch noch den Herrn Papa im Schlepptau. Alle drei waren schon leicht angeheitert. Niemand wollte wissen, wie die drei vom Weingut heruntergekommen waren. Zu Fuß oder mit dem Rad sicher nicht.

»Herr Major«, schleimte die Charlotte, die sicherheitshalber schon ein Krügel für den Keiffer bestellt hatte und ihm dieses nun unter die Nase hielt.

»Ach, Fräulein Nöhrer, wollen wir nicht endlich diese Förmlichkeiten lassen? Ich bin der Heinrich, oder der Heinz für meine Freunde.« Die Worte kamen dem Major allerdings nicht so flüssig über die Lippen. Eher ein bisschen stotternd und mit ein bisschen Schluckauf. Auch musste er vom Grafen und dem Herrn Papa ein ganz klein wenig beim Geradestehen gestützt werden.

Natürlich nutzte die Charlotte die Gunst der Stunde: »Gerne, dann bin ich die Charlotte. Bitte ohne das ›e‹ hinten, aber das wirst du schon mitbekommen haben.« Sie stießen an, und – Hut ab – der Heinz leerte das Krügel in einem einzigen Zug. Er knallte das Glas auf die Theke und bestellte gleich noch eines. Den fragenden Blick der Charlotte beantwortete der Herr Papa mit einem angedeuteten Kopfnicken. Der hält das schon aus, sollte es wohl bedeuten. Na ja, und im Notfall war am Weingut sicher auch noch ein Zimmer für die Nacht frei.

»Also, Heinz. Der Grund unseres Anrufs …«

»Ja?«

»Seid ihr inzwischen die Gästeliste durchgegangen? Also, wer wirklich alles da war und wer nicht gekommen ist?«

Der Keiffer musste ein wenig nachdenken. Dann zog er sein Handy heraus und tippte darauf herum. Ein paar leise Flüche später, weil es koordinativ in dem Zustand nicht mehr so leicht war, die gewünschten Stellen am Handybildschirm zu treffen, fragte der Keiffer nach der Mailadresse von der Charlotte. Sie sagte sie ihm an, musste ihm schließlich aber das Handy abnehmen, weil er sich ständig vertippte. Also gab sie ihre Adresse selbst ein und sandte das Mail ab. Kurz darauf kam es auf ihrem Handy an. Es enthielt die eingescannte Gästeliste mit handschriftlichen Anmerkungen.

Der Keiffer musste schon schwer betrunken sein, wenn er ihr so ein vertrauliches Dokument einfach zuschickte. Oder zuschicken ließ. Den überraschten Blick deutete der Keiffer richtig. Und mit einem Mal war bei ihm vom Alkohol fast nichts mehr zu merken. »Das bleibt unter uns«, sagte er und blinzelte der Charlotte ernst zu, »du bist eine der wenigen, der ich in dieser Hinsicht vertraue. Und außerdem bist du ja quasi eine Kollegin.« Gut, zum Ende hin wurde die Stimme doch wieder ein bisschen lallender. Trotzdem war die Charlotte ein ganz klein wenig gerührt. Wenn sie daran dachte, wie gering die Sympathiewerte gegenüber dem Heinz gewesen waren, als man sich das erste Mal traf … Da zeigte sich halt, dass der erste Eindruck manchmal doch täuschte.

Gemeinsam mit der Andrea studierte sie die Liste. Nur eine Handvoll der auf der Liste eingetragenen Gäste war – offiziell – nicht erschienen, darunter auch der Thorsten Adefris. Neben seinem Namen stand nur ein kurzes »Alibi überprüft«.

»Heinz?«, wandte sie sich wieder an den Keiffer.

»Ja?«

»Kannst du mir vielleicht etwas über das Alibi vom Thorsten Adefris erzählen?«

»Aber sicher, den habe ich nämlich persönlich überprüft. Er hat angegeben, dass er an dem Abend mit dem Jörg Hirzer zusammen war. Angeblich haben sie die Trainingseinheiten für den anderen Zwilling bis zum Turnierstart durchgeplant und sind dann bei ein paar Gläsern Rotwein versumpert. Der Hirzer hat das bestätigt, und auch, dass er in dieser Nacht in der Villa der Familie Adefris übernachtet hat, weil es sehr spät geworden ist.«

»Und das nimmst du ihnen ab?«

Der Keiffer zuckte mit den Schultern. »Das Gegenteil kann ich nicht beweisen. Die anderen Familienmitglieder haben diese Version natürlich bestätigt.«

Kurz darauf kamen auch noch die Julijana und die Renate hereingeschneit – direkt von einer Vorstellung an der Wiener Staatsoper, wo die Michailowitsch neben der New Yorker Met ihr Hauptengagement hatte. Und wo jetzt endlich alle Mädels vereint waren, konnte man den gemeinsamen Abend von letztens endlich nachholen. Diesmal durfte sich die Andrea wenigstens sicher sein, dass ihr niemand etwas in ihren Drink mischte.

21

So, und was wurde das jetzt bitte schön?, fragte sich die Charlotte am nächsten Tag.

Nach der durchzechten Nacht hatte Muttern sowohl sie als auch den Herrn Papa gnadenhalber bis spät in den Vormittag hinein schlafen lassen. Auch kein alltägliches Ereignis, vor allem – also, eigentlich in erster Linie – was den Herrn Papa betraf. Weil der normalerweise jeden Tag um spätestens sechs aus den Federn war. Die letzte Nacht hatte aber ihn schwer mitgenommen. Sie konnte sich nicht erinnern, ihn jemals zuvor unten in der Turmbar gesehen zu haben. Nach zwei Krügeln war er dann auf Gin Tonic umgestiegen und ja, wenn man das nicht so gewohnt war …

Aber zurück zum Erstaunen der Charlotte beziehungsweise zu ihrem Erschrecken. Es war der Freitag vor Turnierbeginn. Am nächsten Tag würde es noch im kleinen Rahmen mit der Qualifikation losgehen. Am Sonntag folgte dann das Quali-Finale und dazwischen das beliebte »ProAm«, bei dem ein Tennisprofi gemeinsam mit einem Prominenten ein Gaudi-Doppel spielt. Sportlich völlig wertlos, aber für die Gesellschaftsspalten der Zeitungen und die Fernsehberichte Gold wert.

Die Charlotte war am frühen Nachmittag runter zum Turniergelände gekommen, um noch ein letztes Mal ihren Weinstand zu kontrollieren, und in der Hoffnung, dass ihr vielleicht auch der eine oder andere Adefris über den Weg laufen würde. Sie wusste zwar nicht, was sie dann tun sollte, aber sie setzte auf ihre Spontaneität. Stattdessen kam aber die Flora. Was an und für sich weder überraschend sein noch eine kurze Schockstarre auslösen sollte. Das Problem am Auftauchen der Flora war eher ihre Begleitung. Sie war nämlich beim alten Lanner eingehakt. Und der war im Tennisgewand. Das Poloshirt in die kurze Hose gesteckt, damit seine Wampe so richtig schön drüberhing. Das dreckige Grinsen hätte die Charlotte dem alten Sack am liebsten aus dem Gesicht gerieben, aus Rücksichtnahme auf die kleine Schwester ließ sie das aber. Vorerst.

»Na, Schwesterchen. Alles paletti?«, meinte die Flora wichtigtuerisch.

»Ja, klar«, presste die Charlotte durch die Lippen. Sie zählte leise bis zehn.

»Hättest du vielleicht ein Gläschen Schüttelwein für den Manfred? Er muss sich noch ein bisschen stärken, bevor er auf den Platz geht.«

»Ich wusste gar nicht, dass Sie auch am Turnier teilnehmen«, stellte die Charlotte fest. Der alte Lanner zog die Flora näher zu sich, und die Charlotte zählte weiter. Sie war inzwischen bei dreißig angekommen. Aber der Kochtopf in ihrem Hals begann schon gefährlich zu pfeifen.

»Meine Güte, natürlich nicht. Ich will diesen Nachwuchsidioten doch nicht die Show stehlen. Nein, ich mache am Sonntag beim ProAm mit, gemeinsam mit dem Jörg Hirzer. Und wir haben jetzt eine Trainingsstunde. Wir müssen uns einspielen, weil wir am Sonntag ja eine gute Figur abgeben wollen. Und dafür muss der Jörg natürlich meine Kommandos und Anweisungen verstehen.«

Ja, natürlich, dachte die Charlotte. Aber um eine gute Figur abzugeben, müsste der Lanner schon ein paar Jahre jünger sein. Und ein paar Kilo leichter. Und eine Spur sympathischer. Also alles in allem müsste er ein völlig anderer Mensch sein. Aber geschenkt, das war nicht ihr Problem. Ihr Problem stand in Form der Flora keinen Meter von ihr entfernt. Fest in den Griffeln vom alten Lanner. Der hatte seinen Arm inzwischen um die Schultern der Flora gelegt, die rechte Hand baumelte verdächtig nahe an der Brust der Flora. Sollte er sie betatschen, würde die Charlotte ihn den Schüttelwein gleich mitsamt der Sektflöte schlucken lassen. Nach außen behielt sie ein so zuckersüßes Lächeln, dass Bienen darin ertrinken konnten. Sie schenkte dem alten Lanner ein Glas vom Schüttelwein ein und war heilfroh, dass er sich damit schlich. Leider hing die Flora noch immer an seinem Arm. Das war nicht so gut.

Eine fremde Stimme riss die Charlotte aus ihren mörderischen Gedanken. »Komische Addition zu seiner Trophäensammlung.«

»Wie bitte?«, fragte sie verdutzt. Ihr gegenüber stand eine etwa dreißigjährige, sportlich wirkende Frau. Noch nie gesehen, aber auf den ersten Blick nicht unsympathisch, auch wenn sie irgendwie in Rätseln sprach.

»Na, der Alte. Mein Chef. Ach, sorry, ich habe mich noch gar nicht vorgestellt: Marie Egger, Sportreporterin bei ›Heimatland‹.« Sie reichte der Charlotte über die Theke hinweg die Hand. »Haben Sie für mich vielleicht auch etwas zu trinken? Ich bezahle natürlich.« Okay, es gab bei der »Heimatland« also nicht nur Arschlöcher oder Arschlöcherinnen. Diese Egger machte einen durchaus vernünftigen Eindruck.

»Nein, nein, passt schon«, sagte die Charlotte deshalb und schenkte dem neuen Gast ein Glas vom Schüttelwein ein. Deutlich großzügiger gefüllt als jenes vom alten Lanner. »Also, wie war das mit der Trophäensammlung?«, wollte die Charlotte wissen.

»Ach, das ist ein Running Gag bei uns in der Redaktion. Der Alte engagiert mit Vorliebe aufstrebende Models. Mode- oder Nacktmagazin macht da bei ihm keinen Unterschied.«

»Wer von denen nachher doch keine Karriere im Modelgeschäft macht, hat gute Chancen, bei uns zu landen. Können müssen sie eh nicht viel, außer vorher geschmeidig durchs Bett vom Alten zu kommen.«

»So schlimm?«

»Schlimm? Das müssen Sie diese Frauen fragen. Einige von denen träumen tatsächlich von einem Leben mit dem Alten. Schnell verdientes Geld halt. Große Wohnung, dickes Auto – da gibt es schon ein paar, die jegliche Hemmung verlieren. Oder sich halt für ein paar Monate oder Jahre überwinden.«

»Hat's das nicht schon immer gegeben?« Resignation in der Stimme der Charlotte.

»Ja, aber das hat ihn noch nie abgehalten. Aber dieses kleine Flitscherl da an seinem Arm passt überhaupt nicht ins Beuteschema. Normalerweise hält sich der Alte schon an Volljährige.«

Und das war's dann auch schon wieder mit der Sympathieträgerin. »Dieses Flitscherl ist meine Schwester«, erklärte die Charlotte angepisst.

Die Egger spuckte vor Lachen den Schüttelwein aus. »Entschuldigung«, prustete sie, »dann ist es natürlich kein Flitscherl. Nicht böse sein, aber wenn man eine ›junge Dame‹ am Arm vom Alten sieht, ist man schon von Haus aus voreingenommen.« Damit hatte sie wohl nicht unrecht. Als Friedensangebot schenkte die Charlotte ihr nach.

»Danke. Wenn ich Ihnen einen Rat geben darf: Passen Sie auf die Kleine auf. Beim Alten kann man für nichts garantieren.«

»Ja, das kann ich mir denken. Ich werde nachher mal ein ernstes Wort mit ihr reden. Jetzt aber möchte ich sie vor ihrem Chef nicht blamieren. Sie macht ihre Ferialpraxis bei euch in der Redaktion.«

»Ah, ich dachte mir, dass ich die Kleine schon mal wo gesehen habe. Lassen Sie mich raten: Society-Redaktion?«

Die Charlotte nickte stumm.

Am Weg zum Centre-Court machte der alte Lanner noch einen Abstecher ins Spieler-Gym, das unter der Tribünenstahlrohr-Konstruktion untergebracht war. Er wolle sich dort »aufwärmen«, wie er zur Flora sagte. Die sah sich um. Weit und breit nichts vom Noah zu sehen. Dabei hatte sie so sehr gehofft, dass er sie mit dem alten Lanner sehen – und vor Eifersucht explodieren würde. So richtig schön in die Luft gehen, dass es ihm die Schädelplatte hochjagte. Nein, sie hatte prinzipiell nichts gegen die Inaaya. Nichts Wirksames halt. Denn in den letzten Wochen hatte sich die Zuneigung vom Noah eindeutig in Richtung der jungen Syrerin verschoben. Klar, die sagte zu allem Ja und Amen. Die war halt noch anders erzogen worden. Wahrscheinlich würde sie dem Noah sogar den Rücken schrubben, wenn er sie darum bat. Pfft! Sollte sie doch! Sie tat hier etwas für ihre Karriere. Natürlich, und damit auch für die vom Noah und von der Inaaya, weil die beiden ja auch in der Band spielten. Aber wer war die Frontfrau? Wer? *Wer?* Sie natürlich!

»Flora?«, fragte der Lanner ungewohnt sanft. Das wussten ja die wenigsten. Der Alte konnte Frauen gegenüber auch ein richtiger Gentleman sein. Leider nur dann, wenn sonst keiner zugegen war.

»Ja?«

»Wir müssen uns einmal über deine Karriere unterhalten.« Der Alte ächzte dabei. Er wärmte sich nämlich tatsächlich auf. Mit dem Rücken auf einer Isomatte am Boden liegend machte er Sit-ups. Oder versuchte es. Der Bauch war da ein ganz klein wenig im Weg. Sein Kopf war schon nach fünf Versuchen hochrot, das weiße Stirnband hob sich dadurch noch deutlicher vom Schädel ab. Nach dem sechsten halb erfolgreichen Versuch gab er auf. Er streckte der Flora die Hand entgegen. Sie fasste sie, auch wenn sie keine Ahnung hatte, wie sie den gestrandeten Wal allein hochkriegen sollte. Das war aber gar nicht die Intention vom Lanner. Stattdessen zog er die Flora zu sich runter. Die war so überrascht, dass sie das Gleichgewicht verlor und auf dem Bauch des verschwitzten Verlegers landete.

»Also reden wir«, flüsterte er leise in ihr Ohr. Wahrscheinlich sollte das verführerisch klingen. Tat es aber nicht. »Bist du schon einmal gefickt worden? Nicht von irgend so einem unerfahrenen jungen Typen. Von einem richtigen Mann.«

Wie dir?, dachte die Flora angeekelt. So weit hatte sie es eigentlich nicht kommen lassen wollen. Natürlich hatte sie in der Redaktion die Geschichten über den Alten gehört, aber nicht damit gerechnet, dass er so ein Interesse für sie entwickeln würde. Sie war doch erst sechzehn. Und hatte weder aufgespritzte Lippen noch künstliche Brüste, wie es laut den Erzählungen sonst dem Beuteschema des Alten entsprach. Unterhalb von seinem Bauch spürte sie, wie sich beim Lanner etwas rührte. Nicht viel, aber genug, um zu wissen, was er jetzt wollte. Shit, was jetzt?

»Ich starte nächste Woche meinen Fernsehsender. Dann bin ich der mächtigste Medienmacher in Österreich. Und ich würde dich gerne richtig groß machen. Ich habe ein Gespür für so etwas. Ich bringe euer Konzert groß im Fernsehen. Was meinst du? Ich will auch keine Gegenleistung. Wirklich nicht. Ich will dir nur etwas ...«

»Manfred?«, wurde der Alte von einer rufenden Stimme unterbrochen. Und noch einmal: »Manfred?« Ein Kopf lugte durch die offene Kabinentür. Es war der Jörg Hirzer. »Ach, da bist. Komm schon, lass die Kleine. Die ist doch noch viel zu jung für dich. Außerdem brauchst deine Kondition jetzt noch am Platz.«

Gerettet!, fuhr es der Flora durch den Kopf. Der Alte ließ sie von sich runterrollen.

»Ja, äh, sofort, Jörg. Ich komme gleich. Ich bin gestürzt, und meine Assistentin wollte mir aufhelfen. Leider ist sie dafür zu ... tollpatschig«, entschuldigte sich der alte Lanner. Das schiefe Grinsen jagte der Flora Gänsehaut über den Rücken. Dem Hirzer schickte sie einen dankbaren Blick, den dieser mit einem fast unmerklichen Kopfnicken beantwortete.

Der Charlotte würde sie davon lieber nichts erzählen. Die würde den Lanner glatt persönlich umbringen. Dabei hatte der doch gerade erst seinen Sohn verloren. Auch wenn der Alte ein Arschloch sein konnte, so hatte sie schon etwas Mitleid mit ihm. Und sie konnte ihn nach wie vor gut gebrauchen. Um den Noah eifersüchtig zu machen – und für ihre Karriere.

Ein Stückchen entfernt hatte niemand etwas von dem Geschehen mitbekommen. Niemand, das waren in diesem Fall die Charlotte und die Marie Egger, die es sich nicht nehmen lassen wollten, dem Lanner auf den Schläger zu schauen. Man konnte sich ja kaum vorstellen, dass der schon mal auf einem Tennisplatz gestanden war. Vielleicht auf einem Golfplatz, aber selbst da war sich die Marie nicht so sicher. In sportlicher Hinsicht hatte sie von ihrem Chef noch nie etwas gehört. Der konnte ja noch nicht einmal eine noch so kleine Niederlage sportlich wegstecken. Das war ein komplettes Fremdwort für den Verleger.

Aber dann – schau an! – tat sich der Alte am Tennisplatz gar nicht so schlecht. Natürlich würde aus dem Lanner niemals mehr ein Turnierspieler werden, nicht einmal für die Seniorenmeisterschaften von Hinterschaßklappersdorf, aber es könnte reichen, um sich beim ProAm übermorgen nicht bis auf die Knochen zu blamieren. Natürlich immer davon ausgehend, dass der Promi auf der anderen Seite des Netzes nicht ein überehrgeiziger Halbprofi war, von denen es gerade in der Künstlerszene den einen oder anderen gab.

Ein paar Minuten später gesellte sich die Flora zu den beiden Frauen. Sie hatte sich am Stand ein Glas Schüttelwein geholt, war dann aber nochmals zurückgegangen und hatte sicherheitshalber gleich die ganze Flasche mitgenommen. Sie schenkte ihrer Schwester und der Egger ungefragt ein, und so ließ man es sich die nächste halbe Stunde gut gehen. Auch als Nichtsportlerin musste die Charlotte zugeben, dass es ein Genuss war, dem Hirzer beim lockeren Schlagen zuzuschauen. Da war jede Bewegung geschmeidig, und jeder Schlag landete dort, wo er es auch sollte. Das war Entschädigung genug dafür, dass auf der anderen Seite des Netzes der alte Lanner vor sich hin schwitzte.

Es wäre ein beinahe perfekter Tag gewesen: Sonnenschein, im Hintergrund das fast schon hypnotische »Plopp-plopp-plopp« der Bälle am Court, ein gutes Glas Schüttelwein in der Hand – wenn da nicht unerwarteterweise die Familie Adefris angetanzt wäre. Der wirkliche Schock aber war das Auftauchen der Hela, die ja eigentlich gerade eine mehrjährige Haftstrafe absitzen sollte. Wie war das Flittchen denn da rausgekommen?

Die Erklärung ließ nicht lange auf sich warten. Statt sich einen der Hunderte freier Sitzplätze auszusuchen, kam die Hela natürlich genau zur Charlotte.

»Schon lange nicht mehr gesehen«, sagte das bleiche, schwarzhaarige Angel Face zuckersüß.

»Kann nicht lange genug sein«, murmelte die Charlotte, die mit der Hela nichts zu tun haben wollte.

»Ach, komm schon. Kopf hoch. So entsetzt, mich zu sehen?«

»Entsetzt ist vielleicht der falsche Ausdruck. Probieren wir es mit überrascht.«

»Du fragst dich wohl, wie es überhaupt sein kann, dass ich hier bin?«

»Könnte man so sagen, ja.«

»Schon mal was von Freigang gehört? Ich darf übers Wochenende nach Hause, um meinem Bruder hier beim Turnier zuzuschauen. Ist doch nett von unserem Staat, nicht?« Wieder dieses sarkastische Lächeln.

»Nett? Ich dachte, Freigang ist was für ungefährliche Häftlinge oder wird erst kurz vor der Freilassung gewährt.«

Die Hela legte den Kopf ein wenig zur Seite und den Zeigefinger auf die Lippen. »Jaaaa«, meinte sie lang gezogen, »bei normalen Häftlingen mag das der Fall sein, aber bei mir? Wo doch eigentlich auf der Hand liegt, dass ich sowieso völlig unschuldig im Gefängnis sitze?«

»Völlig unschuldig?«, fuhr die Charlotte auf. Dieses Mädel hatte wirklich die Gabe, bei der Charlotte genau die richtigen Knöpfe zu drücken. »Du hast ...«

»Pscht!«, unterbrach die Hela sie.

»Aber alle ...«

»Was ›aber alle‹? Was alle glauben oder zu wissen glauben, ist mir egal. Jetzt kann ich das erste Mal seit Monaten wieder mal raus. Ist doch schön, oder? Da habe ich mir genau das richtige Wetter ausgesucht.« Sie lehnte sich zum Ohr der Charlotte und flüsterte: »Das hier ist noch nicht vorbei. Du hast uns ein bisschen aufgehalten, aber nicht gestoppt. Und wenn ich erst mal ganz heraußen bin ...«

Wäre die Charlotte nicht schon gesessen, so hätte es sie jetzt ob dieser unverhohlenen Drohung sicher auf den Allerwertesten gesetzt.

Im Weggehen drehte sich die Hela noch mal um. »Wo hast

du denn deine blonde Muschischleckerin gelassen, Nöhrer? Ist die schon abgekratzt? Oder ist das da jetzt deine Neue?« Sie zeigte mit dem Kopf auf die Marie Egger, die sich überhaupt nicht auskannte, was da gerade abging.

»Ach, fick dich doch selbst!« Es war der Charlotte peinlich, aber in dem Moment fiel ihr auf die Schnelle nichts Besseres ein.

»Brauch ich nicht, für so etwas habe ich schon jemanden.« Sie lachte laut auf, drehte sich theatralisch um und ging zum Rest ihrer Familie, die sich das Schauspiel aus sicherer Entfernung angesehen hatte.

»Okay, was war das jetzt?«, fragte die Egger, als die Hela außer Hörweite war.

Bevor die Charlotte antwortete, musste sie sich ihr Glas neu anfüllen. Sie nahm der Flora die Flasche aus der Hand und schenkte es randvoll ein. Dann goss sie sich den Schüttelwein ex hinein.

»Also ...«, begann sie schließlich und erzählte der Marie Egger dann die Geschichte mit der Hela. Einiges davon kannte die Egger natürlich aus der Zeitung, aber was da im Hintergrund mit der Hela abgegangen war, war ihr neu.

»Dass die jetzt auch da ist, kann nix Gutes verheißen«, meinte die Flora, die bislang stumm zugehört hatte. Ihre Gedanken schwirrten noch immer um den Vorfall mit dem Lanner von vorhin. Aber je mehr Minuten vergingen, umso harmloser sah sie die ganze Sache. War ja nicht wirklich etwas passiert. »Und dass die Hela jetzt schon Freigang bekommt, ist ja wirklich Wahnsinn. Das Ganze war doch kein Kavaliersdelikt. Da konnten nur in letzter Minute Dutzende Tote verhindert werden!«

Die Charlotte nickte. »Was dafür spricht, dass da hinter den Kulissen Dinge vorgehen, von denen die Öffentlichkeit nichts mitbekommt.«

Die Egger mischte sich ein. »Ich bin zwar nur Sportreporterin, aber auch nicht ganz deppert. Ich habe ja eigentlich Politologie studiert und bin eher zufällig beim Sport gelandet, weil ich in der Jugend selbst Handballerin war. Tatsache ist, dass die ÖHP in den letzten Jahren in fast allen Ministerien ihre Leute platziert hat, ganz unauffällig. Ich rede da jetzt nicht von den öffentlichkeitswirksamen Posten. Die sind zumeist ja nur Show. Oder glaubt einer von euch ernsthaft, dass der Finanzminister eigenhändig das Budget errechnet? Eben! Er darf die Richtung vorgeben und nachher das Ergebnis verlesen. Außerdem sagt er doch selber, dass er nicht einmal einen Laptop besitzt. Aber die Republik wird ja sowieso nicht von Politikern am Laufen gehalten, sondern von einem riesigen Beamtenapparat, der seit Jahrzehnten seine Arbeit im Hintergrund verrichtet, egal, ob im Chef-Büro jetzt ein Schwarzer, Roter, Blauer, Grüner oder rosa Getupfter sitzt. Wenn sich da an der richtigen Stelle im Justizministerium ein Burschenschafter befindet … Also, für unmöglich halte ich das alles nicht. Auch nicht, dass diese Hela früher rauskommt als erwartet oder gerechtfertigt.«

Der Lanner hatte inzwischen seine Trainingsstunde beendet. Er packte gerade seinen Schläger in eine Tasche, als es von den Rängen plötzlich »Huhu! Hier!« erschallte. Der Lanner blickte hoch, sah die Hela und ihre Mutter und wurde kreidebleich. »Toi, toi, toi!«, rief die Hela spöttisch. »Passen Sie auf sich auf, Sie sehen ja ganz überhitzt aus. Nicht, dass Sie noch einen Herzinfarkt bekommen!« Blödes Gekuder von der Hela, ihrer Mutter und dem Rest der anwesenden Bagage. Unten am Court beschleunigte der Lanner sein Einpacken. Dann verschwand er gemeinsam mit dem Hirzer in einem kurzen Gang, der unter den Tribünen hinaus Richtung Fan-Zone führte.

Die Charlotte und die Flora sahen sich an. Nein, die Anwesenheit der Hela konnte wirklich nichts Gutes bedeuten.

22

Die Charlotte und ihre Begleitung waren dem Lanner mehr oder weniger auf dem Fuß gefolgt. Mit der Familie Adefris wollte man sich nicht die Tribüne teilen. Die Charlotte hatte auch keinerlei Lust auf eine weitere Konfrontation mit der altdeutschen Familie. Dafür hatte sie an der Marie Egger Gefallen gefunden. Wer hätte gedacht, dass bei einer Zeitung wie der »Heimatland« auch vernünftige Leute arbeiteten?

»Ja, das sind halt die Vorurteile, die die Leute über uns haben. Natürlich gibt's Kollegen, die Sachen frei erfinden oder sich Fakten so zurechtdrehen, wie es ihnen passt. Ich will das gar nicht entschuldigen, aber viel von dem Druck kommt da ganz von oben. Vom Alten. Der ist sich auch nicht zu blöd, kurz bevor die Zeitung in Druck geht, noch ganze Texte zu ändern. Damit das drinnensteht, was er ursprünglich in Auftrag gegeben hat. Was dann nur bedingt mit der Realität zu tun haben muss. Am schönsten war ja mal eine angekündigte Kältewelle, und er hat dann die ganze Zeit über zugefrorene Seen und eisige Wiesen schwadroniert. Auf den Bildern dazu war dann davon halt leider nix zu sehen. Aber ihm ist so was egal. Weißt du, der Alte lebt in seiner eigenen Welt, und dort gibt es nur eine Meinung: seine. Wir im Sport werden da glücklicherweise halbwegs in Ruhe gelassen. Wenn er sich einmischt, dann Ohren zu und durch. Seine Liebe gilt ja sowieso der Politik, weil er da meint, den Entscheidungsträgern per Schlagzeile ausrichten zu können, was sie tun sollen.«

Das erzählte die Marie (das »Egger« hatte die Charlotte da schon aus dem Kopf gestrichen) bereits bei einem Cocktail in der Turmbar am späten Abend. Dem Lanner war nach der Meldung von der Hela derart die Lust vergangen, dass er sich noch verschwitzt in seine Limousine gesetzt hatte und in Richtung Wien abgedüst war. Auf seine Mitarbeiterinnen hatte er völlig vergessen. Der Flora war es nicht unrecht, und die Marie konnte ihren Stimmungsbericht über die Vorbereitungsarbeiten des Turniers auch online über ihren Laptop ins Redaktionssystem klopfen. Womit noch genug Zeit blieb, um die neue Verbündete mit aufs Weingut und danach wieder hinunter in den Ort in die Bar zu nehmen.

Und danach wieder mit rauf aufs Weingut, wo sie dann auch die Nacht verbrachte. Weil, an Autofahren war da nicht mehr zu denken. Außerdem hatte die Marie am nächsten Tag, dem Samstag, sowieso frei, und daheim war auch niemand, der auf die Journalistin gewartet hätte. Sie würde am Sonntag, wenn es im Quali-Finale ernst wurde und das ProAm gespielt wurde, wieder im Einsatz sein.

Ja, der nächste Tag. Da ging es nun endlich los mit dem Tennisturnier, dem ersten professionellen und internationalen auf Perchtoldsdorfer Boden.

Das Hallo war natürlich groß. In Scharen strömten die Leute zum Begrischpark und dem Leonhardiberg, um sich diese Premiere zu geben. Dass die Quali am Samstag und Sonntag bei freiem Eintritt gespielt wurde, trug sicher auch das seinige zur Begeisterung der Fans bei. Klar, die ganz großen Namen waren auf dieser Ebene nicht zu sehen. Dafür aber jede Menge junger, hungriger Spieler, von denen der eine oder andere in den nächsten Jahren den Durchbruch in die Weltspitze schaffen würde. Und dann war da auch noch der Lokalmatador Jörg Hirzer, dem zwar der ganz große Wurf verwehrt geblieben war, der aber bei den Länderkämpfen regelmäßig über sich hinausgewachsen war und dort sogar gegen ganz, ganz große Namen gewonnen hatte.

Die Spiele starteten am späten Vormittag. Da war die Charlotte auch schon bei ihrem Stand. Gemeinsam mit der Bahira und der Alia schenkte sie fleißig aus. Die »Prominenz« war für heute noch nicht zu erwarten, der Quali-Samstag war der Tag für das gemeine Fußvolk. Morgen, am Sonntag, würde die Promidichte schon höher sein. Nicht zuletzt wegen des ProAms, weil, nur wegen des Sports bekam man die meisten Promis natürlich nicht hierher. Aber für den Sonntag waren auch die Gesellschaftsreporter von Fernsehen, Radio und Print angesagt.

Die Flora hatte gemeinsam mit dem Noah und der Inaaya am Vormittag eine Bandprobe, die drei wollten erst am Nachmittag zum Turnier raufschauen. Und die Andrea wollte sich diese Gelegenheit nicht entgehen lassen. Im Gegensatz zur Charlotte fand sie die Musik der Jungen gar nicht so schlecht. Muttern und der Herr Papa interessierten sich dafür genau Nüsse, außerdem musste sich ja auch irgendwer um den Heurigen kümmern. Zeitgleich mit der Charlotte hatte sich die Marie auf den Weg gemacht – allerdings zu sich nach Hause. Sie wollte sich noch den Rest ihres Rauschs vom Vorabend ausschlafen, damit sie am Sonntag voll fit war. Sie war vom Chef nämlich zur Berichterstattung über das ProAm eingeteilt worden. Wenn man ohnehin schon einen Sportreporter vor Ort hatte, musste man nicht auch noch jemand von der Society hinschicken. Wieder Geld gespart. Außerdem war ja die Flora auch noch da, und rein technisch war sie aktuell der Society-Redaktion zugeteilt.

Am frühen Nachmittag kam der Corvin Gattringer auf ein Achterl bei der Charlotte vorbei und lud sie ein, sich das nächste Quali-Match mit ihm gemeinsam anzuschauen. Es war das erste Auftreten vom noch lebenden Adefris-Zwilling. Und tatsächlich, das wollte sich die Charlotte dann doch nicht entgehen lassen.

Rechtzeitig zu dem Spiel traf auch der Adefris-Clan ein. Im Mittelpunkt stand wieder das Angel Face. Die Hela war aber nicht bloß mit ihrer Familie gekommen. Nein, den Haftfreigang nutzte sie, um sich gleich wieder mit ihrer Mädelschaft und einigen Typen einer einschlägig bekannten Burschenschaft zu umgeben. Sie waren alle in ihre Wichs gekleidet und stolzierten über das Gelände, als würde es ihnen gehören. Und vor allem: als wäre da vor ein paar Monaten gar nichts geschehen.

Zum Glück spielte die Polizei da nicht mit. Der Leo ließ die Burschenschafter beim Eingang zum Turniergelände gleich mal ihre Säbel und Degen oder weiß der Teufel, was die da verwendeten, abgeben. Fehlte noch, dass auf einmal eine Horde unberechenbarer Bewaffneter im Publikum saß. Die Hela ließ den Leo spöttisch lächelnd gewähren. Natürlich war ihr klar gewesen, dass sie so nicht reinkommen würden. Aber ein wenig Provokation hatte ja noch nie geschadet. Außerdem hatte sie so gleich einmal die ganze Aufmerksamkeit auf sich gezogen. Und wenn die Hela eines war, dann eine Narzisstin. Gepaart mit totaler Empathielosigkeit. Eine Spitzenmischung.

Der Adefris-Clan nahm in zwei nebeneinandergelegenen VIP-Logen Platz. Glücklicherweise recht weit weg von jener, in die der Gattringer die Charlotte eingeladen hatte.

Sehr zu ihrer Überraschung kam kurz vor Matchbeginn auch noch der Graf mit seiner Julijana. Und: Diesmal hatte er auch die kleine Olivia dabei.

»Wie geht es denn eigentlich der Gina?«, fragte die Charlotte nach der Begrüßung.

Der Graf winkte ab. Was bedeuten sollte: nicht vor der Olivia darüber sprechen. Die Charlotte verstand, nickte und wandte sich wieder dem Geschehen am Court zu. Dort spielten sich der junge Adefris und sein Gegner gerade ein. Die Tribüne war bis auf den letzten Platz gefüllt. Außer bei den auch am Wochenende verkauften VIP-Logen galt während der Quali freie Platzwahl, und viele Familien waren mit ihren Kindern gekommen, um ihnen einmal das Erlebnis eines echten Tennisspiels live vor Ort zu gönnen. Völlig gratis. So zog man sich das zahlende Publikum für die Zukunft heran.

Endlich war es so weit. Siegfried Adefris hatte sich für Aufschlag entschieden und startete das Match gleich mit einem Ass. In der nächsten halben Stunde zeigte der junge Adefris genau jene Aggressivität, die er auch schon im Training an den Tag gelegt hatte. Von den Rängen wurde von der Familie jeder Punkt wie der Matchball bejubelt. Und wenn der Gegner am

Aufschlagen war, wurde von der Hela dazwischengerufen, gepfiffen und Lärm gemacht. So richtig fair halt.

»Ist das okay so?«, fragte die Charlotte den Gattringer. Der sah dem unwürdigen Schauspiel leidend zu.

»Nein, natürlich nicht. Normalerweise würden wir solche Leute von der Anlage entfernen. Ein oder zwei Mal reinrufen lässt sich eh nie verhindern, aber dauernd?«

»Wieso tut ihr dann nichts?«

»Ich habe Ihnen die Sache mit der Familie Adefris doch schon erklärt. Mir sind da leider die Hände gebunden. Vielleicht kann ich nach dem Spiel mit ihnen reden und klarmachen, dass das so nicht geht.« Besonders überzeugend klang der Gattringer aber nicht.

Während sich der Adefris in einen wahren Spielrausch steigerte und kaum einen Ball ins Out oder ins Netz setzte, warf sein Gegner gegen Ende des ersten Satzes völlig die Nerven weg. Kein Wunder. Er war in der Weltrangliste rund um Platz 200 zu finden, während der junge Adefris noch nicht einmal ein Ranking aufweisen konnte. Aber mit einer Stimmung wie bei einem energiegeladenen Davis-Cup-Match hatte der junge Mann aus Spanien nicht gerechnet. Da konnte der Referee noch so oft »Ruhe bitte« zwischen den Ballwechseln einmahnen, die Hela und ihre Sippschaft pfiffen einfach drauf.

Angestachelt von der Hela zog im Lauf des ersten Satzes der Rest des Publikums mit. Weil man den Lokalmatador *natürlich* gegen den favorisierten Spanier nach vorne peitschen musste. Selbst, wenn es sich dabei um einen Adefris handelte.

Nach dem glatten 6:2 für Adefris im ersten Satz reichte es dem Gattringer doch. Er nutzte die Pause vor dem zweiten Satz, um zu den Adefris zu gehen. Er tuschelte mit der Mutter und dann mit der Hela. Anhand ihrer Gesten konnte die Charlotte erahnen, dass die Hela auf unschuldig machte. Wer? Was? Ich? Was soll ich getan haben? Ich habe doch nur meinen Bruder angefeuert! Kaum hatte sich der Gattringer umgedreht, streckte sie ihm den Mittelfinger nach. Immerhin war die Stimmung für die nächsten zwanzig Minuten ein wenig friedlicher. Der Spanier nutzte diese Ruhepause aus und panierte den Adefris mit 6:0 her. Die Partie ging also in einen Entscheidungssatz. Ab da kannte die Hela keine Rückhaltung mehr. Bei jedem Aufschlag vom Spanier wurde reingerufen, jeder Fehler des Spaniers frenetisch beklatscht, und schon nach kurzer Zeit hatte sie das gesamte Publikum wieder auf ihre Seite gezogen. Zähneknirschend nahm der Spanier die unfairen Aktionen des Publikums hin. Als sein Gegner aber auch noch begann, das Publikum aufzupeitschen, riss ihm doch der Geduldsfaden. Der Schläger flog. Einmal. Zweimal. Bei 5:5 zum dritten Mal. Nur diesmal sprang der Schläger so blöd vom Boden weg, dass er ein Ballmädchen traf, das gerade Bälle aufsammelte. Dem Schiedsrichter blieb nur mehr eines: Er musste den völlig entnervten Spanier disqualifizieren. Wie ein Häufchen Elend schlich er vom Platz, den Kopf unter einem Handtuch versteckt und von einem tosenden Pfeifkonzert des Publikums begleitet.

Der Siegfried Adefris hingegen ließ sich feiern, als hätte er gerade Wimbledon gewonnen. Mitten am Platz drehte er sich mehrmals um die eigene Achse, winkte dem Publikum zu und für seine Schwester, die Hela, hatte er sogar ein paar Kusshändchen parat. Noch ein Zeigen mit dem Finger auf die Schwester, angedeuteter Applaus und ein völlig unauffälliges Augenzwinkern zur Hela, die die Gesten ihres Bruders ebenfalls mit einem Kusshändchen beantwortete.

Klar, natürlich konnte man sich auch auf diese Art und Weise über einen Sieg freuen. Schön war es halt nicht. Der Gattringer atmete tief durch, als der Adefris endlich den Platz verlassen und sich das Publikum wieder beruhigt hatte. Es standen noch zwei weitere Partien am Programm, aber der Adefris-Clan hatte genug gesehen – und vor allem erreicht, was man erreichen wollte.

Die Charlotte hatte auch genug und ging zurück zu ihrem Stand. Dort versicherten ihr die Alia und die Bahira, dass sie die Sache unter Kontrolle hätten. Also machte sich die Charlotte auf den Weg zurück zum Weingut. Sie hatte auf ihrem Handy gesehen, dass sie eine Mail vom Architektenbüro bekommen hatte. Aber die darin übermittelten Pläne für den Hotelzubau waren auf dem kleinen Bildschirm kaum zu erkennen. Also heim ins Büro, dort den Laptop aufgedreht und sich in die Pläne vertieft.

Die Charlotte hatte es sich an ihrem Lieblingstisch im Hof unter der alten Kastanie gemütlich gemacht. Auf dem stand ständig ein »Reserviert«-Schild, irgendeinen Vorteil musste man als Chefin ja auch haben. Nach der Bandprobe kamen auch die Andrea und die Flora zur Charlotte.

»Was meint ihr?«, fragte sie schließlich, nachdem sich alle eingehend die Pläne angesehen hatten.

»Schaut nicht so schlecht aus. Das mit dem Panoramafenster in der Wiese willst du wirklich machen?«, fragte die Flora ungewohnt unlaunisch.

»Ja, stell dir mal den Ausblick vor. Du kommst aus der Sauna, legst dich an den Swimmingpool und schaust über ein paar Hektar Weinberge hinunter auf die Stadt. Alleine für den Blick werden die Leute bereit sein, ordentlich Geld abzulegen. Das Problem ist nur, dass ich mit den Vorschlägen für den Wellnessbereich nicht so richtig zufrieden bin. Das ist mir noch etwas zu … bieder.«

Die Andrea und die Flora überflogen nochmals die Visualisierungen für den Spa-Bereich. Die Charlotte hatte schon recht. Es sah alles sehr gepflegt und einladend aus. Aber irgendwie fehlte der letzte Pfiff.

»Was würde dir denn gefallen?«, wollte die Andrea schließlich wissen.

Die Charlotte setzte ein verschmitztes Lächeln auf. »Kannst du dich noch erinnern, wie es im Spa-Bereich vom ›Pleasure Island‹ ausschaut?« Oh ja, und wie die Andrea das konnte. Schade, dass sie es noch nie ausprobiert hatten. Da war die Magda, die Besitzerin des »Pleasure Island«, leider sehr streng – nur Kundschaft kam auch in den Genuss des Wellnessbereichs.

»Und ich hätte gerne eine Mischung aus ›Pleasure Island‹ und – auch wenn ihr beide das nicht gerne hören werdet – dem Spa-Bereich im Hotel letztens. Ein bisschen was von beidem.«

»Da werden wir mit dem Architekten wohl den beiden Locations einen Besuch abstatten müssen«, meinte die Andrea.

»Ja, ich hoffe mal, dass uns die Magda wenigstens das erlauben wird. Muss ja auch mal eine Stunde geben, wo ihr Spa nicht benützt wird.«

Die Charlotte schrieb der Magda sofort eine Nachricht mit ihrer Bitte und gleich darauf dem Architekten den Vorschlag, gemeinsam ein wenig »Location Scouting« zu machen. Auf eine Antwort der Magda wartete sie gar nicht erst, sie ging einfach davon aus, dass sich ihr Wunsch schon irgendwie in die Tat umsetzen lassen würde. Schließlich hatten sie der Magda auch schon unter die Arme gegriffen – da sollte so was schon möglich sein.

Und im schlimmsten Fall würde man die Elena als »Maulwurf« benützen. Die Freundin vom Leo konnte garantiert zwischendurch mal ein paar ordentliche Fotos vom Wellnessbereich machen.

Während das Geschäft im Hof brummte – der Noah und die Inaaya hatten inzwischen ihre Musiker-Garderobe gegen normales Gewand getauscht und bedienten die Gäste –, spazierte die Charlotte mit der Andrea und der Flora beim hinteren Tor hinaus. Hier war die Wiese, wo vor einem Jahr noch die große Leinwand für das Public Viewing der Fußball-EM gestanden war. Ohne vergleichbares Großevent in diesem Sommer hatte das Stück Land heuer einen ruhigen Sommer verbracht. Wenn es nach der Charlotte ging, dann würde sich das in Zukunft aber ändern.

Prophetisch breitete sie vor den beiden anderen die Arme aus. »Und hier«, säuselte sie, »kommt unsere Bio-Obstplantage her.«

»Hä?« Die Flora kam nicht ganz mit.

»Na, ein bisschen Bio-Obst. Vor allem Äpfel, Birnen, vielleicht auch ein paar Marillen. Vor allem ältere Sorten. Da können die Gäste von mir aus auch durchflanieren.«

»Flanieren?« Der Flora wurde ihre Schwester immer fremder. »Wo hast du denn dieses PR-Gewäsch her?«

»Gar nirgends! Ich habe halt große Pläne, über die ich ständig nachdenke. Und da kommen einem eben auch solche Worte. Würden sich in einem PR-Flyer doch sicher gut machen.«

Da musste die Flora ihrer großen Schwester allerdings recht geben. Und die Idee war ja grundsätzlich nicht schlecht. Aber: »Wer soll uns das Bio-Obst abnehmen?«

»Na, gar niemand! Wir verkaufen selbst. Aber eigentlich möchte ich mit dem Obst Bio-Fruchtsäfte machen.«

»Ich hoffe nur, wir überheben uns da nicht.«

»Schnickschnack«, wischte die Charlotte die Bedenken der kleinen Schwester weg. Sie war jetzt so richtig in Fahrt. »Wegen der paar Obstbäume brauchst dir die wenigsten Sorgen zu machen. Außerdem können wir da gleich ein Kombipaket anbieten: Hotelzimmer und Obst pflücken.«

»Du willst die Gäste die Arbeit für dich machen lassen?«, fragte die Andrea erstaunt.

»Warum nicht?«, erwiderte die Charlotte voller Enthusiasmus. »Back to the roots! Die Leute wollen sich doch wieder spüren. Was glaubst du, wieso so viele Urlaub am Bauernhof machen? Wir sind zwar kein Bauernhof, aber spüren können sich die Leute bei uns auch gerne. Das Konzept lässt sich sogar auf die Weinernte ausweiten. Es gibt sicher genug Leute, die für so ein Abenteuer sogar noch was zahlen. Und wir sparen uns wieder ein paar Kosten.«

»Darauf sollten wir eigentlich anstoßen«, schlug die Andrea vor. Ihr war jeder Grund recht, um jetzt an etwas Alkohol zu kommen. Die Pläne der Charlotte waren schon sehr … groß. Um nicht zu sagen: hochtrabend. Außerdem klingelten ihr noch die Ohren von dem Lärm, den die Flora, der Noah und die Inaaya vorhin unten im Burghof veranstaltet hatten.

»Gute Idee, ich hol eine Flasche«, erklärte sich die Flora

bereit. Fünf Minuten später kam sie zurück. In der einen Hand eine Flasche Schüttelwein, in der anderen drei Gläser. Und im Gesicht blass wie eine frisch gestrichene Wand.

»Was ist denn mit dir los?«, fragte die Charlotte besorgt.

»Der ... der ... der ... mein Chef ist da!«

»Und? Den siehst du doch im Büro auch ständig.«

»Schon, aber da hat er nicht die Renate im Arm.«

Jetzt fiel der Charlotte auch beinahe das Glas aus der Hand. Der alte Lanner und die Renate? Was sollte das denn jetzt bitte?

Gemeinsam stürmten sie zurück in den Hof. Tatsächlich: Da stand die Renate, eingehängt beim alten Lanner, und plauderte fröhlich drauflos mit dem Herrn Papa. Schon von Weitem konnte die Charlotte sehen, dass der sich mächtig Mühe geben musste, um dem Lanner nicht an die Gurgel zu springen. Die Erinnerungen an die völlig aus dem Ruder gelaufene Geburtstagsfeier des Sohnes war noch ziemlich frisch.

»Ah, da ist ja unser hoffnungsvoller Musiknachwuchs«, empfing der Lanner jovial die Flora. Sofort löste er sich von der Renate und umarmte die mehr als vierzig Jahre jüngere Nöhrer-Tochter. Die Charlotte machte einen schnellen Schritt und stellte sich zwischen die beiden und den Herrn Papa. Der hatte nämlich schon dazu angesetzt, den Lanner am Schlafittchen zu packen. Wenigstens hatte der »Medienmacher« so viel Anstand, dass er die Flora nicht irgendwo blöd betatschte. Das schmatzende Bussi auf die Wange (für den Geschmack von der Charlotte eine Spur zu nahe am Mundwinkel ihrer kleinen Schwester) hätte dann aber doch nicht sein müssen. Das schien auch die Renate so zu sehen. Charmant lächelnd löste sie den Lanner von der Flora, um sich wieder bei ihm einzuhaken.

Die Renate ließ erst gar keinen Protest vom Lanner aufkommen. »Wisst ihr«, sagte sie, »ich habe mir gedacht, ich zeige dem guten Herrn Lanner mal, wie unser zukünftiger Star so lebt. Quasi den Unterschied zwischen Landromantik und der Revoluzzer-Musik, die sie macht.« Dabei schmiegte sie sich aufdringlich an den alten Lanner. Ja, gut, aufdringlich nur für

Außenstehende. Für den Lanner schien das völlig normal, so salopp, wie er die Renate noch enger an sich zog und ihr gänzlich schamlos mit der Hand auf den Hintern griff.

Landromantik? Fehlte ja nur noch, dass sie uns als Landeier bezeichnet, dachte sich die Charlotte. Und wieso schmiss sich die Renate so an den Lanner ran? Sie hatte doch eh den Mario. Und so aufreizend sie sich auch immer gab, so war sie – soweit die Charlotte das beurteilen konnte – dem Mario bislang doch immer treu gewesen.

Während die Hand vom Lanner genüsslich von einer Pobacke der Renate zur anderen wanderte, warf diese der Charlotte einen warnenden Blick zu. Nicht einschreiten, ich habe das alles unter Kontrolle, sollte er wohl bedeuten. Aber die Charlotte war sich da nicht so sicher. Aber letztendlich war die Renate eine erwachsene Frau und wusste (hoffentlich), was sie tat. Gemeinsam setzten sie sich an den Tisch unter der alten Kastanie. Der Herr Papa führte den Lanner sogar runter in den restaurieren Weinkeller und zeigte ihm die Gedenkstätte für die Familie Goldmann. Alles nur, um den Alten außer Reichweite seiner jüngeren Tochter zu bekommen. Die Charlotte hoffte, dass er ihm unten im Keller nicht doch noch eine anrieb, aber nach einer Viertelstunde kamen sie wieder hoch, der Lanner bepackt mit zwei Kartons Wein, die er schnaufend die Stufen raufschleppte. Breit grinsend zog der Herr Papa hinter ihm die Tür zum Presshaus zu. Nein, das Rauftragen der schweren Weinkartons war natürlich nicht im Preis inbegriffen. Also, wenigstens in diesem Fall nicht.

Erschöpft ließ sich der alte Lanner auf die Heurigenbank neben die Renate sinken. Das bereits zuvor georderte Achtel Cabernet Sauvignon goss er sich runter, als gäbe es kein Morgen mehr. Der Rotwein schien seine Geister zu beleben, denn kaum war der letzte Tropfen seine Gurgel runtergeronnen, hatte er seinen Arm auch schon wieder um die Hüfte der Renate gelegt. Immerhin hatte die Flora so ihre Ruhe.

»Also, der Herr Lanner …«, setzte die Renate an.

»Manfred, bitte. Wir müssen doch nicht so förmlich sein«, presste der Alte zwischen seinen Wulstlippen hervor. Sein Kopf war auffällig rot. Nur der Alkohol konnte das nicht sein.

»Gerne!«, sagte die Renate mit einem Haifischgrinsen. Schön langsam schien ihr die Aufdringlichkeit doch ein wenig zu viel werden. »Also, der Manfred startet nächste Woche ja seinen Fernsehsender, und als eines der ersten Highlights will er das Konzert unseres Nesthäkchens live übertragen.« Dabei betonte sie das Wort »Nesthäkchen« besonders. Dem lechzenden Blick des Alten auf die Flora, die ihm schräg gegenüber saß, nach zu schließen, stieß dies jedoch auf taube Ohren. Wie machte der das nur? Griffelte mit einer Hand die Renate ab und hing mit den Augen an der Flora. So viel Saft konnte der Fettsack doch gar nicht in sich haben?

»Weiß ich doch schon«, sagte die Flora unangenehm berührt. Das hatte ihr jetzt noch gefehlt, dass sich die Renate da auch noch einmischte. Ja, sie war ihre »Managerin«, aber den TV-Deal hatte sie doch bitte schön schon selbst aufgestellt. Sie verdrängte dabei geflissentlich, dass es dem Alten eigentlich nur darum ging, sie ins Bett zu bekommen. Ein Abenteuer, auf das sie gut verzichten konnte. Ihr Plan war, dass sie den Alten so lange vertröstete, bis das Konzert vorbei war. Dann war nämlich die Ferialpraxis auch mehr oder weniger zu Ende, und sie musste sich seiner Avancen nicht weiter erwehren. So stellte sie sich die Sache wenigstens vor.

»Ich weiß«, meinte die Renate augenzwinkernd. »Aber als deine Managerin wollte ich die ganze Sache in trockene Tücher bringen. Nicht, dass uns da irgendetwas dazwischenkommt«, fuhr sie fort. Dabei stierte sie die Flora unverwandt an. Sag jetzt einfach nichts, ich versuche gerade, deinen Arsch zu retten, sollte dieser Blick bedeuten. Um diese Nachricht zu unterstreichen, trat die Charlotte der Flora gegen das Schienbein.

Die Renate nahm einen Schluck von ihrem Grünen Veltliner. »Deshalb habe ich heute Nachmittag mit dem Manfred einen Vertrag unterzeichnet. Darin hat er sich verpflichtet, mit

›Heimatland-TV‹ das ganze Konzert zu übertragen. Im Gegenzug muss er für die Rechte nichts bezahlen. Gerade bei einem so jungen Projekt sitzt das Geld ja nicht so locker. Eine Win-win-Situation für beide Seiten.«

Der Alte hatte sich inzwischen das nächste Achterl reingestellt. Mit zunehmendem Alkoholisierungsgrad wurde er auch immer anlassiger. Die Renate zündete sich eine Zigarette an und hob ihr Glas.

»Auf unser gemeinsames Projekt«, sprach sie den unvermeidlichen Toast aus. Natürlich war der Lanner der Erste, der sein Glas hob. Aus den Augenwinkeln beobachtete die Renate jede Handbewegung des alten Fettsacks. Als sein Glas auf selber Höhe mit ihrer Zigarette war, wurde der Renate urplötzlich ganz furchtbar schwindlig. Sie rutschte zur Seite, die glühende Zigarette brannte sich mit einem befriedigenden Zischen in den Handrücken vom Lanner, der sofort sein Glas fallen ließ. Der rote Traubensaft ergoss sich über das sündteure Kleid der Renate, aber das war ihr die Aktion wert. Der Lanner hielt sich die schmerzende Hand. Verbrannte Haut und Haare stanken aus dieser Nähe bestialisch, aber auch das nahm sie gern in Kauf.

»'tschuldigung«, hauchte die Renate sanft wie die Unschuld vom Lande, noch immer einen Schwindelanfall vortäuschend. »War ein langer Tag.«

Der Mund der Charlotte stand weit offen. Sie hatte ihre Freundin natürlich durchschaut, aber so viel Verschlagenheit hätte sie ihr nie und nimmer zugetraut. Immerhin: Mit dieser Hand würde der Lanner in nächster Zeit keine Frau mehr begrapschen. Die Flora musste sich alle Mühe geben, nicht in lautstarkes Lachen auszubrechen, aber sie wollte ihren frisch abgeschlossenen Fernsehdeal nicht gefährden.

»Hier«, half die Charlotte aus. Sie hatte eine Serviette ins eiskalte Sodawasser getunkt und hielt sie dem Lanner hin. Zähneknirschend akzeptierte er die Hilfe und drückte das kühlende Tuch auf die Brandwunde. Geschieht ihm ganz recht, dachte die Charlotte befriedigt. Nicht nur, dass er sich ständig an irgendwelchen Frauen oder Mädchen verging, dem Arsch schien der Tod seines Sohnes überhaupt nicht nahezugehen.

»Geht's wieder?«, fragte die Renate unschuldig.

»Mhm«, murmelte der Lanner. Aber in Wirklichkeit ging nichts mehr. Fünf Minuten später setzte er sich in seine Limousine und düste ab in Richtung Wien. Er musste sich ja noch auf das ProAm-Turnier am nächsten Tag vorbereiten. Zum Glück hatte die Renate seine linke Hand erwischt, und er war ja Rechtshänder. Ja, zum Glück ...

Wenigstens hatten sie jetzt Ruhe von dem Alten. Und die Renate konnte endlich mit einer weiteren Neuigkeit rausrücken. »Die TV-Übertragung ist ja schön und gut«, meinte sie gut gelaunt, »aber noch viel wichtiger ist, dass ich meine Kontakte in die Musikbranche angezapft habe. Ein paar Labelmanager werden live vor Ort sein und sich euch anschauen.«

Der Flora sprangen förmlich die Augen aus dem Kopf. »Wirklich?«

»Ja, klar. Mit so etwas spaßt man nicht. Ich habe mir erlaubt, den entsprechenden Leuten ein paar Aufnahmen von euch zu schicken, und die haben das durchaus interessant gefunden. Zumindest so interessant, dass sie sich euch mal live anschauen wollen.«

»Aber wir haben doch noch gar nichts aufgenommen!«, protestierte die Flora.

»Eh nicht, ich habe euch während der Proben mit dem Handy mitgeschnitten. Die Qualität ist natürlich nicht die beste, aber ausreichend, damit man sich eine Vorstellung von eurer Kunst machen kann.«

»Ich brauch jetzt Alkohol«, stellte die Flora konsterniert fest. Die Charlotte drückte ein Auge zu. Wer war sie schon, dass sie der Kleinen noch ein Glas verweigerte? Sie schenkte ihr sogar einen Spritzer ein. Sicherheitshalber aber die Jahrhundertsommer-Version. Also gaaaanz viel Soda und möglichst wenig Veltliner. Gerade so, dass der Weingeschmack noch spürbar war.

»Immer langsam mit den jungen Pferden«, meinte die Renate. »Nur weil sie sich euch anschauen kommen, heißt das noch gar nichts. Das machen die quasi täglich. Unter Vertrag genommen wird dann nur eine Handvoll dieser Talente – wenn überhaupt. Aber ihr habt einen großen Vorteil!«

»Welchen?«

»Natürlich mich!« Die Renate prostete der Flora zu. Hätte es das Wort »unverschämt« noch nicht gegeben, für die Renate wäre es garantiert erfunden worden.

23

Am Sonntag ging am Turniergelände so richtig der Jolli ab. Die Promidichte war enorm, wenngleich die ganz großen Namen fehlten. Wie üblich bei solchen Veranstaltungen, war es vor allem die B- und C-Klasse der heimischen Prominenz, die es sich nicht nehmen ließ, sich im Licht der Fernseh- und Radiosender zu sonnen. Jene Promis, die, sobald sie eine publicityträchtige Veranstaltung rochen, von selbst und gerne auch ganz ohne Einladung Gewehr bei Fuß standen. Jene Promis, die man eher explizit aus- denn einladen musste, wenn man sie nicht als Edelschnorrer dabeihaben wollte.

Was die Charlotte freute, war, dass es – natürlich – auch der umtriebige Braumeister wieder einmal heraus nach Perchtoldsdorf geschafft hatte. An seinem Arm hing selbstverständlich eine mindestens sechzig Jahre jüngere Tussi. Die Charlotte hatte keine Ahnung, welchen Kosenamen diese neueste Liebschaft vom Boulevard abbekommen hatte, aber das war eigentlich auch egal. Sie fand es irgendwie rührend, wie sich der Braumeister mit seinen »Freundinnen« im Rampenlicht präsentierte, wohl wissend, dass die ihm maximal den nicht vorhandenen Bart kraulen würden – sonst aber garantiert nichts. Egal, wie viele Cabrios oder Luxusurlaube er auch spendierte. Aber schmeck's! Sie hatte ihn jetzt schon mehrmals bei Veranstaltungen getroffen, und noch jedes Mal hatte er ihre Weine dabei über den grünen Klee gelobt. Da wunderte es sie überhaupt nicht, dass er auch diesmal schnurstracks auf ihren Stand zugeschlurft kam. Das junge Ding an seinem Arm war weniger willig. Das gierte mit den Augen mehr nach den alterstechnisch sowieso besser passenden Jungtennisstars, die sich, verschwitzt von ihren Trainingseinheiten, durch die Menge zu den Umkleidekabinen drängten.

Das war hier halt nicht Wimbledon, wo man die Spieler nur aus der Ferne zu sehen bekam. Nein, bei den »Perchtoldsdorf

Classics« lief das alles noch ein bisschen bodenständiger und näher beim Fan ab. Obwohl man sich durchaus alle Mühe gegeben hatte, so etwas wie ein »Mini-Wimbledon« im Begrischpark zu installieren. Die Aussteller- und Gastrostände waren in nobel wirkenden weißen Pagodenzelten untergebracht, dazwischen war jede Menge saftig grüner Kunstrasen ausgerollt worden. Kniehohe weiße Holzzäune trennten die einzelnen Stände voneinander ab. Was nicht mit Kunstrasen ausgelegt war, hatte man mit blendend weißem Kiesel ausgestreut. Auch wenn nicht mehr Saison war, wurden an jeder Ecke Erdbeeren mit Schlag feilgeboten und auch konsumiert.

Die Tussi wurde erst etwas ruhiger, als die Charlotte sie mit dem zweiten Glas Schüttelwein abgefüllt hatte. Vor allem, nachdem sie ihr die Marke als hochwertiges (und vor allem hochpreisiges) Luxusgetränk schmackhaft gemacht hatte, war die junge Dame zufrieden. Ein Blick auf das Louis-Vuitton-Handtäschchen unter ihrem Arm und den Gürtel mit dem riesigen Moschino-Logo auf der Schnalle hatte ihr gereicht, um zu wissen, wie man die Tussi besänftigen konnte. Hauptsache teuer, Geschmack war da Nebensache. Vielleicht hatte die Charlotte aber auch einfach nur zu wenig Ahnung von Mode, um das Leopardenprint-Kleidchen mit dem »dezent« platzierten Gucci-Schriftzug zu würdigen (bei dessen Länge, oder besser Kürze, sogar die Elena rot geworden wäre).

Wie auch immer: Der Braumeister war natürlich weniger am sportlichen Ereignis als am Drumherum interessiert. Gierig und für sein Alter unerwartet agil drehte er den Kopf in alle Richtungen, offensichtlich auf der Suche nach der nächsten TV-Kamera. Die war auch gar nicht weit entfernt und nahm sich dankbar des Wiener Unikats an. Dazu das frisch gefangene Leoparden-Weibchen – das waren schon schöne Bilder. Für die Charlotte umso mehr, als dabei ihr Stand groß im Bild war. Ja, nur im Hintergrund, aber immerhin. Natürlich entblödete sich die Charlotte auch nicht, eine Flasche ihres Schüttelweins zwischen dem Braumeister und seiner Wildkatze ins Bild zu rücken. Das empörte Zischen und Kopfschütteln der Redakteurin, die das Interview mit dem Braumeister führte, ignorierte sie geflissentlich. Wo kämen wir denn da hin, wenn sie sich an ihrem eigenen Stand etwas vorschreiben ließ?

Die Stimmung sank, als am späten Vormittag dann auch wieder der Adefris-Clan antanzte. Natürlich inklusive der Hela, jedoch minus ihrer deutsch-deutschen Mädel und Burschenschaftler. Und diesmal im normalen Sommerkleid statt im Wichs. Erfreulich war, dass sie die Charlotte bis auf einen hämischen Grinser ignorierte. Okay, nicht ganz. Die Hela fuhr sich mit Zunge einmal im Kreis über die Lippe. Was aber nur peinlich statt lasziv oder verarschend wirkte. Das konnte die Charlotte wegstecken.

Die Andrea neben ihr war schlagfertiger. Sie schickte der Hela einen betörenden Augenaufschlag und Luftkuss zu, was die Hela mit einem gut hörbaren Schnauben quittierte. Aber damit war die Sache wenigstens vorerst erledigt. Die Charlotte hatte jedoch keinen Zweifel, dass sie im Lauf des Tages noch ein- oder zweimal mit den Adefris zusammenkrachen würde. Ließ sich aufgrund des ProAm fast nicht vermeiden. Dort hatte sie nämlich die Exklusivbewirtung der prominenten Gäste übernommen, und sie zweifelte nicht daran, dass die Familie Adefris auch ohne aktive Beteiligung an dem sportlich wertlosen, jedoch gesellschaftlich hochwertigen Ereignis in irgendeiner Art und Weise teilnehmen würde.

Das Theater beim Quali-Finale wollte sich die Charlotte im Gegensatz zum Vortag allerdings nicht live auf den Rängen geben. Es reichte, die Reaktionen zu hören, die während des Spiels auch bis zu ihr hinaus an den Weinstand drangen. Nach dem ersten Satz kam der Gattringer als zitterndes Nervenbündel zu ihr.

»Ich pack's nicht«, stöhnte er. »Die Adefris-Familie gibt schon wieder Gas, als gäbe es kein Morgen.«

»Alkohol?«

»Hilft der?«

Die Charlotte zuckte mit den Schultern. »Das hängt wohl

von der Person ab. Aber ein gutes Glas Rotwein kann schon Wunder wirken.« Für spezielle Fälle hatte sie ein paar Flaschen vom 2008er Pinot Noir auch hier beim Turnier eingelagert. Zähflüssig und dunkelrot ergoss er sich in das Glas.

»Schhhh!«, stoppte sie den Gattringer mit einer Handbewegung, als der sofort zugreifen wollte. »Der muss wenigstens ein paar Minuten atmen. Als erste Notfallmaßnahme reicht auch ein Achtel vom jungen Blaufränkischen.« Sie entkorkte eine weitere Flasche und schenkte dem Turnierdirektor ein neues Glas ein. Der junge Blaufränkische war deutlich heller als sein Cousin im Glas daneben.

»Bitte schön«, lud die Charlotte ein.

Der Gattringer nahm das Glas, schwenkte es wie ein Kenner ein paarmal im Kreis und ließ die Aromen direkt am Glasrand in die Nase steigen. Dann leerte er sich das Glas doch einfach ex rein.

»Geht's schon wieder so zu wie gestern?«, fragte die Charlotte schließlich. Nur um Konversation zu machen, denn sie konnte ja hören, was sich am Centre-Court abspielte.

»Schlimmer. Scheinbar haben die Adefris noch ein paar ihrer Freunde im Publikum verteilt, die den Rest der Fans anstacheln. Das ist superpeinlich und wird in den offiziellen Berichten nicht gut ankommen.«

»Welchen offiziellen Berichten?«

»Wie in jeder Sportart sind hier natürlich auch Beobachter vom Weltverband. Die schauen sich an, wie alles abläuft, wie gut oder schlecht die Organisation ist und natürlich auch, wie sich das Publikum verhält. Zum Glück hat sich das Problem jetzt bald erledigt.«

»Weil?«, wollte die Andrea wissen.

»Der heutige Gegner vom jungen Adefris lässt sich davon nicht beeindrucken. Ist ein routinierter Sandplatzwühler, der schon Jahre auf der Tour ist. Heute ist es eher so, dass die Fans den Adefris aus dem Konzept bringen. Er glaubt, er muss auf jeden Ball draufdreschen wie blöd.«

»So wie gestern.«

»Ja, aber gestern ist ihm alles aufgegangen. Heute nicht. Solche Tage – also solche wie gestern – kann es schon mal geben. Passiert immer wieder mal, dass einer weit über seinem Niveau spielt. Dazu hat sich sein Gegner gestern von der Kulisse einschüchtern lassen. Das ist heute nicht der Fall. Da weiß der Gegner genau, was er zu tun hat.«

»Und das wäre?«

»Er braucht in Wirklichkeit nur den Ball im Spiel zu halten, der Adefris macht dann schon die Fehler. Ist nicht schön anzuschauen, aber in solchen Situationen höchst effizient. Und heute geht's ja nur darum, sich zum Sieg zu wurschteln. Ab morgen wird's dann ernst. Dann gibt es ja auch richtig Punkte für die Weltrangliste und Geld für jede gewonnene Runde.«

Tatsächlich war der Spuk nach weiteren dreißig Minuten vorbei und der junge Adefris im Quali-Finale gescheitert. Damit war aus heimischer Sicht der Höhepunkt auch schon rum. Im zweiten Quali-Finale duellierten sich zwei unbekannte Südamerikaner, deren Match keinen Hund hinter dem Ofen hervorlockte. Dementsprechend spärlich waren die Ränge bei dieser Partie auch gefüllt.

Selbstverständlich war dieses Spiel auch für die Familie Adefris völlig uninteressant. Eigentlich hatte die Charlotte damit gerechnet, dass die Hela & Co. nach der Niederlage des Sohnes ziemlich angefressen wären, aber nix da. Die Hela hatte sich am Weg von der Tribüne ins Fandorf bei ihrer Mutter eingehakt. Beide lachten, und auch der Rest der Sippe strahlte über das ganze Gesicht.

So viel gute Laune, nachdem der Siegfried in einer knappen Stunde abserviert worden war, kam der Charlotte verdächtig vor. Noch verdächtiger wurde es, als es die Familie Adefris ausgerechnet zu ihr an den Stand zog.

»Muss es ausgerechnet *die* sein?«, fragte die Adefris-Mutter, offenbar ebenso irritiert über die Wahl der Hela.

»Aber ja, wir wollen der Frau Nöhrer doch auch einen kleinen Erfolg gönnen, oder? Sie wird sich sicher freuen, dass unser Siegfried gerade so versagt hat.«

»Eigentlich ist mir das relativ wurscht«, meinte die Charlotte achselzuckend. »Was darf's sein?«

»Gibt's noch deinen komischen Sprudelwein vom letzten Jahr?«

Die Charlotte nickte.

»Dann zwei Flaschen und ausreichend Gläser.« Kein Bitte, kein Danke, aber war auch schon egal. Die Charlotte nahm das professionell, wenngleich ein kleiner Seitenhieb schon sein musste. Für die Gastroстände waren unter den Schatten spendenden Föhren des Begrischparks Tische und Bänke aufgestellt worden. Die Adefris hatten einen der größeren Tische besetzt und warteten darauf, dass ihnen der Schüttelwein serviert wurde. Normalerweise herrschte hier eigentlich überall Selbstbedienung, aber – na ja, eine selbst ernannte Herrscherfamilie war sich dafür nun mal zu gut. Dafür ließ die Charlotte den Wein ausgerechnet die Bahira servieren. Als »Geschenk des Hauses« stellte sie den Adefris noch eine Flasche vom letzten Eiswein aufs Tablett. Der auf den Namen »Marianne« getaufte Eiswein war natürlich genauso ein untergriffiger Seitenhieb wie die Bahira. Mit der jungen Syrerin waren die Adefris schon einmal zusammengestoßen.

Das Ganze hatte den gewünschten Effekt. Angewidert nahmen die Adefris die Getränke aus den Händen der »dreckigen Muslimin« entgegen. Und als die Hela das Etikett des Eisweins sah, warf sie der Charlotte Blicke zu, die nicht scharf wie Dolche, sondern ausgewachsene Säbel waren. Die Charlotte nahm sich ein Beispiel an der Reaktion der Andrea von zuvor und antwortete mit einem Kusshändchen. Danach versuchte sie die Adefris-Sippe so weit wie möglich zu ignorieren. Nur am Rande bekam sie mit, wie der unterlegene Siegfried sich eine halbe Stunde später zu seiner Familie gesellte. Es gab keine aufmunternden Worte der Mutter, kein tröstendes Schulterklopfen von den Brüdern, es gab einfach gar nix. Der Sohn hatte versagt, und das wurde ihm auch klar kommuniziert. Er konnte einem fast schon leidtun. Fast halt. Andererseits, wie konnte man sich schon anders entwickeln, wenn man in so einem Umfeld aufwuchs?

Kurz nach Mittag begann das ProAm-Turnier. Der Centre-Court war nach dem zweiten Quali-Finale wieder spielbereit gemacht worden, und jetzt strömte auch das Publikum zurück auf die Ränge. So ein Hetz-Turnier wollte man sich nicht entgehen lassen. Noch dazu, weil es jetzt ja gratis war. Und eine Hetz wurde tatsächlich geboten. Die Jungprofis freuten sich über ein bisschen Zeit zum Durchschnaufen und darauf, auch endlich mal vor vollen Rängen ihr Können zu zeigen. Die Amateure, sprich die geladenen Promis, zeigten von Verbissenheit bis Verhaltensoriginalität so ziemlich alles. Klar im Vorteil war ein Kabarettist, er kam beim Publikum am besten an. Er galt allgemein als ganz guter Tennisspieler und ließ beim Spielen auch den Schmäh nicht zu kurz kommen. Am anderen Ende des Spektrums fand sich – no na – der alte Lanner wieder. Er fiel in die Kategorie »überehrgeizig«. Der Centre-Court lag am frühen Nachmittag in der Sonne, die vom Himmel knallte. Während der Lanner jedem Ball nachhechelte und sein Kopf immer röter wurde, machte sich der Jörg Hirzer, sein Partner, einen Lenz. Er ließ den Medienmacher laufen und laufen und laufen und griff selbst nur ein, wenn ihm der Ball direkt vor die Füße gespielt wurde. Die Charlotte, die Andrea und die Flora gaben sich das Spektakel wieder aus der Loge vom Gattringer.

»Das wird dem Chef nicht gefallen«, stellte die Flora fest.

»Was?«

»Na, dass ihn der Hirzer da so vorführt. Der Chef hat sich ja persönlich ausgebeten, dass er nur mit dem Hirzer spielen will. Weil er sich da natürlich die besten Chancen auf den Sieg ausgerechnet hat.«

»Gibt's da eigentlich etwas zu gewinnen?«, wollte die Charlotte vom Gattringer wissen.

»Einen kleinen Pokal und natürlich die Ehre«, antwortete der augenzwinkernd.

»Und wie wir wissen, ist Verlieren nicht gerade die Stärke vom Lanner«, fügte die Andrea hinzu.

Der Angesprochene ließ sich in einer Wechselpause japsend auf die Spielerbank fallen. Der Hirzer joggte gemütlich zur Bank und fächelte dem Lanner breit lächelnd Luft zu. Das Publikum lachte. Sogar der Schiedsrichter konnte sich einen Grinser nicht verbeißen. Nur der Lanner, der lachte nicht. Der schaute nur bitterböse ins Narrenkastl. So hatte er sich das wirklich nicht vorgestellt.

»Hab ich was versäumt?« Das war die Marie Egger. Spät, aber doch war sie beim ProAm eingetroffen.

»Musst du was drüber schreiben?«, empfing sie die Charlotte.

»Ja, klar. Ist aber nicht viel Text. Nur den Gewinner und wie toll es nicht war und wie viel Spaß es allen gemacht hat und das übliche Blablablabla halt. Hauptsache, schöne Bilder, auf denen der Alte mit möglichst vielen Promis zu sehen ist. Also: Habe ich was versäumt?«

»Nicht wirklich«, gab die Charlotte die gewünschte Auskunft. »Dein Chef wird von seinem Partner ein bisschen vorgeführt, aber die Zuschauer haben ihren Spaß.«

»Der Hirzer führt ihn vor? Uh-oh …«

»Was?«

Die Marie deutete auf ihren Chef unten am Platz. Der hatte sein Handy aus der Tennistasche gezogen und tippte wild darauf herum. Der Hirzer hatte sich in der Zwischenzeit mit einem Schluck Wasser gestärkt. Einen Moment später bimmelte auch schon das Handy von der Marie.

»Deshalb uh-oh«, meinte sie und zeigte der Charlotte und den anderen die Nachricht. Der alte Lanner war sich echt nicht zu blöd gewesen, ihr mitten während des Spiels einen Auftrag zu schicken. Sie solle den Hirzer doch in Zukunft bitte in Grund und Boden schreiben. Außerdem würden sich bei dem – Zitat – »Arschloch« doch sicher ein paar Leichen im Keller finden. Die Marie hatte keine Ahnung, welche Leichen sie bei einem durchschnittlich erfolgreichen Sportler im Keller finden sollte.

Aber der Alte schien davon auszugehen, dass jeder irgendwo Dreck am Stecken hatte. Jaja, so wie der Schelm denkt …

»Und?«, fragte die Flora. Es interessierte sie brennend, wie eine altgediente Kollegin mit so einer Vorgabe vom Chef umging.

»Gar nix und«, lachte die Marie. »Ich werde ganz normal über das ProAm schreiben – sind ja eh nur Fotos mit ein paar Bildunterschriften. Und vielleicht gewinnt der Alte das Ganze ja doch. Dann ist eh wieder alles gut.«

Unten am Platz schien sich der alte Lanner den Hirzer ein wenig zur Brust zu nehmen. Die beiden tuschelten auf der Bank. Als der Schiedsrichter das bedeutungsschwangere »Time« ins Mikrofon sprach, zeigte der Lanner hinüber zur Marie. Da verging dem Hirzer dann doch noch das Lachen. Den Gegnern auch, denn ab dem Moment spielte der Hirzer ernst, was zwar vom Publikum mit Pfiffen quittiert wurde, aber endlich hatte auch der alte Lanner seinen Spaß. Und um was ging es hier denn sonst, bitte schön?

Im Finale trafen der Lanner und der Hirzer schließlich auf den sportbegabten Kabarettisten und dessen Partner, die französische Nummer 1 des Turniers. Es war inzwischen später Nachmittag, und die Stimmung konnte man getrost als weinselig beschreiben. Im Gegensatz zum »echten« Turnier herrschte während dieses Jux-Turniers kein Alkoholverbot auf den Rängen, und die Charlotte konnte sich wirklich nicht über schleppendes Geschäft beschweren. Da tat es auch nichts mehr zur Sache, dass die beiden konkurrierenden Doppelpaare den »Jux« mittlerweile aus ihrem Sprachschatz gestrichen hatten. Die Profis auf beiden Seiten hielten sich lediglich bei der Aufschlaggeschwindigkeit ein wenig zurück, um die Amateure auch noch mitspielen zu lassen. Am Ende setzte sich der jüngere, fittere und – sagen wir es, wie es ist – bessere Amateurspieler mit seinem Partner knapp, aber doch durch.

»Wollen wir?«, forderte der Gattringer die Charlotte auf. Sie hatten sich auch das Finale gemeinsam von der Loge aus angesehen, jetzt ging es zum gemütlichen Teil: Party im Klubhaus des Vereins. Dort sollten auch der Pokal und der Scheck mit den Spendeneinnahmen für wohltätige Zwecke überreicht werden. Die beiden drängten sich durch die Massen, die sich nun ebenfalls auf den Weg machten. Jedoch in der Regel nicht nach Hause, viele wollten noch auf einen oder zwei Absacker im Fan-Dorf bleiben. Das Wetter war schön, der Abend brach gerade erst an, und eigentlich freute es niemanden, jetzt schon heimzugehen. Den Stand der Charlotte betreuten wie schon am Nachmittag die Bahira und die Alia. Das Promi-Catering im Klubhaus hatten die Andrea und die Flora übernommen – natürlich unterstützt von der Charlotte, wenn sie nicht gerade mal wieder irgendwo ungefragt ihre Nase reinsteckte.

Das Klubhaus des Vereins war in den vergangenen Jahren renoviert und erweitert worden, für die rund vierzig anwesenden Promis war es dennoch fast zu klein. Dank des schönen Sommerabends verlagerte sich die Party daher auch schnell ins Freie. Hier befand sich im Schatten des Centre-Courts und gut abgesperrt vom öffentlich zugänglichen Teil des Turniergeländes der VIP-Bereich. Ausgestattet mit Rattan-Gartenmöbeln, Sonnenschirmen, Partyzelten und Stehtischen konnte man es sich dort schon ganz gut gehen lassen.

An der Bar im Klubhaus waren die Andrea und die Flora schon fleißig am Ausschenken der Nöhrer-Weine. Die Promikehlen waren durstig und wollten begossen werden. Draußen hatte der Club einen riesigen Kugelgriller angeworfen, nicht unähnlich dem vom Herrn Papa oben am Weingut. Kulinarisch ging es heute rustikal zu: Käsekrainer, Grillwurst und Koteletts standen auf dem Programm. Dazu eine Auswahl an bunten Salaten und frischem Gebäck.

Die früh ausgeschiedenen Promis hatten gegenüber den Finalisten einen großen Vorteil: Sie konnten schon früher zu trinken beginnen und hatten in dieser Hinsicht jetzt einen gehörigen Vorsprung auf den Lanner und den Kabarettisten. Letzter rührte aber sowieso nur Mineralwasser an, um die Figur zu schonen. Man war den Fans ja schließlich etwas schuldig.

Ganz anders hingegen der Lanner. Der stand mittendrin und trotzdem ganz allein und versuchte, sich den Frust über die Finalniederlage mit Wein wegzuspülen. Vielleicht auch den Frust, dass er sich nicht mehr an den nächstbesten Rockzipfel ranmachen konnte. Neben ihm stand eine junge Dame, vielleicht zwanzig Jahre alt und – Gott sei ihr gnädig – unverkennbar die Tochter des Medienmoguls. Aber gut, Schönheit lag immer im Auge des Betrachters, und wie zuvor schon bei den Adefris konnte die Charlotte nicht umhin, ein wenig Mitleid mit der Tochter zu haben. Wie es wohl war, mit einem Charakterschwein wie dem Lanner als Vater aufzuwachsen? Unwillkürlich beutelte es sie, und sie vergoss etwas vom Schüttelwein, den sie gerade einschenkte.

»Was ist los?«, fragte die Flora.

»Ach, nichts«, wiegelte die Charlotte ab. »Wer ist das neben dem Lanner?«

»Das? Das ist die Chantal, seine Tochter. Leitet bei uns die ganzen Magazin- und Societygeschichten«, bestätigte die Flora die Vermutung der Charlotte.

»Chantal? Chantal Lanner? Im Ernst? Sprich den Namen mal schnell aus. Schantallaner?«

»Jedem Tierchen sein Pläsierchen«, meinte die Flora weltmännisch. »Besser als Tschakäline«, fügte sie grinsend an.

Im nächsten Moment wurde es laut im Klubhaus, die Adefris-Sippe fiel ein. Allen voran die Hela. Muss die nicht irgendwann zurück ins Gefängnis?, stöhnte die Charlotte innerlich. So schnell anscheinend nicht, denn die Hela griff zielsicher zu einem Glas vom in der untergehenden Sonne lachsrosa schimmernden Rosé Sparkling der Charlotte und prostete dem Lanner höhnisch zu. Der ohnehin schon rote Kopf vom Lanner legte noch eine Schattierung zu.

»Was Stärkeres«, bellte er zur Flora hinüber. Fragend sah die Kleine zur Charlotte. Die nickte, weil: Was sollte man so einem alten Mannsbild schon groß sagen? Er musste selbst wissen, was er machte.

Während die Flora ein Glas von einem alten, schweren Rotwein einschenkte, marschierte der Lanner an die frische Luft. Hier herinnen wurde es ihm zu stickig. Und erst die Gesellschaft …

»Ich mach das«, sagte die Hela zur Flora in einer Stimme, die keinen Widerspruch zuließ. Sie nahm das Glas Rotwein und ging ebenfalls hinaus ins Freie.

»Vielleicht will sie ihm ein Friedensangebot machen?«, meinte die Andrea skeptisch.

»Geh bitte …«

Damit war die Sache abgetan. Hauptsache, die beiden Familien waren draußen und gingen ihnen herinnen nicht mehr auf den Nerv. Die Party war doch viel zu nett, um sie sich von solchen Sippschaften vermiesen zu lassen. Der drollige Braumeister schaute natürlich auch wieder auf einen Sprung vorbei und ließ sich dabei gleich zwei Kartons mit Wein für daheim einpacken. Die Flora half ihm, die schweren Kartons zu seinem Auto zu bringen. Von seiner jugendlichen Wildkatze war nichts zu sehen. Erst am Weg zurück zur Getränkebar entdeckte die Flora sie – im Nahkampf mit einem der Jungtennisprofis, dem sie schon Stunden zuvor mit den Augen nachgelechzt hatte.

Als die Sonne unterging, leuchteten am VIP-Gelände die Lichter auf. Bunte LED-Lichter, Lampions (das war schon fast ein bisschen achtzigermäßig), ins Gras gerammte Tiki-Fackeln … so ziemlich alles, was der Ausstatter im nächsten Baumarkt gefunden hatte. Wie gesagt: Provinz, nicht Wimbledon. Aber irgendwie hatte das Ganze dennoch richtig Charme. Normalerweise war »bemüht« ja nicht so positiv besetzt. Aber gingen wirklich alle Lichter an? Nein, eines ging aus. Ein Lebenslicht …

24

»Hilfe, Hilfe! Oh mein Gott! Wieso hilft mir denn keiner?« Chantal, die Lanner-Tochter, kniete neben ihrem Vater am Boden. Der war mit seinem Glas in der Hand zusammengebrochen und lag regungslos am Boden.

Eine Zeugin gab später Folgendes zu Protokoll: »Der Herr Lanner, also, ich bewundere ihn ja sehr. Wirklich. Wie der aus dem Nichts so ein Medienimperium aufgebaut hat! Und immer auf der Seite der kleinen Leute! So ein feiner Mann. Wirklich. Aber vielleicht hat er heute ein bisschen zu viel getrunken? Nach dem vielen Sport am Nachmittag. Ist ja eine Affenhitze, und der Herr Lanner auch wirklich nicht mehr der Jüngste. Wie bitte? Ich soll zur Sache kommen? Also bitte! Jaja, schon gut. Also: Der Herr Lanner hat seine Tochter gerade noch jemandem vorgestellt, da ist er sich mit der Hand plötzlich zur Brust gefahren. Ich habe das so genau gesehen, weil ich gleich danebengestanden bin. Ich wollte dem Herrn Lanner unbedingt zu seinem großen Erfolg gratulieren. Ich habe mich ja schon so auf seinen neuen Fernsehsender gefreut. Dann gibt's hoffentlich endlich wieder Nachrichten, denen man auch vertrauen kann. Nicht lauter so regierungshöriges Zeug wie sonst im Fernsehen. Na, weil es doch wahr ist! Halt, nein, Sie können jetzt nicht gehen! Was soll das heißen, meine Aussage ist sinnlos? Also wirklich! Gut, also: Er ist sich mit der Hand zur Brust gefahren, und dann hat er zu röcheln begonnen. Schrecklich, wirklich! Ich konnte fast nicht hinschauen. Wie? Natürlich habe ich es doch getan, ist ja nur so eine Redewendung! Hören Sie, rede ich hier mit einem Vollidioten, oder wie? Also, er hat geröchelt und ist zusammengesackt. Mein Mann, der Karl, er steht gleich da hinten, war so geistesgegenwärtig und hat sein Glas gefangen. Wie, was daran wichtig sein soll? Na, stellen Sie sich vor, der wäre auf sein Glas gefallen! Der hätte sich ernsthaft schneiden können. Wie, er ist eh tot? Oh mein Gott, der Arme. So ein guter Mensch ist das gewesen. Entschuldigen Sie mich, ich muss das jetzt erst mal verarbeiten. Ah, eines noch: Wissen Sie, ob der Fernsehsender nächste Woche trotzdem startet?«

Ein anderer Zeuge hatte Folgendes zu sagen: »Bei dem alten Knacker war's eh nur eine Frage der Zeit, bis er a Bankl reißt. Der hat doch bloß noch gesoffen und herumgehurt. Und ansonsten regelmäßige Wutausbrüche gehabt. Mich wundert's nur, dass es so lange gedauert hat. Ruhig! Hören Sie das? Das sind die Freudengesänge aus der Redaktion. Dort wird jetzt gefeiert, dass der Chef das Zeitliche gesegnet hat. Wieso ich das glaube? Ich hab dort selbst mal ein paar Jahre gehackelt, und glauben S' mir: Das waren die schlimmsten Jahre meines Lebens. Ah so, ja, also was ist passiert? Der Alte hat getrunken, dann hat er die Augen weit aufgerissen, geächzt, der Wein ist ihm bei den Mundwinkeln wieder rausgeronnen, und dann ist er zusammengesackt. Stimmt, ja natürlich. Er hat sich mit der freien Hand zur Brust gegriffen. Irgend so ein Hiasl hat ihm das Glas aus der anderen Hand genommen. Das muss man sich mal vorstellen. Wie gesagt, ich war wirklich kein Freund vom Alten, aber danebenstehen und sich nur um den Wein kümmern, wenn jemand zusammenbricht? Das ist schon letztklassig, aber so ist sie eben, die High Society. Oder die Leute, die sich dafür halten. Sie glauben ja gar nicht, was einem als Journalist so unterkommt. Wie bitte? Heute auch noch? Nein, Gott bewahre! Ich bin jetzt Lehrer. Lieber sich mit den kleinen Gfrastern herumschlagen, als sich jeden Tag von der alten Sau da am Boden beleidigen lassen. War's das? Ja? Danke, hat mich sehr gefreut, aber jetzt muss ich mir was zu trinken holen.«

»Wieso hilft mir denn keiner? Mein Vater hat einen Herzinfarkt!«, schrie die Chantal mittlerweile völlig hysterisch. Ihre Stimme überschlug sich. Irgendwie verständlich. Aber Turnierarzt und Sanitäter waren nicht mehr vor Ort, weil der Turniertag ja offiziell bereits vorbei war. Die Flora schaltete am schnellsten und rief den Notarzt an. Aber bis der hier sein würde …

Am zweitschnellsten hatte die Hela geschaltet. Ausgerechnet die Hela. Sie griff sich den Defibrillator, kurz »Defi« genannt. Seit ein paar Jahren waren diese »Lebensretter« über das ganze Land verstreut an öffentlichen Orten montiert worden, um lebensrettende Maßnahmen noch schneller einleiten zu können. Im Tennisklub gab es seit ein paar Monaten ebenfalls so ein Gerät. In erster Linie deshalb, weil der Alt-Präsident des Klubs im Jahr davor mitten während eines Senioren-Meisterschaftsspiels mit einem Herzinfarkt zusammengebrochen war. Die für die Öffentlichkeit zur Verfügung gestellten Defibrillatoren funktionierten im Eigentlichen deppensicher. Piktogramme zeigten, wie man das Gerät richtig ansetzte, alles andere erledigte der Defi mehr oder weniger von selbst.

Die Hela rannte zu den beiden Lanners. Die Chantal hatte den Kopf ihres Vaters in ihrem Schoß, rundherum standen die Leute und gafften, statt zu helfen. Die Charlotte drängte sich durch, sie konnte nicht einfach nur zuschauen. Sie nahm der Chantal den Lanner ab und begann mit der Herzmassage. Das hatte bei der Ausbildung zur Polizistin dazugehört. Sie hatte dieses Wissen zwar schon ewig nicht mehr einsetzen müssen, aber einige Dinge verlernte man zum Glück doch nie. Nur zur Mund-zu-Mund-Beatmung konnte sie sich nicht überwinden. Die Andrea hatte da glücklicherweise weniger Berührungsängste. Sie presste ihren Mund ohne zu zögern auf die Lippen vom Lanner. Abwechselnd machten die beiden nun Herzmassage und Beatmung.

Währenddessen riss die Chantal der Hela den Defibrillator förmlich aus der Hand. Aus den Augenwinkeln konnte die Charlotte sehen, wie die Hela sich das seelenruhig gefallen ließ. Sie lächelte der Chantal sogar noch zuckersüß zu. Die war so hinüber, dass sie das alles nicht mitbekam. Sie wollte nur mehr ihren Vater retten.

Der Leo kam nun ebenfalls dazu. Mit einem Messer zerschnitt er das Shirt vom Lanner und wollte der Chantal den Defi abnehmen, aber die schüttelte entschieden den Kopf. Entsprechend den Anweisungen auf dem Defi-Koffer platzierte sie die Elektrodenpflaster auf der Brust ihres Vaters. Dann kam doch ein fragender Blick zum Leo, der mit so einem Gerät berufsbedingt schon mehrfach Erfahrung gemacht hatte. Er nickte beruhigend und deutete mit dem Kopf auf einen Knopf am Defibrillator. Die Chantal atmete tief durch und drückte ihn. Strom schoss durch die Leitungen und direkt in den Körper vom Lanner. Sein Oberkörper zuckte.

Die Charlotte fuhr erschrocken zusammen. Die Reaktion vom Lanner war ganz schön heftig, sein Oberkörper hatte sich ruckartig gleich ein paar Zentimeter vom Boden gehoben. War das früher auch so gewesen? Verdammt, es war – zum Glück – schon ewig her, dass sie beruflich dabei war, als ein Defibrillator zum Einsatz gekommen war. Die Chantal wartete ein paar Sekunden, dann drückte sie wieder den Knopf. Wieder diese heftige Reaktion. Und jetzt stieg der Charlotte auch ein beißender Geruch in die Nase. Der Geruch von verbrannten (Brust-) Haaren und Haut. Der Körper vom Lanner zitterte weiter, wild hin und her gerissen. Er sah aus wie eine horizontal liegende Marionette, deren Spieler gerade einen epileptischen Anfall hatte. Die Hautstellen rund um die Elektrodenpflaster röteten sich, und der Brandgestank wurde immer stärker.

»Ausschalten! Ausschalten!«, brüllte der Leo. Die Chantal hämmerte auf den Knopf am Defibrillator, aber nichts tat sich. Ohne nachzudenken, zog die Charlotte die wütend summenden Elektrodenpflaster von der Brust vom Lanner. Dabei riss sie dem alten Verleger Hautfetzen von der Brust. Durch die elektrische Hitze waren die Elektrodenpflaster teilweise geschmolzen und hatten sich mit der Haut vom Lanner verbunden. Geschockt standen die Charlotte, die Andrea, der Leo und die Chantal um den leblosen Körper vom Lanner. Er stank, er rauchte, er blutete. Nur eines tat er ganz bestimmt nicht mehr: leben.

Das stellte einige Minuten später auch der Notarzt fest.

Eine Obduktion würde die Todesursache aufzeigen, aber klar war: Wenn es nicht der Herzanfall gewesen war, dann wohl die Stromschläge durch den Defibrillator. Den beschlagnahmte der Leo sofort, weil, normal war es ja nicht, dass so ein Ding die zu rettende Person förmlich röstete. Und der Rest der Promis? Einige hatten den Anstand, sich betroffen abzuwenden, ein paar mussten sich übergeben, nur die Hela stand wie üblich ganz vorne in der ersten Reihe und beobachtete die Szene eiskalt. Die Hand, in der sie ihr Glas Wein hielt, hatte sie auf den anderen Arm gestützt. Als die Charlotte einmal zu ihr blickte, deutete sie ein »Prost« an. Das zynische Lächeln hätte ihr die Charlotte am liebsten aus dem Gesicht gewischt, aber natürlich konnte sie das jetzt nicht tun, diese Blöße wollte sie sich nicht geben. Ganz zu schweigen davon, dass sie sich jetzt auch keine Anzeige wegen Tätlichkeit oder vorsätzlicher Körperverletzung einfangen wollte. Das war die Hela wirklich nicht wert. Obwohl, bei nochmaligem Überlegen ... Nein, nicht heute.

Der Gattringer war verständlicherweise völlig fassungslos. Jetzt war ihm auch noch der Hauptsponsor weggestorben. »Weggemordet« nahm noch niemand in den Mund, auch wenn der defekte Defibrillator schon sehr, sehr auffällig war. Um den kümmerte sich der Leo bereits höchstpersönlich. Gemeinsam mit seinen Kollegen von der Spurensicherung wurde das Teil in der Inspektion zerlegt und auf Fehler untersucht.

Die Charlotte musste den Gattringer mit einem Glas Schüttelwein beruhigen. »Ist das Turnier jetzt in Gefahr?«, fragte sie schließlich.

Der Gattringer fuhr sich durch die Haare. »Nein, Gott sei Dank nicht. Das Geld ist ja schon vorher geflossen, und die ›Heimatland‹ wird ja auch nicht von heute auf morgen zusperren, nur weil der Besitzer gestorben ist. Aber die Schlagzeilen ... Das bringt mich noch ins Grab!«

Na ja, im Grab lagen bisher nur die Patriarchen der Adefris- und Lanner-Familien sowie zwei ihrer Söhne. Kein großer Verlust für die Menschheit, in keinem Fall, wie die Charlotte meinte. Aber natürlich, und so ehrlich musste man sein, ein großer Verlust für die jeweiligen Familien. Bei den Adefris wusste sie wenigstens, dass noch etliche weitere Familienmitglieder vorhanden waren, aber bei den Lanners? Abgesehen von der Chantal fiel ihr da niemand ein. War der Alte überhaupt fix mit irgendjemand zusammen gewesen? Schwer vorstellbar, bei seinem Lebenswandel. Welche Frau ließe sich so etwas schon gefallen? Andererseits waren der Wunsch nach viel Geld und einem sorgenfreien Leben schon starke Gründe. Sie wusch diese offenen Fragen mit einem Glas von ihrem eigenen Wein runter, packte zusammen und fuhr heim.

Um den Gattringer kümmerte sich der Speedy Hartig, der offenbar nicht nur Pressechef, sondern auch Mädchen für alles andere war. Als Pressesprecher stand ihm jedenfalls noch eine lange Nacht bevor. Irgendwie musste der Tod vom Hauptmedienpartner ja schonend und mit möglichst wenig Kollateralschaden für das Turnier an die Journalisten vermittelt werden.

Am nächsten Morgen erwachte die Charlotte schweißgebadet. Die Andrea neben ihr schlief wie üblich wie ein Engel. Wenn es um ihren Schlaf ging, konnte ihr nichts etwas anhaben.

Die Charlotte hingegen war noch in ihren Träumen vom alten Lanner verfolgt worden. Der hatte sich dort im Alptraumland mit dem alten Adefris getroffen, und gemeinsam hatten sie ein Tennismatch gespielt. Als Bälle hatten die Köpfe ihrer toten Söhne herhalten müssen. Nicht nachfragen, wie sich das mit der Größe der Schläger ausgegangen ist. Es war ein Traum, und dort ist ja bekanntlich alles möglich. Als Netz dienten Hunderte Ausgaben der »Heimatland«, die zusammengeklebt und zwischen zwei Stapel Goldbarren gespannt waren. Sie hatte keine Ahnung, was ihr Unterbewusstsein ihr da mitteilen wollte. Eigentlich war sie sich ja inzwischen sicher, dass es sich bei den Morden um eine Geschichte zwischen den zwei Familien handelte, aber leider fehlte es vorne und hinten an Beweisen. Auch die Polizei war bei keinem der Morde entscheidend weitergekommen.

Sie weckte ihre Freundin. Nach dem gemeinsamen Frühstück machte sich die Andrea auf den Weg in die Anwaltskanzlei in Wien, sie stöhnte schon, als sie sich in ihren kleinen Stadtflitzer setzte. Montagmorgen bedeutete, dass auch ein Großteil der Pendler in die Stadt fuhren, und das wiederum bedeutete Stau. Im Normalfall völlig wurscht, welchen Weg man da in die Stadt nahm. Ein bisschen ein schlechtes Gewissen hatte sie auch, weil, natürlich könnte sie auch einfach das Auto beim nächsten Bahnhof stehen lassen und mit dem Zug in den ersten Bezirk hineinfahren, aber der Dr. Mühlberger hatte ihr einen Platz in der Tiefgarage gleich ums Eck von der Anwaltskanzlei angeboten. Natürlich völlig selbstlos, die einzige Gegenleistung war, dass die Andrea ihn dafür bei Bedarf in der Gegend herumchauffierte. Er fühlte sich schon zu alt, um sich den Verkehr in der Stadt anzutun, noch dazu, wo er es gewohnt war, mindestens mit einer Mercedes S-Klasse zu fahren. Das Mitfahren in einem Fiat 500 störte ihn hingegen nicht. Und die Andrea fühlte sich da auch nicht ausgenützt. Immerhin war sie so schon zu dem einen oder anderen Mittagessen in einem der Wiener Luxusrestaurants gekommen. Denn das waren normalerweise die geschäftlichen Wege, die der Dr. Mühlberger mit dem Auto zurückzulegen pflegte. Falls sich das Restaurant nicht sowieso gleich in der Nähe seiner Kanzlei befand.

Die Charlotte hingegen schwang sich auf ihr Fahrrad und radelte hinunter in den Ort. Sie wollte persönlich beim Leo nachschauen, ob er schon etwas wegen des Defibrillators herausgefunden hatte. Im Eisgeschäft neben der Polizeiinspektion kaufte sie zwei große Eisbecher. Einen der beiden stellte sie dem Leo Momente später auf den Schreibtisch. Sie selbst nahm gegenüber auf einem orangenen Plastikstuhl Marke »siebziger Jahre, aber richtig billig« Platz.

»Wegen des Defis?«, fragte der Leo, ohne aufzusehen über einen Akt gebeugt.

»Natürlich, was sonst?«

»War präpariert.«

»Wie?«

»Alle Sicherheitsmaßnahmen waren ausgebaut oder unterbrochen. Das Ding hat mit voller Kraft Strom in den Körper vom Lanner gejagt. Das hätte selbst für einen völlig Gesunden übel ausgehen können.«

»Hinweise? Fingerabdrücke?«

Der Leo nickte. »Ja, aber die helfen uns nicht weiter. Außen drauf sind die Fingerabdrücke von der Hela und der Chantal Adefris. Aber das haben alle gesehen, dass die Hela den Defi geholt und die Chantal ihn bedient hat.«

»Und sonst?«

»Innen drinnen war nix zu finden. Der Saboteur hat das Innenleben komplett ausgetauscht und den Defi aufgetunt. Wer auch immer das gemacht hat, hat bei der Arbeit Handschuhe getragen oder nachher alles so geputzt, dass nichts mehr zu finden war. Persönlich tippe ich eher auf Latexhandschuhe, die werden heutzutage ja auch schon von Mechanikern getragen. Wäre also nicht so außergewöhnlich. Der Täter hat das richtig geschickt angestellt.«

»Nicht nur das«, meinte die Charlotte nachdenklich. »Gehen wir mal davon aus, dass der Defibrillator nicht rein zum Spaß sabotiert wurde. Das würde ja bedeuten, dass wer auch immer das getan hat, damit gerechnet hat, dass der alte Lanner einen Herzinfarkt erleiden wird.«

Der Leo nickte zustimmend.

»Aber so etwas kann man ja nicht wirklich voraussehen. Also, ganz allgemein wohl schon, aber den genauen Zeitpunkt? Dass dann ausgerechnet dieser manipulierte Defi griffbereit ist? Das sind schon ganz schön viele Zufälle. Zu viele, für meinen Geschmack.«

»Dann müsste aber jemand den Herzinfarkt vorsätzlich verursacht haben«, warf der Leo ein.

»Eh, aber das ist ja nicht unmöglich. Es braucht ihm nur jemand etwas in sein Getränk … Oh Scheiße!«

»Was?«

»Na, die Hela. Die hat dem Lanner doch seinen Wein gebracht.«

»Wie bitte?«, fragte der Leo.

»Ah so, du warst da nicht dabei. Als die Adefris gekommen sind, hat der alte Lanner bei der Flora noch Wein bestellt und ist dann gleich nach draußen geflüchtet, um den Adefris aus dem Weg zu gehen. Die Flora wollte ihm die Bestellung nach draußen bringen, aber die Hela war schneller und hat gemeint, dass sie das erledigt.«

»Und da habt ihr nix dagegen getan?«, fragte der Leo entgeistert.

»He! Was sollte ich dagegen tun? Eigentlich ist ja eh Selbstbedienung gewesen, und wir hatten keine Kellnerinnen im VIP-Club. Die Hela hat die Situation wohl ausgenützt und ihm was reingeschüttet. Ich bin keine Ärztin, aber da gibt es sicher Mittel, mit denen man so etwas auslösen kann bei jemandem, der ohnehin dafür anfällig ist.« Die Verteidigung der Charlotte stand auf wackeligen Beinen, das wusste sie selbst auch, aber ganz im Ernst: Seit wann war sie denn für den alten Lanner verantwortlich?

»Und dann ist sie schon Gewehr bei Fuß gestanden, um ganz hilfreich den Defi zu reichen«, überlegte der Leo.

»Der aber manipuliert war. Und garantiert hat, dass der alte Lanner auf jeden Fall das Zeitliche segnet.«

Ihre Überlegungen wurden von einem Telefonanruf unterbrochen. Der Leo hob ab, brummte ein paar unverständliche Halbsätze in den Hörer und legte wieder auf. Die Charlotte blickte ihn erwartungsvoll an.

»Die Obduktion ist fertig«, sagte der Leo bedrückt. »Wie du vermutet hast: Im Körper vom Lanner wurden stark überhöhte Kaliumwerte gefunden. Das hat den Herzinfarkt ausgelöst. Und der Defi hat ihn dann zu Tode geröstet.«

Die Charlotte schluckte. Darüber zu mutmaßen, war die eine Sache, das Ganze dann bestätigt zu bekommen, eine ganz andere. Da hatte jemand eiskalt einen möglichst grausamen Tod für den alten Lanner geplant. Und die Charlotte hatte eine Ahnung, wer das gewesen war. Es kam dafür auch nur eine in Frage. Und die hatte der ahnungslosen Lanner-Tochter gestern auch noch das Mordinstrument persönlich in die Hand gedrückt.

»Ist die Hela wieder im Gefängnis?«, fragte sie ihren Cousin. Einen Anruf später bestätigte der Leo: »Ja, sie ist gestern noch vor Mitternacht wieder eingerückt. Alles ganz brav und nach Vorschrift.«

»Wo sitzt sie eigentlich ein?«

»In der Justizanstalt Schwarzau.«

»Kannst du mich als Besuch ankündigen?«

Der Leo nickte ernst. »Soll ich mitkommen?« Die Charlotte schüttelte den Kopf.

Eine halbe Stunde später hatte sie ihr vom Bergaufradeln verschwitztes Gewand gewechselt und saß im Auto auf dem Weg nach Schwarzau. Das einzige reine Frauengefängnis Österreichs war von Perchtoldsdorf aus in etwas mehr als vierzig Minuten zu erreichen. Bei Wiener Neustadt runter von der Autobahn, nach ein paar Minuten Landstraße vorbei an einem Sportplatz und einem Supermarkt, und mitten auf der Wiese sah die Charlotte ihr Ziel: ein ehemaliges kaiserliches Jagdschloss. So elegant konnte man also einsitzen, mochten sich unbedarfte Passanten denken.

Hinter den Mauern und Zäunen lief das Leben natürlich ganz anders ab. Das wusste die Charlotte noch aus ihrer Zeit als Polizistin. Egal, ob man in einem jahrhundertealten Jagdschloss einsaß oder in einem nichtssagenden grauen, extra erbauten Hochsicherheitsgefängnis – das Elend war überall gleich. Und von der schönen Kulisse hatten die hier »in der Schwarzau« einsitzenden Frauen sowieso nichts. Tagwache um halb sechs in der Früh, arbeiten bis Mittag und am Nachmittag ab in die Zelle. Am späten Nachmittag vielleicht noch eine Stunde im Freizeitraum mit anderen Insassinnen. Wenn einem danach war ... Außer man war Freigängerin und durfte in der Endphase der Haftstrafe bereits einem geregelten Beruf nachgehen. Dann kam man erst am späten Nachmittag »heim« und hatte den Rest des Tages zuvor in relativer Freiheit verbracht. Das war vorerst keine Option für die Hela, die offiziell noch ein paar Jahre abzusitzen hatte. Die Charlotte war schon so erstaunt gewesen, dass die Hela überhaupt Hafturlaub bewilligt bekommen hatte. Aber da sah man wieder den langen Arm der Politik.

Von barocker Romantik, die das Schloss nach außen verströmte, war bei der Besuchereinfahrt nichts zu bemerken. Dort war alles hochmodern. Hohe Mauern, dunkle Gitterzäune, nicht eine Lücke, durch die man nach innen hätte sehen können. Eine Einfahrt mit dem Auto war sowieso Wunschdenken, die Charlotte parkte ihren Wagen auf dem kleinen Parkplatz vor dem Eingang. Über eine anonyme Gegensprechanlage meldete sie sich an und wurde kurz darauf eingelassen. Ein Justizwachebeamter empfing sie hinter der schweren Stahltür. Als Nächstes musste sie durch einen Metalldetektor, gefolgt von einer »manuellen« Perlustrierung durch eine Beamtin. Hinter einer dicken Glasscheibe saß eine weitere Beamtin, die die Personalien der Charlotte aufnahm. Die Anmeldung durch den Leo hatte wenigstens diesen Schritt etwas abkürzen können. Sie bekam ohne große Umstände einen Besucherausweis ausgehändigt und wurde vom nächsten Beamten zum Haupthaus geführt.

Hatte man einmal diesen Eingangsbunker hinter sich gelassen und näherte man sich dem Jagdschloss, verflog – wenigstens bei der Besucherin – umgehend das beengte Gefühl. Eine breite Straße teilte mehrere Grünflächen und viele Bäume in kleine Inseln, im Hintergrund thronte majestätisch das Ende des 17. Jahrhunderts in seiner heutigen Form erbaute Jagdschloss. Kommentarlos wurde die Charlotte in das Schloss und auch gleich wieder hinaus geführt. Das Treffen mit der Hela sollte im Innenhof des Gefängnisses stattfinden. Wieder ein Beweis für die Privilegien, die die Hela hier zu genießen schien.

»Sie kommt gleich«, sagte der Justizwachebeamte, der die Charlotte in den Hof geführt hatte, und ließ sie allein. So richtig allein. Dieser Innenhof war nämlich eigentlich nicht für die

Insassen gedacht, sondern lediglich für das Personal. Und weil es gerade Mittag war, war außer der Charlotte niemand da. Sie setzte sich an einen runden Kaffeehaustisch, der nur wenige Meter von der Terrassentür entfernt war. Die Augustsonne knallte vom Himmel, Vögel sangen, und eine leichte Brise trug das Rauschen der Autobahn als monotones Hintergrundgeräusch in den begrünten Hof. Alte Eichen spendeten den um diese Jahreszeit bitter notwendigen Schatten.

Eingefasst wurde der Hof von verschiedenen Nebentrakten des Jagdschlosses. Die Fenster waren vergittert, es waren also alles Gefängniszellen. Aber immerhin gab es einen besseren Ausblick als zum Beispiel im Landesgericht in Wien, das zugleich eine Haftanstalt war. Dort gab es, wenn man zum Fenster rausschaute, nur graue Wände zu sehen. An schönen Tagen auch blauen Himmel, aber sonst nichts.

Das angekündigte »gleich« dauerte dann noch eine halbe Stunde. Eine Beamtin war so freundlich, die Charlotte zwischenzeitlich mit einem Häferl Kaffee zu versorgen. Der war auch bitter nötig, denn die unerwartete Idylle inmitten eines Gefängnisses für größtenteils ganz schwere Fälle – hier saßen vor allem Mörderinnen und psychisch Kranke ein – hatte einen beruhigenden Effekt auf die Charlotte. Ohne den Kaffee hätte sie sich vom Vogelgezwitscher vielleicht sogar in den Schlaf singen lassen. Aber dann kam endlich die Hela, und so schnell konnte die Charlotte gar nicht schauen, wie es mit der Idylle auch wieder vorbei war.

25

Die Hela trug eine schwarze Bluse, Jeans, dazu Sneaker. So leger hatte sich die Charlotte eine Gefängnisinsassin nicht vorgestellt. Genauso wenig, wie sie mit der zuvorkommenden Behandlung der Hela durch das Gefängnispersonal gerechnet hatte.

»Danke, Heidi«, sagte die Hela majestätisch, als sie sich auf einen Sessel neben der Charlotte fallen ließ. »Vielleicht noch einen Kaffee. Schwarz, kein Zucker.« Die Justizwachebeamtin nickte, grinste wie ein lackiertes Hutschpferd und kam kurz darauf tatsächlich mit dem bestellten Kaffee wieder.

»Schon eingelebt?«, fragte die Charlotte. Es hätte spöttisch klingen sollen, perlte an der Hela aber ab wie an Teflon.

»Zahlt sich nicht aus, ich komm ja bald wieder raus«, antwortete die Hela trocken.

»Glaubst?«

»Nein, das weiß ich.« Und die Charlotte war gewillt, ihr in diesem Fall zu glauben. So wie die Hela hier behandelt wurde. Es hätte sie interessiert, wie ihre Zelle aussah. Ganz sicher nicht so spartanisch wie die der anderen Insassinnen.

»Also, wieso bist du hier? Sehnsucht kann es nicht sein. Du weißt, dass ich nicht auf euch Muschischleckerinnen abfahre.«

»Nein, deswegen nicht. Aber dieses ›Muschischleckerinnen‹, findest du das nicht ein bisschen … infantil? Du müsstest doch inzwischen merken, dass mich das nicht stört. Und so oft, wie du das bringst – man könnte fast meinen, dass du damit etwas überspielen willst …«

Die Hela ließ sich davon nicht aus der Reserve locken. Sie war ja erst neunzehn oder zwanzig und mit dem sprichwörtlichen goldenen Löffel im Mund aufgewachsen. Streng konservativ und in dem Glauben, dass ihre Familie etwas Besseres war. Dass etwas nicht nach ihrem Willen ging, schien ihr völlig denkunmöglich. Selbst der Aufenthalt hier im Gefängnis schien für sie nichts anderes als ein kurzer Abstecher zu sein, aus dem man viel lernen konnte. Nur nicht, dass man etwas falsch gemacht hatte natürlich. Weil, die Hela machte prinzipiell nichts falsch.

»Wegen dem Lanner gestern?«

Die Charlotte nickte. »Ja, die Obduktion ist schon abgeschlossen. Es wird dich nicht wundern, dass er einen stark erhöhten Kaliumwert hatte.«

»Das ist wirklich nicht gesund für jemanden, der Herzprobleme hat«, antwortete die Hela kühl.

»Nein, ist es nicht«, bestätigte die Charlotte. »Und der Defibrillator, den du der Chantal gegeben hast – der war auch präpariert.«

»Wie präpariert?«

»Er hat den alten Lanner geröstet. Jemand hat ihn getunt und die Leistung in die Höhe geschraubt.«

»Puh, wer würde so was bloß machen?« Die Hela lächelte und rührte in ihrem Kaffee herum.

»Was treibst du eigentlich den ganzen Tag so?«, änderte die Charlotte das Thema.

»Nicht viel. Lesen, telefonieren, fernschauen, ein bisschen Fortbildung.«

»In welche Richtung?«

»Technisches Know-how. Ich möchte in Zukunft nicht mehr auf irgendwelche Amateure angewiesen sein.«

Die Charlotte brachte im ersten Moment keinen Ton heraus. Es dauerte, bis sie sich gefangen hatte. Dann sagte sie: »Du meinst jetzt aber nicht im Ernst, dass du wieder eine …«

»Dass ich etwas bauen will, was nicht den Gesetzen entspricht? Das hast jetzt aber du gesagt. Mei, wie einem immer gleich Sachen in den Mund gelegt werden, die man gar nicht gesagt hat. Ts, ts, ts …« Etwas machte »Bling«, und die Hela zog ein Handy aus ihrer Hosentasche. Die Augen der Charlotte wurden noch größer. Sie hatte sogar ein Privathandy im Häfn? Seit wann war das denn erlaubt?

Die Hela tippte kurz auf ihrem Handy herum und steckte es

dann wieder weg. »War nur meine Mutter. Wollte wissen, wie es mir geht.«

»Ihr habt euch doch das ganze Wochenende gesehen.«

»Tja, so sind liebende Mütter halt.« Jo eh, wahrscheinlich.

Die Charlotte beschloss, ihre Taktik zu ändern. Frontalangriff! »Was ist denn da zwischen euch und der Familie Lanner gelaufen? Ich weiß schon, dass ihr die Lanners von Anfang an finanziert habt. Und jetzt hat es scheinbar Streit gegeben. Aber weswegen? Und wieso habt ihr euch gegenseitig umgebracht?«

Für einen kurzen, einen ganz kurzen Moment zeigte die Hela eine Art Gefühlsregung. Die linke Augenbraue bewegte sich einen Millimeter in die Höhe. Dann hatte sie ihre Mimik wieder unter Kontrolle.

»Wenn du das von den Lanners und uns eh weißt, wieso fragst du mich überhaupt?« Sehr geschickt, die eigentliche Frage hatte sie nicht beantwortet.

»Weil ich eben wissen will, wieso ihr euch gegenseitig so an die Gurgel geht. Ich weiß schon, ›Pack schlägt sich, Pack verträgt sich‹. Aber euer Streit hat schon eine ganz eigene Qualität.«

»Danke schön.«

»Danke schön? Das ist alles, was du dazu zu sagen hast? Dein Vater wurde brutal ermordet. Dein Bruder in die Luft gesprengt.«

»Ja, und der alte Lanner ist tot, und um seinen Sohn hat man sich auch gekümmert.« Die Hela rutschte vor und kniff die Augen zusammen. »Es ist eh völlig wurscht, was ich dir jetzt sage, weil uns hier keiner hören kann. Und dein Handy wurde dir beim Eingang abgenommen, du kannst also auch nichts aufzeichnen. Ich finde es ja irgendwie herzig, wie du dich in mich und meine Familie verbeißt. Ich wäre in Zukunft nur vielleicht etwas vorsichtiger und würde nicht mehr überall die Nase reinstecken. Du willst wissen, worum es gegangen ist? Um Macht und Einfluss natürlich. Worum sonst? Nach der Geschichte letztes Jahr hat uns der Lanner im Regen stehen gelassen, obwohl er ohne uns und unser Geld heute nichts wäre.«

»Euer Geld? Du meinst euer Nazi-Gold, oder? Deine Familie hat doch nichts geleistet. Ihr seid durch Zufall zu einer Menge Blutgold gekommen.«

»Blutgold? In welchen Begriffen denkst du denn? Du weißt doch, wer wir sind. Natürlich ist das unser Gold und unser Geld. Oder glaubst du wirklich, dass so … so Subjekte wie du sich so etwas verdient hätten? Nein, so etwas steht schon uns und unsersgleichen zu. Egal, der gute Herr Lanner wollte sich einfach nicht eines Besseren belehren lassen. Er hat gemeint, es ist ihm zu heiß, mit uns in Verbindung gebracht zu werden. Und unsere Sache unterstützen wollte er auch nicht mehr. Hat lieber das Inseratengeld von dem ganzen liberalen Pack genommen.«

»Und jetzt mit dem neuen TV-Sender …« Der Charlotte dämmerte es langsam.

»Wir haben ihm ein faires Angebot gemacht. Mehrere sogar. Er sollte uns seine Anteile verkaufen.«

»Damit ihr einen Strohmann einsetzen könnt, der wieder für euch die Werbetrommel rührt.«

»Wieso Werbetrommel? Wir vertreten die kleinen Menschen auf der Straße. Wir sprechen nur das aus, was die meisten Österreicher stört. Aber wir sollen ja mundtot gemacht werden.«

»Dass du Hunderte Menschen umbringen wolltest und deswegen einsitzt, nennst du mundtot machen?« Die Charlotte war entsetzt. Für sie war klar, dass die Hela inzwischen zu einem Fall für die geschlossene Anstalt geworden war.

»Kinkerlitzchen. Man muss das große Ganze im Auge behalten, da sind leider auch ein paar Opfer notwendig.«

»So wie deine Familie?«

»Ja. Weil das Endziel größer ist als ein Einzelner von uns.«

»Und wenn jetzt jeder Einzelne von euch wegen der Geschichte einsitzen muss? Irgendwann reichen auch eure guten Kontakte nicht mehr.«

»Wer soll denn noch einsitzen? Dieses Kreuz habe ich für uns alle auf mich genommen. Letztes Jahr. Und außerdem: Wir haben doch nichts getan. Das ist ja wirklich herzig. Glaubst du, ich oder meine Familie hätten mit dem Tod der Lanners etwas zu tun?« Sie riss die Augen auf und griff sich an die Brust. Theatralisch fuhr sie fort: »Ich finde es doch auch wirklich schrecklich, ja, abscheulich, wie man mit dem alten Lanner und seinem Sohn umgegangen ist. So lange leiden zu müssen. Muss furchtbar gewesen sein. Wenn ich dran denke, wie dem Clemens das Heroin eingefahren sein muss ... Und das mit einem gewaltigen Brummschädel, wie man so hört.« Die Hela kicherte hysterisch. »Und erst der Alte. Ich sehe ihn noch vor mir. Wie er da gestern am Boden gelegen ist. Wie ihm deine Muschischleckerin die Zunge in den Hals geschoben hat und du ihm die Brust massiert hast. Das hätte ihm gefallen, wenn er es noch mitbekommen hätte. Aber alles umsonst. Schade, so viel Mühe, und jetzt stehst du ohne etwas in der Hand da.«

»Und du? Womit stehst du da?«

»Ich? Ich sitze hier mit meinem Kaffee und freue mich des Lebens. So einen längeren Urlaub habe ich schon lange mal gebraucht.«

»Und die ›Heimatland‹? Was glaubst du, wird jetzt damit passieren?«

»Gute Frage, erben wird die Chantal. Weil, seine Ex hat der alte Lanner schon lange aus seinem Testament streichen lassen. Ich kann mir vorstellen, dass die Gute mit so einem dreckigen Geschäft in Zukunft nichts mehr zu tun haben will. Ist ja wirklich furchtbar, was einem da so alles zustoßen kann. Wenn sie meinen Rat haben will, dann würde ich ihr sagen, dass sie die Anteile ihrer Familie möglichst bald an einen vertrauenswürdigen Partner wie uns verkaufen sollte und sich mit dem Geld und ihrem Erbe ein schönes Leben machen soll. Am besten weit, weit weg von hier. Wer weiß schon, wozu die Leute fähig sind, die den alten Lanner und seinen Sohn umgebracht haben?«

Der Charlotte war während des Gesprächs der Kaffee im Häferl kalt geworden. Eisig kalt. So wie ihr selbst. Gänsehaut lief ihr über den Rücken.

»War's das?«, fragte die Hela schließlich.

Die Charlotte nickte, erhob sich und ließ sich vom Gelände führen. Die Hela blieb noch sitzen und genoss die Sonne. Aber gut, sie hatte ja gesagt, dass sich das Ganze hier für sie wie Urlaub anfühlte. Und wer hatte schon behauptet, dass das Leben fair war und am Ende immer nur die Guten gewannen?

26

Auf der Heimfahrt rotierte der Charlotte der Kopf. Die Hela hatte ihr mehr oder weniger ins Gesicht gesagt, dass der alte Lanner und sein Sohn in ihrem Auftrag umgebracht worden waren. Ob es einer der Burschen aus der Familie war oder ein Auftragskiller, das wusste die Charlotte nicht. War aber wahrscheinlich auch nebensächlich. Bis jetzt hatten die Adefris es so geschickt angestellt, dass man ihnen wohl sowieso nichts nachweisen konnte. Und selbst wenn, dann würden sie sich juristisch irgendwie rauswinden. Musste man sich ja nur die Hela anschauen, die im Gefängnis zu leben schien wie Gott in Frankreich. Sie schüttelte den Kopf. Nein, nicht mehr daran denken. Dieser Kaninchenbau war ihr wirklich zu tief.

Die Charlotte hoffte, dass das Morden jetzt ein Ende haben würde. In Todesfällen stand es zwischen den Lanners und den Adefris 2:2 – ein gerechtes Unentschieden, das in Wirklichkeit trotzdem nur Verlierer zurückließ. Auch wenn das die unmittelbar Betroffenen momentan nicht so sehen wollten. Vier Morde, und vier Mal war sie sicher, zu wissen, wer warum und von wem oder in wessen Auftrag ermordet worden war, aber sie konnte nichts nachweisen. Der Frust saß tief, aber heute würde sie ihn sich in der Turmbar von der Seele saufen. Klar, Sorgen konnten schwimmen. Aber hielten sie das auch eine ganze Nacht lang durch? Das wollte die Charlotte herausfinden.

Natürlich nicht allein.

Am Abend tranken sie, die Andrea, die Renate, die Elena und die Julijana gemeinsam, was das Zeug hielt. Die Flora war eigentlich auch eingeladen gewesen, aber sie hatte wieder mal wegen einer ihrer Bandproben abgesagt. Alle männlichen Begleiter waren höflich, aber bestimmt angewiesen worden, sich an diesem Abend von der Bar fernzuhalten. Zu fortgeschrittener Stunde war die Charlotte bereits so weggetreten, dass sie sich von der Andrea sogar zu einer schnellen Nummer auf der Turmbar-Toilette überreden ließ. Dass sich auch die Julijana da erfolgreich einbrachte, war nur ein böses Gerücht. Die hatte es auf der Nebentoilette nämlich mit der Elena getrieben. Wenn man jetzt sagt: Hey, das ist aber unfair, weil, die Renate kann man ja nicht alleine an der Bar sitzen lassen, muss gesagt werden: Die war eigentlich schuld an dem wilden Herumschnackseln, weil sie damit angefangen hat. Kurz nach Mitternacht hat sie ihren Mario in dessen kleiner Wohnung über der Bar verzaht. Alles andere war dann lediglich gefolgt. In Ermangelung weiterer Wohnungen einfach auf der Toilette.

Gegen vier Uhr in der Früh waren nur noch die fünf Damen in der Bar. Bevor der Mario zusperren durfte, musste er noch eine Runde schmeißen. Erst danach durfte er den lieben Gott einen guten Mann sein lassen und sich erschöpft in sein Bett zurückziehen. Jedoch nicht, ohne davor noch eine »Ehrenrunde« mit der Renate zu drehen. Also, drehen zu müssen. Die Renate war nämlich noch um einiges munterer als der Mario. Aber sie hatte sich auch nicht den ganzen Abend hinter der Bar die Füße in den Bauch gestanden und Cocktails gemixt. Der komatöse Schlaf danach reichte beim Mario bis in den Nachmittag.

Alles andere als müde war die Charlotte. Zurück am Weingut schnappte sie sich noch eine Flasche vom Schüttelwein, zwei Gläser und die Hand der Andrea und machte es sich mit ihr auf der in Richtung Wien abfallenden Wiese hinter dem Weingut gemütlich.

Die Charlotte kuschelte sich in den Arm der Andrea. Die Geschichte mit den Lanners und den Adefris wollte ihr auch nach der durchzechten Nacht nicht aus dem Kopf gehen. Vor allem: Wie konnte man beweisen, dass die Lanners an den Adefris-Morden schuld waren? Sie glaubte nicht, dass der alte oder der junge Lanner genug Kaltblütigkeit besaßen, um die Morde selbst durchzuführen. Ja, hallo? Wir sprechen hier von einer Kreuzigung im Fall vom alten Adefris und einer Sprengbombe im Fall des jungen Adefris. Dafür benötigt es eine gewisse Abgebrühtheit und auch Expertise.

Nach der Flasche Schüttelwein schlummerte die Andrea sanft weg, aber bei der Charlotte wollte sich der Schlaf noch immer nicht einstellen, obwohl sie inzwischen todmüde war und sich ihre Knochen schwer wie Blei anfühlten. Den Weg zurück in ihr eigenes Bett würde sie in dem Zustand nicht mehr schaffen. Dabei begann es bereits zu dämmern. Morgenrot kroch zäh und rosa wie Erdbeerjoghurt über den Horizont. Mein Gott, wie lange habe ich den Sonnenaufgang von hier aus nicht mehr gesehen?, überlegte die Charlotte ein klein wenig verzaubert von der üppigen Schönheit, die die scheidende Nacht gerade vor ihr ausgoss.

Sie fuhr hoch und schlug sich mit der Hand gegen die Stirn. Natürlich! Der Sonnenaufgang! Wild rüttelte sie die Andrea wach. »Auf mit dir, Faultier! Ich brauche deine Hilfe.«

»Was?«, murmelte die Andrea verschlafen.

Die Charlotte schüttelte ihre Freundin, bis diese endlich die Augen aufmachte. »Kannst du mir noch mal das Foto vom toten Adefris in der ›Heimatland‹ zeigen?«

Die Andrea rieb sich die Augen und stützte sich auf die Arme. Verwundert schaute sie die Charlotte an. »Wofür? Außerdem hast du selbst ein Handy, schau doch selbst nach.«

»Geh, komm schon. Du weißt, wie gut ich mit den Dingern umgehen kann.«

Ja, das wusste die Andrea. Seufzend schaltete sie ihr Handy ein, nach einer Minute hatte sie den Artikel gefunden, in dem die »Heimatland« erstmals über den Mord am alten Adefris berichtet hatte. Die Charlotte riss der Andrea förmlich das Handy aus der Hand. Sie schaute auf das Bild, das zur Story gehörte, und dann auf den echten Sonnenaufgang, der sich vor ihr ausbreitete. Bingo!

»Jetzt hab ich dich, du Arschloch!«, jubilierte sie. Und im nächsten Moment: »Scheiße, die sind ja beide schon tot.«

Die Andrea kam nicht so richtig mit. »Was ist los?«

»Ich habe den Beweis gefunden, dass die Lanners den alten Adefris umgebracht haben.«

»Hä?«

»Schau dir mal den Sonnenaufgang am Foto an.«

»Das hat die Polizei doch schon getan!«

»Eh, aber die wollten nur wissen, woher das Foto ist, und nicht, wann es aufgenommen wurde. Daran hat keiner gedacht.«

»Erklär's mir bitte. Ich komm gerade überhaupt nicht mit.«

»Na ganz einfach: Das Foto in der ›Heimatland‹ ist viel früher gemacht worden als jene, die die Polizei gemacht und auch freigegeben hat. Der Leo war mit seinen Leuten ja erst am frühen Vormittag dort. Aber das Titelfoto auf der ›Heimatland‹ zeigt eindeutig den Sonnenaufgang. Das war Anfang August, das heißt, dass die Sonne ziemlich früh aufgeht. In etwa um die Uhrzeit, zu der der alte Adefris laut Gerichtsmediziner umgebracht wurde. Dieses Foto kann also nur jemand gemacht haben, der bei dieser Hinrichtung live dabei war.«

»Fein, aber wie du richtig gesagt hast: Der alte und der junge Lanner sind beide tot. Wen willst du damit noch belangen?«

»Niemanden. Oder viele. Wir wissen nach wie vor nicht, wer da aller mit drinnengesteckt ist. Die Lanners müssen Hilfe gehabt haben. Mit diesem Verdacht lässt sich vielleicht noch etwas machen. Und außerdem: Ich habe jetzt endlich meine Ruhe und weiß, wer was und warum gemacht hat. Das muss für uns in diesem speziellen Fall wohl reichen.«

Mit dieser Erkenntnis konnte die Charlotte urplötzlich einschlafen, zufrieden wie ein Baby. Verschwitzt von der bereits hoch stehenden Sonne und mit verspanntem Rücken vom Liegen auf der Wiese wachte sie am späten Vormittag auf. Sie pfiff darauf, sich zu duschen, sondern fuhr schnurstracks hinunter zum Leo auf die Polizeiinspektion, wo sie ihm von ihrem Geistesblitz erzählte. Genauso wie von ihrem Gespräch mit der Hela.

»Das nächste Eis geht auf mich!«, strahlte der Leo ungewohnt begeistert. Zehn Minuten später war der Major Keiffer auch im

Bild. Ein paar Stunden später hatte er die notwendigen Hausdurchsuchungsbefehle erwirkt. Und dann ging es so richtig rund.

Zwei Tage später saß der Keiffer hochzufrieden beim Nöhrer-Heurigen.

»Das mit dem Sonnenaufgang war ja wirklich eine Eingebung«, lobte er die Charlotte bei einem weißen Spritzer. »Wir haben in der Villa der Lanners noch die Handys vom alten und vom jungen Lanner gefunden. Auf dem vom Clemens Lanner war nicht nur das Foto gespeichert, das sie in der Zeitung abgedruckt haben, sondern auch jede Menge ›Behind the scenes‹-Bilder, wenn man das so nennen kann. Er hat keinen Handgriff ausgelassen und alles fotografiert. Völliger Wahnsinn. Ich war ja nie ein großer Freund von eurem Adefris, aber was die mit ihm angestellt haben – das war echt nicht schön. Die Lanners haben sich die Hände natürlich nicht selbst schmutzig gemacht, dafür haben sie Profis angeheuert. Dank der Fotos haben wir da jetzt auch Gesichter, nach denen wir fahnden können. Da sind sogar ein paar alte Bekannte dabei. In Österreich sind diese Leute nicht mehr, das wissen wir. Aber wir haben sie inzwischen international zur Fahndung ausschreiben lassen.«

»Und der Mord am jungen Adefris?«

»Dazu gibt es kein Bildmaterial. Wie auch? Aber wir haben Mails gefunden, in denen der junge und der alte Lanner die Sache besprochen haben. Die müssen sich schon sehr sicher gewesen sein, dass ihnen nichts passieren kann. Fast ein bisschen wie die Mafia.«

»Aber diese Brutalität?«

Der Keiffer zuckte mit den Schultern. »Hier ging es offensichtlich um die Existenz, und die ausgefahrenen Ellenbogen benötigt es wohl auch im normalen Geschäft. Der alte Lanner war ja ohnehin nicht ganz dicht. Ein bisschen manisch-depressiv, oder bipolar, oder was weiß ich. Ich bin ja kein Psychologe. Da ist es oft nur ein kleiner Schritt, dass man gewalttätig wird.

Wie viel andere Menschen ihm bedeuten, merkt man ja auch im Umgang mit seinen Mitarbeitern. Despot ist da noch freundlich ausgedrückt. Wenn dann einer kommt und ihm das Messer ansetzt, ihm sein Lebenswerk abnehmen will ... Ich denke, da sind ein paar ohnehin schon sehr locker sitzende Sicherungen völlig durchgebrannt. Vielleicht hat es ihm sogar Spaß gemacht? Er war jedenfalls kein angenehmer Zeitgenosse.«

»Und der Sohn?«

»Mit dem Vater als Vorbild? Er hat ihm halt nachgeeifert, wollte wahrscheinlich immer die Aufmerksamkeit von ihm, die er nie bekommen hat. Ich glaube, der alte Lanner war nur an sich selbst interessiert. Also hat der junge Lanner alles getan, um dem alten Lanner zu gefallen und wenigstens ein bisschen Lob einzuheimsen. Wenigstens ist das meine Einschätzung der Lage. Genau herausfinden werden wir es wohl nie.«

»Gut, das ist die eine Familie. Und bei den Adefris?«

»Dort war es schwieriger. Aber die haben ja grundsätzlich eine größere kriminelle Energie und mehr Erfahrung mit solchen Sachen. Da haben wir weder Fotos noch irgendwas Schriftliches gefunden.«

»Mist.«

»Nein, nicht ganz. Eine Sache haben wir schon gefunden: nämlich eine Apothekenrechnung über eine ungewöhnlich hohe Menge an Kalium.«

Die Charlotte grinste. »Bingo!«

»Ja, Bingo. Wobei: Ist auch nur ein Indiz. Ob das vor Gericht hält, werden wir erst sehen. Vor allem in Zusammenhang mit dieser Familie. Du weißt selbst, was die alles zurechtbiegen können.«

»Welches der Kinder habt ihr damit belangen können?«

»Gar keines«, meinte der Keiffer. Frust schlich sich in seine Stimme. »Die Mutter hat das auf sich genommen. Zugegeben hat sie natürlich nichts, außer dass sie persönlich das Kalium gekauft hat. Was ja grundsätzlich nicht strafbar ist.«

Da hatte der Keiffer recht. Aber man war ja schon über kleine

Erfolge glücklich. Und immerhin hatte man der Familie Adefris wieder einmal ans Bein pinkeln können.

»Was ist mit der Hela?«, wollte die Charlotte noch wissen.

»Die sitzt noch ein, aber es stimmt: Hinter den Kulissen wird von einigen Seiten eifrig daran gearbeitet, sie frühzeitig rauszubekommen. Da sind Mächte am Werk … Und was die junge Dame angedeutet hat: Ich glaube, dass das alles wirklich so passiert ist, aber wir können leider nichts davon nachweisen. Beim jungen Lanner wird alles auf Selbstmord durch eine Überdosis hinauslaufen. Beim alten Lanner wird der Täter offiziell wohl nie gefasst werden. Außer, einer der Adefris macht noch einen Fehler. Ich wüsste aber nicht, wie das aussehen könnte.«

»Aber wie haben sie den Defibrillator umgebaut?«

»Das ist wohl die einfachste Übung gewesen«, erklärte der Keiffer. »Die Zwillinge haben beide die HTL besucht, danach ist es wohl kein Problem, einen Defi zu manipulieren. Zugang zum Turniergelände hatten sie als Teilnehmer sowieso durchgehend. Außerdem hat doch die Hela dir gegenüber selbst gemeint, dass sie im Gefängnis Ingenieurswesen studiert. Dazu noch das Handy, das man ihr eigentlich sofort wegnehmen sollte, und schon … Ist nicht so schwer vorstellbar, dass sie sich per Videocall mit ihren Brüdern zusammengetan hat, um den Defi umzubauen. Ich halte sie nach wie vor für das Mastermind der ganzen Sippe. Die Mutter nimmt zwar vorerst alles auf sich, aber du kannst Gift drauf nehmen, dass die ganz schnell wieder aus der U-Haft heraußen ist. Die kann sich die teuersten Anwälte leisten, und auch in der Justiz sitzen Leute, die ihren Zielen und Ansichten durchaus aufgeschlossen gegenüberstehen. Da dürfen wir uns also nicht allzu viel Hilfe erhoffen.«

»Das war's also?«, fragte die Charlotte enttäuscht. »Vier Tote, und keiner geht einsitzen?«

Der Keiffer sah tief in sein Glas, bevor er antwortete: »Das Leben ist nun mal kein Krimi, in dem am Ende der Schuldige immer zur Strecke gebracht wird. Das echte Leben besteht leider aus vielen Grautönen statt nur aus Schwarz und Weiß. Also:

Ja, es kann hier wahrscheinlich niemand zur Verantwortung gezogen werden. Vielleicht schnappen wir einen der Profis, die die beiden Adefris am Gewissen haben. Die Lanners selbst haben eh schon mit ihrem Leben bezahlt.«

»Und die Hela?«

»Ich fürchte, die wird uns die nächsten Jahre noch einiges an Scherereien machen. Würde mich nicht wundern, wenn sie in die politischen Fußstapfen ihres Vaters steigt. Intelligent, hübsch, bösartig – eine ganz gefährliche Melange.«

»Und noch dazu eine, die beim Volk gut ankommt«, stöhnte die Charlotte. Darauf hob der Keiffer nur sein Glas und prostete ihr stumm zu. Er trank aus und stand auf.

»Traktor?«, fragte die Charlotte mit einem müden Schmunzeln. Der Keiffer nickte und grinste über das ganze Gesicht. So hatte eben jeder seine eigene Frustbewältigung. Natürlich war der Keiffer ein langgedienter und abgebrühter Polizist. Dennoch war es für ihn um nichts leichter, wenn man am Ende einer solchen Mordserie mit leeren Händen dastand.

Sie sah ihm nach, wie er sich durch die Heurigentische schlängelte, am einen oder anderen Tisch Hände schüttelte (der Keiffer war ja außerhalb seiner Profession durchaus gesellig und unterhaltsam und hatte sich durch seine ständigen Besuche beim Herrn Papa auch schon mit anderen »Eingeborenen« angefreundet) und schließlich in der Lagerhalle verschwand. Wie auf Kommando traf ein paar Minuten später auch der Graf ein. Diesmal ohne seine Julijana, die an diesem Abend in der Oper ihre Stimmbänder erzittern ließ. Was natürlich nicht hieß, dass die fidele Jungsopranistin nicht später noch auf einen Absacker vorbeikommen würde.

Davor wartete auf die Charlotte aber noch eine Überraschung. Es hatte bereits zu dämmern begonnen und die Beleuchtung des Innenhofs war angegangen, als die Andrea in Begleitung der Renate und einer anderen Frau antanzte. Die Andrea stellte sie ihr als Ulrike Lanner vor: Ex-Frau vom Manfred Lanner und Mutter vom Clemens. Die Charlotte schätzte sie auf

Anfang/Mitte fünfzig. Gepflegtes Auftreten, teure Kleidung, aber ohne das Gegenüber mit allzu schrillen Designernamen anzuspringen. Die dunkelblonden Haare waren zu einem Dutt hochgesteckt, die dicke schwarze Sonnenbrille hatte sie sich auf die Stirn geschoben. Der Duft von einem schweren, sauteuren Parfüm hüllte sie ein wie ein wärmender Mantel.

Während sie sich setzten, warf die Charlotte der Andrea einen fragenden Blick zu. Wieso schleppte sie jetzt auch noch eine Witwe an? Mit der Renate hatten sie ja eh schon eine am Tisch sitzen. Aber mit der konnte man ja wenigstens was anfangen. Und überhaupt: Galt die Lanner nach der Scheidung eigentlich als Witwe?

»Ich habe die Frau Lanner mitgenommen, weil sie mir den Eindruck machte, dass sie etwas Ablenkung braucht.«

Ahhh – schon wieder ein Streuner mehr am Hof.

»Ablenkung?«, gackerte da urplötzlich die Omama. Sie hatte ihren Arbeitstag in der Küche beendet und sich auf die Suche nach ihrer Familie gemacht – und sie gerade rechtzeitig gefunden. Ungefragt setzte sie sich neben die Ulrike Lanner und schenkte ihr aus einer Karaffe, die sie mitgebracht hatte, Weißwein ein. »Erzählen Sie mal«, forderte sie die Witwe auf.

Die schaute sichtlich verwirrt und begriff gar nicht, was da jetzt gerade los war. Die Charlotte löste das Rätsel auf. »Das ist meine Großmutter, quasi die Matriarchin hier am Hof. Ohne sie geht gar nichts.«

»Ah ja«, meinte die Witwe kurz.

Die Andrea erbarmte sich und übernahm die Erklärung. »Der Herr Lanner hatte ein Testament, und das ist – wie es der Zufall so will – beim Dr. Mühlberger aufgelegen. Die Frau Lanner …«

»Ulrike bitte«, warf die Witwe ein.

»Gut, also die Ulrike ist heute bei uns aufgetaucht, um die Testamentsöffnung mit meinem Chef zu klären. Der musste ihr aber erklären, dass sie als Ex-Frau nicht berücksichtigt ist und auch keinen Anspruch darauf hat, bei der Öffnung dabei zu sein.«

Auweh, da gingen jemandem anscheinend gerade ein paar

Millionen durch die Lappen. Ja, da würde sie auch eine Ablenkung brauchen, musste sich die Charlotte eingestehen. Laut fragte sie: »Wer wird denn erben?«

»Manfred Lanner hat seine Kinder als Alleinerben eingesetzt. Das bedeutet, dass die Chantal alles bekommt.«

»Das ist für mich auch voll okay«, warf die Lanner scharf ein. »Ich habe mein eigenes Geld und bin nicht auf das angewiesen, was mir mein Ex hinterlassen oder nicht hinterlassen hat. Ich wollte nur sichergehen, dass die Chantal ihren Anteil bekommt. Wer weiß schon, wie viele Bastarde der Manfred über die Jahre gezeugt hat? Aber so ist das für mich alles in Ordnung.«

»Heißt das, die Chantal übernimmt jetzt den ganzen ›Heimatland‹-Konzern?«

Die Witwe nickte. »Ja, sie arbeitet ja schon dort und hat ein bisschen Erfahrung, wie man eine Redaktion führt. Mit ihren zwanzig Jahren ist sie aber noch zu jung, um das alles alleine zu machen. Also hat sie sich – natürlich – an ihre Mutter gewandt, und wir werden das Ganze gemeinsam leiten.« Den skeptischen Blick der Charlotte beantwortete die Lanner so: »Keine Angst, ich will mich da nicht wieder reinschleichen. Die Besitzanteile bleiben alle bei meiner Tochter. Ich bekomme ein ganz normales Angestelltengehalt.«

Was soll's?, überlegte die Charlotte. Das war Familiensache. Die mussten schon wissen, was sie taten.

»Ich wollte mich nur bei Ihnen bedanken, dass Sie sich so um den Fall gekümmert haben. Der Dr. Mühlberger hat mir alles erzählt. Ich würde von Ihnen nur noch gerne wissen, wie Sie die Situation einschätzen. Ich weiß noch aus meiner Zeit als Ehefrau vom Manfred, dass er immer wieder mit dieser Familie Adefris zu tun hatte. Und ja, ich weiß auch, dass diese Adefris ihn seit den ersten Tagen finanziert haben. Aber darum hat sich immer der Manfred gekümmert. Ich selbst habe von dieser Familie noch nie jemand getroffen, und ich kann gar nicht glauben, dass mein Sohn etwas mit den Morden zu tun haben soll. Er war immer so ein stiller, angenehmer Mensch.«

Die Charlotte verspürte das Verlangen, die Hände vor ihrem Gesicht zusammenzuschlagen. Aber gut, das war die Mutter. Klar, dass die ihren Sohn anders sah, als sie es tat. Der Lanner junior hatte bewiesen, dass er extrem kaltblütig war und ihm ein Menschenleben nichts bedeutete. Wie viel er von Konventionen und Gesetzestreue hielt, hatte er auch bei der Ausrichtung seiner Geburtstagsparty bewiesen.

Die Augen der Lanner wurden glasig. Sie nahm einen Schluck vom Wein und wischte sich eine Träne aus den Augen. »Bei meinem Ex-Mann habe ich weniger Zweifel. Wenn er etwas wollte, dann hat er es sich geholt. Widerspruch sinnlos.«

Tja, meine Liebe, dachte die Charlotte, da hast du deinen Ex besser gekannt als deinen Sohn.

»Ulrike«, begann sie vorsichtig, »es gibt Beweisfotos, die zeigen, wie der Clemens die Kreuzigung vom alten Adefris orchestriert und jeden Schritt fotografiert hat. Ich kann mir vorstellen, dass das schmerzt, aber vielleicht solltest du das Bild von deinem Sohn überdenken. Mag sein, dass er früher mal so war, wie du ihn beschreibst, aber inzwischen war er nicht mehr so. Ich kenne deine Familiengeschichte nicht, kann mir aber vorstellen, dass das Zusammenarbeiten mit dem Vater ihn verändert hat. So wie wir deinen Ex kennengelernt haben, war er alles andere als ein angenehmer Mensch und hat wohl auch viel Druck auf seinen Sohn ausgeübt.«

Die Ex/Witwe nickte. Welche der Aussagen der Charlotte sie damit bestätigte, ließ sie im Dunkeln.

»Wie geht es der Chantal eigentlich?«, wechselte die Andrea das Thema.

»Meine Tochter befindet sich in psychologischer Behandlung. Sie glaubt nach wie vor, dass sie ihren Vater umgebracht hat. Und der war ihr Ein und Alles.«

Das konnte die Charlotte nicht glauben, so wie der alte Lanner jedem weiblichen Rock nachgejagt war, der nicht bei drei am Baum war.

»Das kannst du mir glauben«, entkräftete die Ulrike den

zweifelnden Blick der Charlotte. »Ich bin die Letzte, die den Manfred irgendwie in Schutz nehmen würde, aber bei der Chantal hat er sich nichts zuschulden kommen lassen. Er hat sie verehrt wie eine Prinzessin. Ich weiß nicht, ob das eine Ersatzhandlung dafür war, wie er alle anderen weiblichen Wesen behandelt hat, aber bei der Chantal … das waren eigentlich die einzigen Momente, in denen er noch so war, wie ich ihn damals kennengelernt habe. Jung, fröhlich, höflich, zuvorkommend, witzig …«

Allesamt Begriffe, die die Charlotte nie im Leben mit dem alten Lanner in Zusammenhang gebracht hätte. Aber ja, natürlich, Menschen änderten sich. Und in einem harten Business wie dem Zeitungsgeschäft musste man wahrscheinlich immer die Ellbogen ausfahren, um ganz an die Spitze zu kommen. So wie wohl leider überall. Das war etwas, das der Charlotte halt überhaupt nicht behagte. Sie stand total auf Harmonie und war einfach nicht der Mensch, der einen Mitarbeiter zur Sau machte. Grundlos und aus einer blöden Laune heraus schon gar nicht.

»Egal!« Die Witwe wischte ihre sentimentale Stimmung weg und nahm zur Sicherheit noch einen großen Schluck vom Weißwein. Dann fragte sie die Charlotte: »Diese Hela, von der ich schon gehört habe. Wird die uns in Zukunft in Ruhe lassen?«

Gute Frage, musste die Charlotte eingestehen. Eine endgültige Antwort darauf hatte sie jedoch nicht. »Vorübergehend wahrscheinlich ja. Auf Dauer eher nein. Offenbar hat man dir ja unseren Verdacht mitgeteilt, dass es sich hier um eine Übernahmeschlacht zwischen den beiden Familien gehandelt hat. Die Patriarchen und jeweils ein Sohn sind jetzt tot. Die Adefris-Mutter sitzt – vorerst – in Untersuchungshaft. Aber der wird man nichts nachweisen können. Die Hela, die du zuvor angesprochen hast, ist sicherlich die größte Gefahr und die treibende Kraft hinter der ganzen Geschichte. Mit ihr haben wir letztes Jahr schon sehr üble Erfahrungen gemacht, aber das hast du sicher auch über die Medien mitbekommen.«

»Aber sitzt sie nicht im Gefängnis?«

»Schon, aber das hält sie nicht auf, im Hintergrund weiter die Strippen zu ziehen. Ganz ehrlich: Mit der Hela habt ihr eine völlig gewissenlose und eiskalte Gegnerin.« Die Charlotte überlegte, ob sie der Witwe auch von der versteckten Drohung gegenüber der Chantal erzählen sollte, die ihr die Hela bei ihrem Besuch mit auf den Weg gegeben hatte. Ja oder nein? Am Ende entschied sie sich dafür. Sie wollte nichts verschweigen, was später einmal zu einem Unglück führen könnte. So hätte sie wenigstens ein reines Gewissen. Also wiederholte sie die Drohung der Hela, dass die Chantal am besten verkaufen und sich mit dem Geld ein schönes Leben machen sollte.

Die Witwe zündete sich eine Zigarette an, atmete tief ein und blies den Rauch dann in den Nachthimmel. »Wenn das so ist«, meinte sie gefasst, »dann werden wir den Kampf annehmen. Wir werden die ›Heimatland‹ wirklich zu einer unabhängigen Zeitung machen und der Hela und ihren Leuten den Kampf ansagen.«

»Wie soll das funktionieren?«

Die Witwe bleckte die Zähne. »Mit der Wahrheit natürlich. Ich werde als Allererstes einmal die Geschichte mit der Finanzierung der ›Heimatland‹ bringen und nichts verschweigen. Damit nehme ich ihr den Wind aus den Segeln. Die Familie Adefris wird groß ins Bild gerückt. Als Geldgeber und als Nazis.«

»Aber das fällt doch auch auf die Zeitung zurück!«, protestierte die Charlotte. Naiv, wirklich naiv, denn: »Nein«, konterte die Lanner, »das fällt maximal auf meinen Ex-Mann zurück, und der ist ja tot. Soll sich die Öffentlichkeit ruhig an ihm abarbeiten. Das hat er sich sowieso verdient. Und glaub mir: In ein paar Monaten kann sich sowieso kein Mensch mehr daran erinnern. Genauso wenig wie an das, was die Hela und Konsorten letztes Jahr angestellt haben. Warum, glaubst du, kommen die Rechten jedes Mal wieder zurück, selbst wenn sie sich ein paar Jahre zuvor selbst in die Luft gesprengt haben? Die Menschen vergessen so schnell. Oder wollen sich nicht erinnern. Läuft am Ende aufs Selbe hinaus. Und so wird es auch diesmal sein.

Aber diesmal werden meine Tochter und ich da sein und darauf schauen, dass die Öffentlichkeit eben *nicht* vergisst, was diese Familie alles angestellt hat.«

Okay, diese Frau war auch ganz schön kaltblütig. Der ermordete Ex-Mann durfte jetzt die ganze Kritik und Schuld abbekommen, während sie als Heldin die »Heimatland« wie Phoenix aus der Asche neu auferstehen lassen wollte.

»Darauf sollten wir anstoßen«, schlug die Witwe vor. Ihre Augen glänzten angriffslustig.

»Ja, machts das«, seufzte die Charlotte. »Aber bitte ohne mich. Ich möchte mit alldem nichts mehr zu tun haben. Lassts mich einfach alle in Ruhe mit euren Ränkespielen und Intrigen und sich an Toten abputzen. Ciao!« Sprach's, stand auf und ließ die verdutzte Witwe sitzen. Nach ein paar Sekunden folgten die Omama, die Andrea und die Renate.

Die Charlotte schritt schnurstracks auf die Lagerhalle zu, wo ganz hinten fleißig gehämmert und geschraubt wurde. Zu ihrem Erstaunen legten der Herr Papa und der Major Keiffer sogar selbst Hand an. Nur der Graf saß in seinem nach wie vor wie neu wirkenden Blaumann daneben auf einem Schemel. In der einen Hand ein Glas Wein, in der anderen einen Katalog oder etwas Ähnliches. Im Vorbeigehen konnte die Charlotte erkennen, dass es sich um ein Oldtimer-Magazin handelte.

Der Herr Papa sah überrascht vom Traktor auf. »Du? Seit wann interessierst du dich für den Traktor?«

Die Charlotte hob die Schultern. »Ich brauche Ablenkung. Kann ich dir irgendwie helfen?«

Auslaufen

Eine Woche später war der Burghof zum Bersten gefüllt. Alles drängte zur ersten Auflage von »Rock die Burg«.

Die Renate hatte nicht lange herumgefackelt, statt eines kleinen Konzerts für die Flora und ein paar ihrer Freunde hatte die umtriebige Kulturmanagerin gleich ein zweitägiges Festival aus dem Boden gestampft. In der kurzen Zeit waren natürlich keine ganz großen Namen aufzutreiben gewesen, aber das wollte die Renate auch in Zukunft so beibehalten. Ihr Festival sollte der Jugend eine Chance geben, vielleicht gespickt mit dem einen oder anderen größeren lokalen Namen. Wer brauchte schon Metallica oder die Red Hot Chili Peppers, wenn man »Fleur-de-Lis« oder »Burgfräulein« haben konnte?

Letzteres war übrigens der Bandname, auf den sich die Flora mit dem Noah und der Inaaya geeinigt hatte. Aus der Lautstärke der Diskussion am Tag vor dem Konzert hatte die Charlotte geschlossen, dass es sich dabei weniger um einen Kompromiss als um eine Ich-setze-jetzt-meinen-Schädel-durch-Aktion der Flora gehandelt hatte. Auch wurscht. Der Name klang zwar mehr nach einer Mittelalter-Metal-Band, aber »Burgfräulein« passte wenigstens zum Setting ihres ersten öffentlichen Auftritts.

In der Mitte des Burghofs waren neben der Sound- und Lichttechnik auf einem erhöhten Podium auch die TV-Kameras der »Heimatland« aufgebaut worden. Vertrag war Vertrag, an den mussten sich auch die Nachfolgerinnen vom alten Lanner halten. Wobei die Charlotte im Lauf der letzten Woche auch die Chantal näher kennenlernen durfte. Im Gegensatz zu ihrer Mutter war bei der Lanner-Tochter immerhin noch so etwas wie echte Herzlichkeit vorhanden. Da ging es nicht in jeder Aktion nur ums Geschäft. Aber das würde wohl auch noch kommen.

Die Sonne war hinter dem Wienerwald untergegangen, als die

Bühne in gleißendes Scheinwerferlicht getaucht wurde. Hinter einem Vorhang hervor kamen die Flora und der Rest ihrer Band unter tobendem Applaus auf die Bühne. Klarer Fall von Heimvorteil. Die Charlotte sah sich um und konstatierte, dass wohl das gesamte Gymnasium (oder wenigstens die Oberstufe) in geschlossener Stärke angerückt war, um sich dieses Spektakel nicht entgehen zu lassen. Im Burghof tummelten sich insgesamt sicherlich gut zweitausend Leute. Da durfte sich die Renate über ein schönes Geschäft freuen.

Die Charlotte hatte diesmal darauf verzichtet, einen Weinstand für das zweitägige Festival zu errichten. Sie hatte beim Tennisturnier genug Geschäft gemacht, und irgendwann brauchte sie auch eine Pause. Wenn sie die vergangenen eineinhalb Jahre Revue passieren ließ, dann war da nicht viel Zeit zum Durchschnaufen geblieben. Sie war von einem Mordfall in den nächsten gestolpert und hatte daneben den Ausbau des Weinguts unermüdlich vorangetrieben. Inzwischen waren auch die Pläne für den Hotelausbau fertig abgenommen, nur die Einrichtung des Spa-Bereichs machte ihr nach wie vor Sorgen. Aber selbst das war nichts, was sich nicht lösen ließe.

»Da hast«, stieß sie die Andrea an. Sie hielt der Charlotte einen weißen Plastikbecher mit dunkelrotem Inhalt entgegen.

»Was ist das?«, fragte die Charlotte entsetzt. Picksüßer Geruch stieg ihr aus dem Becher entgegen.

»Cola-Rot natürlich. He, wir sind auf einem Rockkonzert! Steig mal runter von deinem hohen Ross.« Die Andrea gab ihr einen Kuss auf die Nasenspitze. Da stieg der Charlotte der penetrante Cola-Rot-Geruch gleich noch penetranter in die Nase. Aber die Andrea hatte schon recht. Wann, wenn nicht hier dieses grausliche Gsöff?

»Für das Zeug schuldest du mir aber was!«, sagte die Charlotte.

»Ach ja? Was denn?«

»Einen Urlaub. Ich muss ein bisschen weg von hier. Wenigstens ein paar Tage.«

»Ans Meer?«

»Nö. Woandershin.«

Die Andrea musterte ihre Freundin. »Du hast doch schon was geplant, oder?«

Die Charlotte lachte. »Natürlich! Ich habe ein bisschen im Internet gestöbert und bin auf etwas Interessantes gestoßen. Hat sogar mit Wein zu tun.«

»Ins Burgenland?«, fragte die Andrea überrascht.

»Ach, sei doch nicht so doof. Ich sagte, ich will weg. Aus dem Burgenland können wir jeden Abend heimfahren. Nein, ich denke da an etwas Exotischeres.«

»Kalifornien?«

»So exotisch auch nicht. Nein, ich dachte an Paris.«

»Oh!«, flötete die Andrea entzückt. »Ein romantischer Urlaub nur für uns beide?«

Die Charlotte schluckte. »Eigentlich wollte ich die Flora und den Noah auch mitnehmen. Den Leo auch, wenn er will.«

»Also nix mit Romantik.«

»Abwarten«, versuchte die Charlotte die Situation zu retten. »Ist ja auch nicht jetzt gleich. Im Oktober dann. Da ist nämlich ein großes Weinfest in Paris.«

»Ha! Davon hab ich schon gehört. Am Montmartre, gell?«

Die Charlotte nickte. »Genau. Die haben dort so einen Mini-Weingarten. Aber das Fest soll richtig groß sein. Das würde ich mir gerne anschauen.«

Vorne auf der Bühne hatten die Flora und ihre Band die Instrumente in die Hände genommen. Gespannte Ruhe breitete sich über den Burghof. Niemand wusste so genau, was ihn oder sie jetzt erwartete. Niemand kannte bisher auch nur einen Song von »Burgfräulein«. Die Leute waren wegen des Spektakels gekommen, nicht um ihre Lieblingssongs zu hören.

Am Bühnenrand konnte die Charlotte die Renate sehen. Vorne, in der Mitte der Bühne, stand die Flora in ihren zerrissenen Strumpfhosen, Nietengürtel, Stiefeletten, Schottenrock und weißer Bluse, die Haare bunt gefärbt. Sie sah ein bisschen verloren aus. Oder geschockt, weil tatsächlich so viele Leute gekommen waren. Der erste Auftritt und dann gleich vor so einem riesigen Publikum. Da wurde sogar die sonst immer so vorlaute Flora blass. Hilflos suchte sie den Blick der Renate. Die nickte ihr aufmunternd zu. Die Charlotte konnte sehen, wie die Flora tief durchatmete. Sie trat vor ans Mikro. Noch ein Blick nach links zum Noah, einer rechts zur Inaaya. Dann hauchte sie leise ins Mikrofon: »One, two, three …«

Die nächsten sechzig Minuten waren dann alles andere als leise.

Das Spektakel wurde nicht nur von der lokalen Jugend und den Ehrenschutz spendenden Ortspolitikern live vor Ort verfolgt. Neben der Einfahrt in den Burghof standen zwei Gorillas der Marke Kleiderschrank. Die kahlen Köpfe schienen direkt auf den breiten Schultern zu sitzen. Auf einen Hals hatte der liebe Gott bei diesen Typen irgendwie vergessen.

»Ist er das?«, fragte der eine.

Der andere zog ein Foto aus der Tasche. »Ich glaube schon. Er hat scheinbar ein paar Kilo zugelegt und schaut gesünder aus.«

Der andere knackte mit den Fingerknöcheln. »Nicht mehr lange.«